ACESSO À JUSTIÇA E A REFORMA TRABALHISTA
ANÁLISE DA LEI Nº 13.467/2017

EDUARDO MILLÉO BARACAT

ACESSO À JUSTIÇA E A REFORMA TRABALHISTA
ANÁLISE DA LEI Nº 13.467/2017

Belo Horizonte

2021

© 2021 Editora Fórum Ltda.

É proibida a reprodução total ou parcial desta obra, por qualquer meio eletrônico, inclusive por processos xerográficos, sem autorização expressa do Editor.

Conselho Editorial

Adilson Abreu Dallari
Alécia Paolucci Nogueira Bicalho
Alexandre Coutinho Pagliarini
André Ramos Tavares
Carlos Ayres Britto
Carlos Mário da Silva Velloso
Cármen Lúcia Antunes Rocha
Cesar Augusto Guimarães Pereira
Clovis Beznos
Cristiana Fortini
Dinorá Adelaide Musetti Grotti
Diogo de Figueiredo Moreira Neto (*in memoriam*)
Egon Bockmann Moreira
Emerson Gabardo
Fabrício Motta
Fernando Rossi
Flávio Henrique Unes Pereira
Floriano de Azevedo Marques Neto
Gustavo Justino de Oliveira
Inês Virgínia Prado Soares
Jorge Ulisses Jacoby Fernandes
Juarez Freitas
Luciano Ferraz
Lúcio Delfino
Marcia Carla Pereira Ribeiro
Márcio Cammarosano
Marcos Ehrhardt Jr.
Maria Sylvia Zanella Di Pietro
Ney José de Freitas
Oswaldo Othon de Pontes Saraiva Filho
Paulo Modesto
Romeu Felipe Bacellar Filho
Sérgio Guerra
Walber de Moura Agra

Luís Cláudio Rodrigues Ferreira
Presidente e Editor

Coordenação editorial: Leonardo Eustáquio Siqueira Araújo
Aline Sobreira de Oliveira

Av. Afonso Pena, 2770 – 15º andar – Savassi – CEP 30130-012
Belo Horizonte – Minas Gerais – Tel.: (31) 2121.4900 / 2121.4949
www.editoraforum.com.br – editoraforum@editoraforum.com.br

Técnica. Empenho. Zelo. Esses foram alguns dos cuidados aplicados na edição desta obra. No entanto, podem ocorrer erros de impressão, digitação ou mesmo restar alguma dúvida conceitual. Caso se constate algo assim, solicitamos a gentileza de nos comunicar através do *e-mail* editorial@editoraforum.com.br para que possamos esclarecer, no que couber. A sua contribuição é muito importante para mantermos a excelência editorial. A Editora Fórum agradece a sua contribuição.

Dados Internacionais de Catalogação na Publicação (CIP) de acordo com a AACR2

B223a	Baracat, Eduardo Milléo Acesso à justiça e a reforma trabalhista: análise da Lei nº 13.467/2017 / Eduardo Milléo Baracat.– Belo Horizonte : Fórum, 2021. 271 p. ISBN: 978-65-5518-207-1 1. Direito Processual Trabalhista. 2. Direito Constitucional. 3. Direito do Trabalho. I. Título. CDD 342.6 CDU 349.2

Elaborado por Daniela Lopes Duarte - CRB-6/3500

Informação bibliográfica deste livro, conforme a NBR 6023:2018 da Associação Brasileira de Normas Técnicas (ABNT):

BARACAT, Eduardo Milléo. *Acesso à justiça e a reforma trabalhista*: análise da Lei nº 13.467/2017. Belo Horizonte: Fórum, 2021. ISBN 978-65-5518-207-1.

A Juliana, Ana Carolina e Bianca, com todo amor e respeito.

LISTA DE ABREVIATURAS E SIGLAS

a.C.	Antes de Cristo
ADI	Ação Direta de Inconstitucionalidade
AGRSE	Agravo Regimental em Sentença Estrangeira
ANAMATRA	Associação Nacional dos Magistrados da Justiça do Trabalho
AP	Agravo de Petição
Art.	Artigo
CLT	Consolidação das Leis do Trabalho
Coord.	Coordenadores
Covid-19	*Coronavirus Disease 2019*
CNJ	Conselho Nacional de Justiça
CPC/1973	Código de Processo Civil de 1973
CPC/2015	Código de Processo Civil de 2015
CPP	Comissões de Conciliação Prévia
DF	Distrito Federal
DJ	Diário da Justiça
DEJT	Diário Eletrônico da Justiça do Trabalho
DJe	Diário da Justiça Eletrônico
EC	Emenda Constitucional
ed.	edição
IBGE	Instituto Brasileiro de Geografia e Estatística
IN	Instrução Normativa
IPEA	Instituto de Pesquisa Econômica Aplicada
Julg.	Julgamento
LArb	Lei da Arbitragem
LC	Lei Complementar
LICC	Lei de Introdução ao Código Civil
MG	Minas Gerais
Min.	Ministro
MPT	Ministério Público do Trabalho
OAB	Ordem dos Advogados do Brasil
OAB/AL	Ordem dos Advogados do Brasil – Seção do Estado das Alagoas
OAB/BA	Ordem dos Advogados do Brasil – Seção do Estado da Bahia
OGMO	Órgão Gestor de Mão de Obra
OJ	Orientação Jurisprudencial
OMS	Organização Mundial da Saúde
p.	página
PCA	Procedimento de Controle Administrativo
PCMSO	Programa de Controle Médico de Saúde Ocupacional
PJE	Processo Judicial Eletrônico
PGR	Procuradoria-Geral da República
PL	Projeto de Lei
Pnad	Pesquisa Nacional de Amostras de Domicílio Contínua
Pnad Contínua	Pesquisa Nacional por Amostra de Domicílios Contínua

TIC	Tecnologia da Informação e Comunicação
PP	Pedido de Providências
PPP	Perfil Profissiográfico Previdenciário
PPRA	Programa de Prevenção de Riscos Ambientais
PR	Paraná
Rel.	Relator
REsp	Recurso Especial
RGPS	Regime Geral de Previdência Social
RO	Recurso Ordinário
RJ	Rio de Janeiro
RR	Recurso de Revista
RS	Rio Grande do Sul
SE	Sentença Estrangeira
SDI-I	Seção de Dissídios Individuais I
SP	São Paulo
STJ	Superior Tribunal de Justiça
STF	Supremo Tribunal Federal
T.	Turma
Trad.	Tradução
TRCT	Termo de Rescisão do Contrato de Trabalho
TRT	Tribunal Regional do Trabalho
Vol.	Volume

SUMÁRIO

INTRODUÇÃO 13

CAPÍTULO 1
ACESSO À JUSTIÇA: EVOLUÇÃO E CONCEITO 21
1.1 Evolução histórica: da Antiguidade Clássica ao surgimento da jurisdição trabalhista 21
1.2 Acesso à Justiça: do Brasil Colônia à Constituição de 1988 29
1.3 O acesso ao direito como prerrogativa fundamental 38
1.4 O acesso à Justiça: princípio universal e direito fundamental 39
1.5 Direito de ação: assistência jurídica integral e gratuita e duração razoável do processo 43
1.6 Excesso de acessos 51

CAPÍTULO 2
INTERPRETAÇÃO DO DIREITO 55
2.1 Interpretação da norma jurídica: evolução dos sistemas e teorias 55
2.1.1 O período das recepções e o direito comum 57
2.1.2 Jusracionalismo e o sistema fechado 58
2.1.3 Escola da Exegese francesa 60
2.1.4 Escola Histórica do Direito 62
2.1.5 Positivismo jurídico 65
2.1.6 Jurisprudência de interesses 67
2.1.7 Movimento do Direito Livre 68
2.1.8 Doutrina do Direito Justo 68
2.1.9 Uma última classificação: teorias subjetivas e objetivas ... 69
2.2 Classificação da interpretação jurídica 73
2.2.1 Quanto à origem da interpretação 73
2.2.2 Quanto aos resultados da interpretação 75

2.2.3 Quanto aos métodos de interpretação 75
2.2.3.1 Literal ou gramatical 76
2.2.3.2 Interpretação lógica 79
2.2.3.3 Interpretação histórica 79
2.2.3.4 Interpretação sistemática 81
2.2.3.5 Interpretação teleológica 82
2.3 Princípios específicos de interpretação constitucional 85
2.3.1 Princípio da supremacia da Constituição 86
2.3.2 Princípio da unidade da Constituição 87
2.3.3 Princípio de interpretação conforme a Constituição 88
2.3.4 Princípio da presunção de constitucionalidade das leis e dos atos do Poder Público 89
2.3.5 Princípios da razoabilidade e da proporcionalidade: desvio de poder e interpretação constitucional 90
2.3.6 Princípio da efetividade 92

CAPÍTULO 3
OBSTÁCULOS AO ACESSO EFETIVO À JUSTIÇA PELO TRABALHADOR 95

3.1 Obstáculos econômicos 95
3.1.1 Os custos do processo trabalhista e a falsa premissa da Lei nº 13.467/2017 95
3.1.2 Orçamento e estrutura da Justiça do Trabalho 102
3.2 Obstáculos processuais 108
3.2.1 Excesso de recursos e instâncias recursais 108
3.2.2 Dificuldade probatória do trabalhador 110
3.3 Obstáculos socioculturais 115
3.3.1 Desconhecimento dos direitos 115
3.3.2 Descrença no Poder Judiciário 117
3.4 Obstáculos psicológicos 119
3.4.1 Estigma do colaborador ingrato ou desleal 119
3.4.2 Receio de informações desabonadoras e listas sujas ... 121

CAPÍTULO 4
ALTERNATIVAS AO ACESSO EFETIVO À JUSTIÇA DO TRABALHO EM FACE DA LEI Nº 13.467/2017 123

4.1 Gratuidade da justiça e assistência judiciária gratuita: uma visão constitucional 123

4.2	Gratuidade: interpretação dos §§3º e 4º do art. 790 da CLT e aplicação supletiva do art. 99, §§2º e 3º do CPC.......	130
4.3	Ainda sobre a gratuidade da justiça no processo do trabalho: impactos sobre a atividade jurisdicional............	147
4.4	Arquivamento pela ausência do reclamante à audiência: custas judiciais e a (in)constitucionalidade dos §§2º e 3º do art. 844 da CLT...	150
4.5	Honorários advocatícios de sucumbência: interpretação do art. 791-A, *caput*, §§3º e 4º da CLT.....................	165
4.5.1	(In)constitucionalidade do §4º do art. 791-A da CLT e sua incidência nos casos de beneficiários da justiça gratuita...	167
4.5.2	Honorários de sucumbência recíproca: critério do §3º do art. 791-A da CLT..	174
4.6	A disciplina dos honorários periciais prevista no art. 790-B, *caput* e §4º da CLT: (in)constitucionalidade e o desvio de finalidade legislativa.............................	176
4.7	Ações coletivas de sindicatos e do MPT......................	183
4.8	Tutela de urgência para antecipação da prova documental pelo empregador e a interrupção da prescrição trabalhista..	188
4.8.1	Fundamentos para a antecipação da tutela de exibição de documentos pelo empregador...............................	192
4.8.2	Interrupção da prescrição trabalhista: urgência contemporânea à propositura da ação................................	194
4.8.3	Requisitos da petição inicial e aditamento do pedido de tutela final...	196
4.9	Produção de prova testemunhal durante a pandemia do Covid-19..	198
4.9.1	Audiências por videoconferência: jurisprudência do CNJ..	201
4.9.2	O valor probatório da declaração testemunhal escrita: falta de acesso à internet e análise do direito comparado...	204
4.9.2.1	A ausência de acesso à internet para realização de audiência por videoconferência..................................	204
4.9.2.2	A declaração testemunhal escrita nos ordenamentos jurídicos de Portugal, Itália e França...........................	206

CAPÍTULO 5
ALTERNATIVAS À SOLUÇÃO JURISDICIONAL 215
5.1   Conciliação e justiça: necessário equilíbrio 215
5.1.1   Judicial 215
5.1.2   Extrajudicial 219
5.1.2.1   Comissões de Conciliação Prévia (CPPs) 220
5.1.2.2   Acordo extrajudicial e *res dubia*: interpretação do art. 855-B da CLT 223
5.2   Arbitragem no âmbito do Direito Individual do Trabalho: (in)constitucionalidade e alcance do art. 507-A da CLT 227
5.2.1   Conceito e alcance da arbitragem 227
5.2.2   Arbitragem, acesso à Justiça e juiz natural: jurisprudência do STF 232
5.2.3   (In)constitucionalidade do art. 507-A da CLT 237
5.2.4   Arbitragem de direitos patrimoniais disponíveis decorrentes de contrato individual de trabalho 241
5.2.4.1   Direitos patrimoniais disponíveis: arbitrabilidade objetiva 244
5.2.4.2   Arbitrabilidade subjetiva e hipossuficiência do trabalhador 250
5.2.4.3   Arbitragem extrajudicial e judicial e a atuação institucional do MPT 252

COMPÊNDIO DAS CONCLUSÕES 259

REFERÊNCIAS 265

INTRODUÇÃO

Historicamente, o Poder Judiciário no Brasil "esteve articulado com os interesses dos grandes proprietários de terra e com as classes dominantes em geral".[1]

Exatamente as classes que se beneficiam do trabalho das pessoas pobres e ignorantes que, normalmente, se encontram à margem do processo de desenvolvimento socioeconômico brasileiro.

São essas pessoas, que compõem os mais baixos estratos sociais, veem muito distante o Poder Judiciário, seja porque não possuem conhecimento integral de seus direitos, falta-lhes discernimento para compreender os problemas que as afetam e a possibilidade de solucioná-los juridicamente, temem represálias sociais das mesmas classes sociais que as exploram, não confiam na estrutura burocrática e formalista composta por juízes, servidores e advogados que também integram a dita classe dominante.[2]

O acesso à Justiça, no curso da História, sempre foi reservado às elites econômica, intelectual e religiosa dominantes dos correspondentes períodos: cidadãos romanos, nobreza, clero, cidadãos livres, proprietários e burguesia. Aos plebeus, escravos, estrangeiros, indígenas, pessoas com deficiência, vagabundos, mendigos e operários a inacessibilidade sempre foi a regra, como exceções pontuais e breves.

Diversos obstáculos sempre se apresentaram às classes desfavorecidas: ignorância, falta de recursos e discriminação podem ser indicados como os principais, que impactam na estruturação, e consequente limitação do Estado a lhes permitir o acesso à Justiça.

O acesso à Justiça, enquanto princípio universal, é recente na história ocidental e tem como marco fundamental a *Declaração Universal dos Direitos do Humanos* de 1948.

---

[1] CASTRO, 2003, p. 321.
[2] SANTOS, 2010, p. 170.

À medida, entretanto, em que avanços que buscam superar os históricos entraves postos aos pobres e excluídos de acesso à Justiça são galgados, retrocessos os sucedem, sempre tutelados pelos melhores interesses da economia.

Chega-se a falar de excessos de acessos, sob o argumento de que as riquezas materiais existentes não seriam suficientes para garantir dignidade a todos os seres humanos.

Há, portanto, necessidade de tratamento diferente para pessoas diferentes, o que enseja obrigatória reflexão sobre a aplicação do princípio da igualdade material em sede de acesso à Justiça, relação processual e estrutura do Poder Judiciário, o que significa discutir: os obstáculos socioculturais de acesso à Justiça, as excessivas medidas recursais previstas em lei, o reduzido número de juízes por habitante em oposição a uma estrutura complexa e onerosa de instâncias recursais.

Em oposição a essa percepção, promulgou-se a Lei nº 13.467/2017 que procedeu a uma ampla reforma na legislação trabalhista, em especial na CLT, com a expressa finalidade de flexibilizar regras protetivas, enfraquecer a representativa dos sindicatos profissionais e dificultar o acesso dos trabalhadores à Justiça.

A Lei nº 13.467/2017 aproximou os juslaboralistas de uma realidade, até então, não vivenciada pela recente história do Direito do Trabalho brasileiro, mas cujas advertências sempre foram comuns nos manuais de Direito Constitucional: o risco de maiorias parlamentares ocasionais aprovarem mudanças legislativas infraconstitucionais restringindo o exercício de direitos fundamentais.

De fato, a Lei da Reforma Trabalhista, vigente a partir de 11.11.2017, após *vacatio legis* de 120 dias, não teve por causa a criação de mecanismos que permitissem a concreção de valores constitucionais, como a redução da pobreza e das desigualdades sociais (art. 3º, III), razoável duração do processo e meios que garantissem a celeridade de sua tramitação (art. 5º, LXXII, "b"), tratamento diferenciado e favorecido para as microempresas e para as empresas de pequeno porte (art. 146, III, "d"), principalmente com vistas a proteger a sociedade brasileira das sucessivas adversidades que o capitalismo globalizado impõe, mediante crises econômicas cíclicas de âmbito mundial, gerando cada vez mais desemprego, informalidade e, consequentemente, pobreza e exclusão.

Os argumentos que sobressaem da Justificativa do PL 6.787/2016, do qual resultou a Lei nº 13.467/2017, são a necessidade de adequação das relações de trabalho às necessidades contemporâneas do mercado de trabalho, e reduzir o número de ações trabalhistas, estabelecendo entraves ao seu exercício, inclusive aos trabalhadores hipossuficientes, sob o fundamento de abusos cometidos por trabalhadores e advogados, em processos trabalhistas, com base na legislação anterior.

No afã de cumprir seu desiderato ideológico e político, a Lei nº 13.467/2017, entretanto, esbarrou em algumas normas constitucionais e atropelou outras. A opção do legislador, ao invés de criar mecanismos para barrar os abusos, solavancou direitos fundamentais.

No âmbito do direito material – individual e coletivo –, a Lei prometeu flexibilizar, de forma drástica, o patamar mínimo de proteção do trabalhador, edificado dialeticamente ao longo de, aproximadamente, um século; procurou promover a desregulamentação de diversos direitos trabalhistas, e enfraquecer o papel dos sindicatos na defesa dos trabalhadores.

Assim, a Lei nº 13.467/2017, por exemplo, autorizou o trabalho insalubre da empregada gestante quando autorizado por médico particular; pôs fim às horas *in itinere*; autorizou a terceirização de atividade-fim por meio de contrato de prestação de serviços; retirou a obrigatoriedade da chancela do sindicato para validar as rescisões contratuais de empregados com mais de um ano de serviço; conferiu validade aos acordos individuais que estipulam sistemas de compensação de jornada prejudiciais aos trabalhadores, como o banco de horas e o regime 12 x 36; fixou critérios para tarifação do dano extrapatrimonial exclusivamente com base no salário do empregado ofendido; estabeleceu a prevalência do negociado sobre o legislado, embora tenha enfraquecido a atividade sindical, ceifando-lhe grande parte de seus recursos, tornando facultativo o recolhimento da contribuição sindical.

Diversas vozes se ergueram em defesa da Constituição.

Ao julgar, em 29.05.2019, a ADI nº 5.938 DF, apresentada pela Confederação Nacional dos Trabalhadores Metalúrgicos, por exemplo, o STF declarou a inconstitucionalidade da expressão "quando apresentar atestado de saúde, emitido por médico da confiança da mulher, que recomende o afastamento", que havia sido inserida pela Lei nº 13.467/2017 nos incisos II e III do art. 394-A, da CLT; vedou, assim, o STF o trabalho insalubre da mulher gestante autorizado pela lei da Reforma Trabalhista.

Na ADI nº 5.870, proposta pela ANAMATRA, como também na ADI nº 6.069, ajuizada pelo Conselho Federal da OAB, e na ADI nº 6.082, aforada pela CNTI, propugna-se pela inconstitucionalidade da tarifação do dano extrapatrimonial contida nos arts. 223-A e 223-G, §§1º e 2º, da CLT, com redação conferida pela Lei nº 13.467/2017; sendo a questão ainda não decidida pelo STF.

Na esfera do direito processual, o principal objetivo da Lei foi o de reduzir as ações trabalhistas, dificultando seu ingresso. Com esse foco, a Lei nº 13.467/2017, exemplificativamente, restringiu a concessão dos benefícios da justiça gratuita ao trabalhador; condicionou o ajuizamento de nova ação ao recolhimento de custas processuais pelo trabalhador, mesmo hipossuficiente, em caso de processo extinto anteriormente pela sua ausência injustificada à audiência; estabeleceu a sucumbência recíproca no processo trabalhista, autorizando a cobrança de honorários mesmo de trabalhadores hipossuficientes; autorizou a pactuação de cláusula compromissória de arbitragem nos contratos individuais com remuneração superior a duas vezes o limite máximo do benefício do RGPS.

Muitas impugnações já se fizeram à Lei nº 13.467/2017 no tocante ao desrespeito ao direito fundamental de acesso à Justiça.

Na ADI nº 5.766/DF, proposta em 28.08.2017, a PGR arguiu a inconstitucionalidade da referida lei quando, ao introduzir as redações dos §§2º e 3º do art. 844, da CLT, condiciona o ajuizamento de nova ação trabalhista ao pagamento de custas pelo trabalhador que, apesar de hipossuficiente, faltou injustificadamente à audiência de processo anterior, extinto sem julgamento do mérito. A PGR sustenta a inconstitucionalidade dos mencionados preceitos por afrontarem o princípio da isonomia previsto no *caput* do art. 5º, como também em razão da oposição à garantia constitucional da assistência jurídica gratuita aos necessitados disposta no inciso LXXIV do art. 5º, e, ainda, pela inconformidade com o direito fundamental de acesso à Justiça alicerçado, dentre outros, no inciso XXXV do art. 5º.

Ante a inconclusão pelo STF do julgamento da ADI nº 5.766, diversos TRTs pronunciaram a inconstitucionalidade dos §§2º e 3º do art. 844 da CLT, sob mais de um fundamento, dentre os quais o da violação do direito fundamental ao acesso à Justiça.

Na mesma ADI nº 5.766, a PGR também questionou a validade da Lei nº 13.467/2017, em face do art. 5º, inciso LXXIV, da Constituição, quando incluiu o art. 791-A, §4º, na CLT, que impõe ao trabalhador beneficiário da justiça gratuita, o dever de pagar as despesas processuais de sucumbência, inclusive com o empenho de créditos que tenha recebido no mesmo ou em outro processo trabalhista.

Inegável, por outro lado, que a promulgação da Lei nº 13.467/2017 observou as formas estatuídas pela Lei Maior e que alguns de seus preceitos, embora não colidam com normas constitucionais, alteraram direitos que já se haviam enraizado na cultura jurídico trabalhista.

Trata-se, mais especificamente, no âmbito do acesso à Justiça, da alteração da redação do §3º e da inclusão do §4º, no art. 790 da CLT.

A redação primitiva do §3º, consagrava, para efeito da concessão da justiça gratuita, a simples declaração do trabalhador, sob as penas da lei, de que não estava em condições de pagar as custas do processo sem prejuízo do sustento próprio ou de sua família. A Lei nº 13.467/2017 pretendeu alterar essa lógica, exigindo a comprovação da hipossuficiência – e não mais a simples declaração –, ressalvado o trabalhador que aufira salário igual ou inferior a 40% do limite máximo do RGPS, a quem pode ser concedido, inclusive de ofício, o referido benefício.

A exigência legal de *comprovação* – em detrimento a simples *declaração* – parece se conformar ao comando do art. 5º, inciso LXXIV, da Constituição que prescreve a prestação de assistência jurídica e integral e gratuita pelo Estado aos que *comprovarem* insuficiência de recursos.

Importante corrente doutrinária e jurisprudencial, todavia, resiste a essa alteração, sob a percepção da vedação de retrocesso social e, ainda, ante a aplicação subsidiária do art. 99, §3º do CPC, que autorizaria a presunção de veracidade da declaração de insuficiência deduzida pelo trabalhador, cabendo ao reclamado o ônus de infirmá-la com prova em sentido contrário. Em outras palavras, a declaração do próprio trabalhador – ou de seu advogado – valeria como comprovação de sua hipossuficiência, o que significaria, em última análise, que embora a redação tenha sido reformada, a norma permanece inalterada.

Também se questiona doutrinariamente a função da conciliação e da arbitragem no âmbito dos conflitos individuais trabalhistas como alternativas importantes ao acesso dos trabalhadores à Justiça, sobretudo ante a previsão, pela Lei nº 13.467/2017, da homologação de acordo extrajudicial (CLT, art. 855-A) e da arbitragem para os contratos cuja remuneração seja superior a duas vezes o limite máximo estabelecido pelo RGPS.

Encontrar o sentido da norma além da letra da lei é tarefa de enorme envergadura. Não se trata, de qualquer forma, de encargo individual, na medida em que os efeitos e o alcance da norma são erigidos por meio do processo dialético da formação da doutrina e construção da jurisprudência, conquanto a palavra final, forjada nas altas instâncias, possa desprezar a *communis opinio* e perfilhar um caminho discricionário.

Cabe ao intérprete, em face da nova lei, buscar a melhor interpretação, o que implica o cuidado no manuseio das teorias e métodos de interpretação, de modo a evitar casuísmos que o distanciem dos princípios que conferem unidade ao sistema jurídico, sobretudo o da supremacia e da interpretação conforme a Constituição.

Sob essas perspectivas, busca-se com esse trabalho investigar as alterações promovidas pela Lei nº 13.467/2017 em face do direito fundamental de acesso à Justiça.

Para enfrentar essa problemática, o trabalho foi dividido em cinco capítulos.

No Capítulo 1, analisa-se a evolução histórica do acesso à Justiça, desde a Antiguidade Clássica até o surgimento da jurisdição trabalhista, e, depois, do Brasil Colônia à Constituição de 1988. A partir do texto constitucional, aborda-se o acesso ao direito como prerrogativa fundamental, o acesso à Justiça, enquanto princípio universal e direito fundamental, bem como o direito de ação traduzido em tutela jurisdicional satisfatória, concreta, em tempo razoável e por meio de processo justo, mas de difícil concreção, sobretudo aos desfavorecidos.

O Capítulo 2 cuida das escolas, teorias, critérios e métodos sobre interpretação do direito. Entende-se que essa análise é necessária, a fim de, nos capítulos seguintes, procederem-se as adequadas intepretações das regras sobre acesso à Justiça previstas na Lei nº 13.467/2017, também em face dos princípios específicos de interpretação constitucional.

O Capítulo 3 é dedicado à análise dos obstáculos ao acesso efetivo à Justiça do Trabalho criados, especialmente, para o trabalhador hipossuficiente; obstáculos variados e múltiplos que sempre existiram por razões diversas, tais como o orçamento e a estrutura do Judiciário trabalhista, aos inúmeros recursos e instâncias, a dificuldade de produção de prova, além dos obstáculos socioculturais, em particular o desconhecimento pelo trabalhador de seus direitos.

O Capítulo 4 aborda o problema das alterações promovidas pela Lei nº 13.467/2017, em face da justiça gratuita e da assistência judiciária gratuita. Debatem-se as alternativas aos entraves ao acesso à Justiça, sobretudo em relação à interpretação e conformidade à Constituição dos arts. 790, §§3º e 4º, 844, §§2º e 3º, 791-A, §§3º e 4º e 790-B, *caput* e §4º. Analisa-se, ainda, a importância das ações coletivas para a tutela dos direitos fundamentais, como também a oportunidade da tutela de urgência para se permitir ao trabalhador o acesso à prova documental previamente ao ajuizamento da ação, a fim de avaliar a conveniência e os riscos da propositura da ação. Trata-se, por fim, do acesso à Justiça durante a pandemia do Covid-19, especificamente a produção de prova oral por meio das audiências por videoconferência ou telepresenciais, examinando-se as Resoluções e a jurisprudência do CNJ durante a crise pandêmica, como também o valor probatório da declaração testemunhal escrita, como alternativa à impossibilidade, para muitos litigantes de acesso à internet que permita a escorreita participação em audiências por meio de videoconferência. Investigam-se, por força da autorização do art. 8º, da CLT, os ordenamentos jurídicos de Portugal, Itália e França.

O Capítulo 5 trata das alternativas à solução jurisdicional, em especial a conciliação e arbitragem. Aborda-se a conciliação como método alternativo importante para a resolução de conflitos trabalhistas, mas, também, os necessários limites à sua utilização, com vistas à preservação dos princípios constitucionais. Analisam-se modificações importantes introduzidas pela Lei nª 13.467/2017, especialmente o alcance do acordo extrajudicial previsto no art. 855-B e o cabimento da arbitragem nos conflitos trabalhistas, como disciplinado pelo art. 507-A da CLT.

Diante dos diversos questionamentos que vêm sendo apresentados em relação à constitucionalidade da Reforma Trabalhista de 2017, mostra-se necessário um estudo sistemático sobre as alterações legislativas promovidas ante o direito fundamental de acesso à Justiça, a fim de permitir uma reflexão qualificada do juslaboralista e dos demais atores que enfrentam as vicissitudes trabalhistas.

CAPÍTULO 1

ACESSO À JUSTIÇA: EVOLUÇÃO E CONCEITO

1.1 Evolução histórica: da Antiguidade Clássica ao surgimento da jurisdição trabalhista

Na Antiguidade a noção de direito estava relacionada à religião, de modo que não se podia conhecer o direito sem se reconhecer a religião. Para os antigos, as leis tinham origem divina, ao ponto de Platão afirmar que "obedecer às leis é obedecer aos deuses", e, por essa razão, Sócrates ter aberto mão de sua vida, por exigência da lei.[3]

Por isso, na Antiguidade, principalmente em Roma, o direito relacionava-se à utilização de certas palavras sacramentais, conhecidas como *fórmulas*. No direito antigo, o homem não se obrigava pela sua consciência, nem pela ideia de justiça, mas pela *fórmula sagrada*, de modo que quando a fórmula era pronunciada por dois homens, o vínculo de direito era criado entre ambos. Assim, a lei era um texto sagrado, enquanto a justiça, um conjunto de ritos.[4]

Os plebeus, escravos e estrangeiros, até por volta do século III a.C., não tinham acesso à lei, visto que não participavam da

---

[3] FUSTEL DE COULANGES, 1975, p. 150.
[4] "Mas que tome cuidado: para ter a lei a seu favor, torna-se indispensável conhecer-lhes os termos e declará-los com exatidão. Quando troca uma palavra por outra, a lei deixa de existir, e não poderá defendê-lo. Gaio narra a história de um homem a quem o vizinho cortara as vinhas; o fato estava comprovado e o homem citou a lei, mas como, onde a lei dizia árvores, o homem citasse videiras, logo perdeu a questão" (FUSTEL DE COULANGES, 1975, p. 153-154).

comunidade religiosa dos patrícios, não podendo ser proprietários, testar, herdar, contratar, nem, tampouco, reclamar nos tribunais ordinários dos cidadãos.[5]

O sistema jurídico romano – no período que se estende desde a fundação de Roma (754 a.C.) até o ano 149 a.C. – era, por essência, processual, na medida em que se embasava na atribuição concreta de ações. No quadro processual mais antigo – sistema das *legis actiones* – tratava-se de um "processo rígido, altamente formalizado, consubstanciado, essencialmente, em cinco ações"[6] que "viabilizavam a composição de uma margem estreita de litígios" e, ao longo do tempo, se tornaram insuficientes para disciplinar os conflitos civis que passaram a surgir, sobretudo ante a expansão territorial do Império Romano.[7]

No tocante ao acesso à Justiça sob o Império Romano, tem grande relevância a figura do pretor, surgida em 367 a.C., cujas atribuições eram receber os cidadãos, escutar suas demandas, autorizar-lhes a prosseguir ou não com a ação, fazer cessar qualquer violência existente, verificar as alegações e levar o caso ao juiz.[8]

As fórmulas de origem religiosa, com o tempo, foram sendo alteradas pelo costume. O pretor, a seu turno, deveria zelar pela observação das fórmulas antigas. A partir, contudo, do período dito clássico (a partir de 150 a.C. ou seja, desde a Lei *Aebutia*), o pretor foi autorizado a criar novas fórmulas. Este período corresponde à expansão do Império Romano sobre a Bacia do Mediterrâneo. Criou-se a figura do *pretor peregrino*, cuja finalidade era tratar dos conflitos relativos aos estrangeiros, ou seja, os não cidadãos. A essa época houve uma grande alteração no procedimento. Os peregrinos, estrangeiros na cidade, não podiam se valer das antigas fórmulas, de modo que seus direitos não eram reconhecidos. Para superar esse obstáculo de acesso à Justiça dos estrangeiros, o *pretor peregrino*

---

[5] FUSTEL DE COULANGES, 1975, p. 154.
[6] "... *sacramentum*, com aplicação mais geral, *per iudicis arbitrive postulationem*, para divisão de herança e obrigações *ex stipulatione*, *per condictionem*, para condenação em débitos certos e na restituição de coisa certa, *per manus iniectionem*, para execução de obrigações dentro do esquema da responsabilidade pessoal, e *per pignoris capionem*, em certos asos restritos de responsabilidade patrimonial, já admitida" (CORDEIRO, 2001, p. 71).
[7] CORDEIRO, 2001, p. 71.
[8] JALUZOT, 2001, p. 24.

tratava dos conflitos dos quais os estrangeiros eram interessados, criando um direito próprio a eles.[9]

Outra situação interessante de evolução do acesso à Justiça ao longo do Império Romano ocorreu com a clientela. Tratava-se de posição social que transitava entre o cidadão livre, que dispunha livremente de seus direitos, e o escravo. O *cliens*, contudo, devia lealdade e obediência, em troca de proteção do *pater*, o que gerava uma situação de desigualdade jurídica em relação ao cidadão. O *cliens* viu sua situação jurídica melhorar ao ponto de ser reconhecida sua capacidade judiciária: "duma situação de mera submissão ao tribunal familiar, o *cliens* passou a litigar no exterior, primeiro representado pelo *pater* e, depois, pessoal e livremente".[10]

As invasões bárbaras e o fim do Império Romano do Ocidente entre os séculos V e VIII pulverizaram as jurisdições romanas e a formação jurídica na Baixa Idade Média. A Igreja Católica, no entanto, subsistiu a esse colapso e tornou-se um refúgio voluntário às populações romanas e germanas, substituindo de forma eficaz "a administração, a autoridade, a cultura, a jurisdição e as técnicas documentais, processuais e notariais das autoridades seculares".[11] No século XII nasce uma ciência jurídica canônica, decorrente do estudo sistemático e da rica produção literária, que influenciaria o direito comum europeu ao longo dos séculos seguintes. O direito da Igreja se desenvolveu, inclusive, fora das questões espirituais, tais como casamento, testamento, obrigações confirmadas pelo juramento, juros e usura, dentre outros.

Os juízos eclesiásticos, por conseguinte, exerceram uma jurisdição voluntária importante. Citem-se, como exemplo dessa jurisdição, a hipótese de haver uma factualidade jurídica obrigatória *sob pena de pecado*, e o queixoso ou o acusado, em razão de privilégio, ser clérigo, universitário ou judeu; ou, ainda, em virtude de acordo arbitral entre leigos; como também por aplicação de princípios da teologia moral em matéria de juros e usura, justo preço, proteção contra o dolo e coação no direito negocial; e, por fim, por força da

---

[9] JALUZOT, 2001, p. 24.
[10] CORDEIRO, 2001, p. 60-61.
[11] WIEACKER, 1980, p. 17.

atividade documental prévia do episcopado de redigir, registrar e selar documentos públicos.[12]

No aspecto ético, a Igreja enfatizou a igualdade entre os homens, conforme pregava Paulo na Epístola aos Gálatas: "É que todos vós sois filhos de Deus em Cristo Jesus, mediante a fé [...] Não há judeu nem grego; não há escravo nem livre; não há homem e mulher, porque todos sois um só em Cristo Jesus".[13]

A sociedade medieval europeia era formada por três estamentos distintos: a nobreza, o clero e o povo; cada um com seu estatuto jurídico próprio. A nobreza e o clero possuíam privilégios hereditários, enquanto a única vantagem atribuída ao povo era a liberdade, o que significava não ser confundido com um servo.[14] No Estado feudal os príncipes feudais tinham o poder da suprema justiça, o que incluía a "jurisdição territorial sobre os homens livres (não nobres), nomeadamente o direito de impor a pena capital".

A atividade jurisdicional não se desenvolveu da mesma forma em todas as partes do que havia restado do Império Romano. No Estado germânico, por exemplo, havia separação entre os juízes populares e o presidente do tribunal. Aos juízes populares, eleitos pelo povo com o propósito de eliminar o arbítrio do senhor, cabia proferir as decisões, enquanto ao presidente do tribunal, manter a paz e cumprir as referidas decisões. Já na organização franca e saxônica, o tribunal era composto por notáveis indicados pelo rei, o que demonstrava a ascendência do rei ou do senhor feudal sobre os restantes do grêmio jurídico.[15] O poder jurisdicional do senhor feudal foi sendo reduzido até sua eliminação total. Dentre as razões que explicam esse desaparecimento, verificou-se que as principais cidades, formadas no entorno de palácios ou sedes episcopais, ao criarem seu próprio direito municipal, impuseram ao senhor feudal seus estatutos, conquistando sua própria jurisdição, o que facilitou, posteriormente, a recepção do direito romano.[16]

---

[12] WIEACKER, 1980, p. 74-75.
[13] PÉREZ LUÑO, 2007, p. 47.
[14] COMPARATO, 2003, p. 72-73.
[15] WIEACKER, 1980, p. 105.
[16] WIEACKER, 1980, p. 68-103.

O Império Romano do Oriente ou Império Bizantino, por sua vez, sobreviveu à fragmentação e ao colapso do Império Romano e continuou a prosperar até sua queda frente aos turcos otomanos em 1453. No ano de 528, o imperador Justiniano determinou que um grupo de juristas selecionasse, catalogasse e compilasse os escritos jurídicos sobre o direito romano, cujo resultado foi a obra *Digesto* ou *Pandectas*, que juntamente com as *Institutas*, o Código e as *Novelas*, formaram o *Corpus Juris Civilis*.

Com base no *Corpus Juris Civilis* iniciou-se no século XI, na Europa central e ocidental, a recepção do direito romano, sobretudo por meio do trabalho dos glosadores e *consiliadores* (ou comentadores).[17] Durante o processo de recepção – corroborado, ainda, pelo direito canônico –, retomou-se, a partir do século XIII, o procedimento romano dos formulários, o que simplificava e facilitava o acesso à Justiça, sobretudo ante a indubitável necessidade de documentação dos atos para a validade da ordem jurídica.[18]

Pode-se dizer que na Inglaterra o direito seguiu percurso próprio a partir das decisões dos tribunais reais (*King's Courts*), o que ensejou a formação do *Common Law*. Assemelhava-se ao direito romano clássico, pois se desenvolveu no decorrer do tempo pelos atores do foro, tais como advogados, rábulas, auxiliares e juízes. Nas ocasiões em que o súdito se sentisse injustiçado pela aplicação da *Common Law*, poderia, a partir do século XIV, requerer ao rei que revisasse a decisão, por meio da *Equity*. Nessas ocasiões, o rei, ou seu delegado, o *Chacellor*, analisava o recurso, corrigindo os rigores do *Common Law*, com base no "amor a Deus e pela caridade".

Importante medida criada para garantir o acesso à Justiça, no direito inglês, representou a Lei de 1679, que estabeleceu regras processuais com a finalidade de adequar o *habeas-corpus* existente à garantia da liberdade dos súditos anglo-saxões contra o arbítrio do monarca. Essa lei consagrou o princípio de que "são as garantais

---

[17] "Ao converterem o seu próprio mundo quotidiano – e não apenas o da Itália e França do sul, mas também, logo em seguida, o mundo, comeste estreitamente aparentado, da Europa central e ocidental – em objeto da sua ciência, os comentadores converteram o direito justinianeu, pela primeira vez, num direito comum de toda a Europa (*jus commune*); ao mesmo tempo que reduziam a multidão dos direitos não romanos da Europa à forma mental de sua ciência" (WIEACKER, 1980, p. 80).

[18] WIEACKER, 1980, p. 68-103, 125.

processuais que criam os direitos e não o contrário" (*remedies precede rights*).[19] Saliente-se, contudo, que as liberdades pessoais que se buscavam garantir com as alterações do *habeas corpus* promovidas pela Lei de 1679 não favoreciam, da mesma forma, todos os súditos, mas, preferencialmente, os integrantes da nobreza e do clero. De qualquer forma, tanto o *habeas corpus* aperfeiçoado pela Lei de 1679, quanto o *Bill of Rights* (Declaração de Direitos) de 1689 contribuíram para que o burguês rico também tivesse sua liberdade individual protegida, o que, sem sombra de dúvidas, favoreceu o capitalismo industrial nos séculos seguintes.[20]

Os séculos XVIII e XIX encontraram, vitoriosa da Revolução Francesa, uma nova classe dirigente: a ascendente burguesia, que consagrou e impôs a toda a sociedade uma nova ordem de valores. O valor originário e essencial era o indivíduo, com sua capacidade de transformar a natureza, empreender e impulsionar o progresso; dependia exclusivamente de si, e, por isso, submetia-se, também sozinho, aos efeitos do sucesso ou do fracasso de seus atos. Sob essa perspectiva, o espaço reservado ao direito não era de eleger valores, nem de fazer escolhas, mas, tão somente, garantir os instrumentos necessários para que o indivíduo pudesse alcançar os objetivos almejados. O indivíduo, desse modo, saberia o que esperar dos outros sujeitos privados, mas, principalmente, do Estado:[21] a segurança necessária para não ser surpreendido por decisões judiciais que não seguissem rigorosamente as regras previamente postas. Essa segurança se materializava por meio dos códigos que carregavam em seus artigos os valores da liberdade – sobretudo aquela para empreender, ou seja, liberalismo econômico – e da igualdade formal.[22] O exemplo mais paradigmático dessa ideologia foi o do Código Napoleônico de 1804 que, nos arts. 5º e 1134, consagrava o princípio da abstenção imposta ao juiz de não "fazer lei" em matéria contratual, devendo zelar pela moral dos contratos.[23]

---

[19] COMPARATO, 2003, p. 72-73.
[20] COMPARATO, 2003, p. 48.
[21] IRTI, 1992, p. 17.
[22] IRTI, 1992, p. 19.
[23] Observe-se, no entanto, que apesar da preponderância dos artigos vedando o juiz de "fazer a lei", alguns poucos preceitos – 1244, 1655 alínea 2, 1769 ou 1900-1901 – autorizavam o juiz de atenuar as exigências contratuais (THÉRY, 2004, p. 662).

Nesse contexto, o direito de acesso à proteção judicial representava substancialmente o direito formal daquele que se sentira lesado de apresentar ou contestar uma demanda. Ao Estado cabia intervir apenas para fazer observar as regras do jogo encetadas pelas partes, livremente, no contrato. O Estado liberal burguês era indiferente em relação à capacidade da pessoa de, efetivamente, identificar e defender seus direitos. Desse modo, a justiça só alcançava aqueles que pudessem suportar seus custos, enquanto os demais eram os únicos responsáveis por não consegui-lo, pois o "acesso formal, mas não efetivo à justiça, correspondia à igualdade, apenas formal, mas não efetiva".[24]

A segurança da legalidade e a igualdade de todos perante a lei mostraram-se completamente inúteis – e até mesmo nefasta – para a multidão crescente de trabalhadores coagidos a trabalhar para as empresas capitalistas. O trabalhador, sem alternativa, viu-se compelido a aceitar as perversas condições de trabalho que lhe eram impostas e garantidas pelo contrato livremente pactuado e, por conseguinte, também pela lei. Essa nova forma de organização social, forjada sobre os ideais liberais, levou as massas proletárias a uma brutal pauperização na primeira metade do século XIX.[25]

Surgiu, dessa maneira, uma nova divisão da sociedade, não mais fundada em estamentos, mas em classes: os proprietários e os trabalhadores.[26]

A organização dos trabalhadores e a luta de classes que se seguiu foram responsáveis pelo surgimento de leis de proteção ao trabalhador que, conexas a outras normas, com o mesmo sentido, permitiram a formação de uma unidade sistêmica com regras e princípios próprios – microssistema trabalhista [27] – que passaram a regular as relações de trabalho subordinado, independente do direito vigente até então que disciplinava, a partir dos Códigos liberais oitocentistas, as relações civis. Reconheceram-se os

---

[24] CAPPELLETTI; GARTH, 2002, p. 9.
[25] As famílias operárias viviam "amontoadas nos subúrbios das cidades industriais, onde a promiscuidade dos sexos e das idades, bem como a total ausência de higiene, constituem o que se poderia chamar de uma nova etiologia da depravação dos costumes" (CASTEL, 2008, p. 287).
[26] COMPARATO, 2003, p. 63.
[27] BARACAT, 2003, p. 57.

direitos humanos de caráter econômico e social de proteção do trabalhador.[28]

Irrompia, no final do século XIX, um novo direito para ser manejado por uma velha jurisdição representada pelo juiz *"bouche de la loi"* que, se limitava a repetir as fórmulas gerais e abstratas plasmadas no Código. Esse juiz mostrou-se incapaz de aplicar o novo direito.

Diante da previsão na Constituição francesa de 1791 do princípio *da eleição geral dos juízes, e, ainda, da Lei de 18 de março de 1806, foi criado o Conseil de Prud'hommes,* na cidade de Lyon, cujo formato inicial era apenas de uma instância disciplinar formada, na sua maioria, por industriais burgueses. Apenas com o Decreto de 27 de maio de 1848, tornou-se possível que os profissionais, inclusive operários, fossem elegíveis e eleitores, de acordo com um modelo paritário – número igual de representantes de patrões e de representantes de trabalhadores –, o que, em certa medida, caracterizou-se como uma conquista republicana.[29]

Na Bélgica, França e Alemanha, a jurisdição do trabalho teve a mesma origem, a referida Lei francesa de 18 de março de 1806. Nesta época, a lei napoleônica se aplicava também na Bélgica e do lado esquerdo do Reno, na Alemanha. Assim, além do *Conseil de Prud'hommes* em Lyon, foram criados tribunais do trabalho nas cidades alemãs de Aachen-Burtscheid (1808), Colônia (1811) e Crefeld (1811) e nas cidades belgas de Gante (1810) e Bruges (1813).[30]

A Bélgica seguiu o modelo francês com a criação de *Conseil de Prud'hommes* em outras cidades, com composição paritária.[31]

Na Alemanha foram criadas outras jurisdições semelhantes a do *Conseil de Prud'hommes,* a partir de 1859. O Código prussiano de profissões industriais, comerciais e artesanais de 17 de janeiro de 1845 autorizou as comunas a instituir tribunais de arbitragem, para dirimir os conflitos trabalhistas, também com composição paritária e um juiz de carreira. O Código de profissões industriais, comerciais e artesanais de 21 de junho de 1869 estabeleceu a competência dos tribunais comerciais

---

[28] COMPARATO, 2003, p. 53.
[29] BOUBLI, 1997, p. 3.
[30] BOLDT et al., 1968.
[31] BOLDT et al., 1968.

de arbitragem para tratar das questões trabalhistas. No entanto, uma Lei de 30 de junho de 1901 restabeleceu a jurisdição de *"prud'hommes"* para as cidades com mais de 20 mil habitantes. A jurisdição trabalhista permaneceu confusa com sobreposição de competências até o advento da Lei de 23 de dezembro de 1926 que criou os tribunais do trabalho, com jurisdição uniforme e procedimento único.[32]

Na Espanha, foram criados os Tribunais Industriais, em 1908, também de composição paritária, extintos por uma ampla reforma legislativa que criou uma nova Magistratura do Trabalho, de inspiração fascista. Em 1989 os magistrados do trabalho foram substituídos pelos "Juizados sociais" que passaram a integrar o Poder Judiciário espanhol.[33]

Os países que historicamente constituíram um órgão jurisdicional especializado para julgar os conflitos entre capital e trabalho foram criticados por lideranças liberais, sob o principal fundamento de que protegiam excessivamente o trabalhador. A jurisdição trabalhista especializada, em verdade, aplica um direito criado para suprir a desigualdade natural que se estabelece entre o empresário – detentor do capital – e o trabalhador – despatrimonializado e que depende apenas de seu trabalho para subsistir. No entanto, esse direito nem sempre protege o trabalhador, pois sofre os influxos das pressões advindas das grandes crises econômicas geradas pelo capitalismo, e de maiorias parlamentares ocasionais que, por meio do processo legislativo, reduzem o nível de proteção laboral.

Indubitável é que por meio desses órgãos jurisdicionais especializados efetiva-se o acesso do trabalhador à Justiça, por menor que seja o nível de proteção social previsto no correspondente ordenamento jurídico.

1.2 Acesso à Justiça: do Brasil Colônia à Constituição de 1988

O acesso à Justiça no Brasil mesmo após a vigência da Constituição de 1988, é direito reservado apenas às elites

---

[32] BOLDT et al., 1968.
[33] MONTOYA MELGAR, 2003, p. 240.

(econômica, intelectual, cultural), em detrimento à multidão de pobres e grupos minoritários que, normalmente, sequer conhecem seus direitos.

No período em que o Brasil foi colônia de Portugal (de 1500 a 1822), o acesso à Justiça seguia as leis portuguesas, em especial as Ordenações Filipinas de 1603. Poucos tinham conhecimento de seus direitos, e muito menos de como exercê-los, eis que a enorme maioria da população era analfabeta. Em 1822, de uma população de quatro milhões e meio de pessoas, um milhão e duzentos mil eram escravos (africanos e seus descendentes) e um milhão e meio de mulatos, pardos, caboclos e mestiços; o restante, de um milhão de brancos e oitocentos mil índios.[34] Tratava-se de um país essencialmente agrícola – 70% das riquezas brasileiras decorriam da atividade agrária – e uma sociedade majoritariamente ignorante. Em 1889 (ano da proclamação da República), a população brasileira já era de quatorze milhões, sendo que, entre os negros e escravos recém-libertos (a abolição da escravatura ocorreu em 1888 com a Lei Áurea, em 13 de maio) a situação era muito pior: o índice de analfabetismo era de, praticamente, 100%. Mesmo entre a população branca o número de analfabetos era elevado: de cada cem brasileiros, apenas quinze sabiam ler e escrever o próprio nome.[35]

As Ordenações Filipinas, organizadas em cinco livros, dispunham no Livro I sobre a organização de juízes e tribunais, e no Livro III, as regras processuais, com seus ritos e fórmulas,[36] destinados a tutelar os direitos das classes privilegiadas que dispunham de tempo e recursos para "acompanhar os jogos e as cerimônias da justiça, complicados nas suas regras, artificiosos na sua composição e, sobretudo, demorados nos seus desenlaces".[37]

A Constituição monárquica de 1824, além de dispor sobre a organização do Poder Judiciário, nada previu acerca do acesso à Justiça, sequer o *habeas corpus* que já havia mais de dois séculos sido criado na Inglaterra.

---

[34] GOMES, 2010, p. 73.
[35] GOMES, 2013, p. 65.
[36] Disponível em: ww1.ci.uc.pt/ihti/proj/filipinas/l3ind.htm. Acesso em: 25 jan. 2019.
[37] CAMPOS, Francisco. Exposição de Motivos do CPC/1939.

O Código Comercial promulgado em 1850, contudo, veio facilitar e promover a rápida solução das disputas comerciais; previa que todas as causas comerciais deviam "ser processadas em todos os Juízos e instâncias, breve e sumariamente, de plano e pela verdade sabida", sem que fosse necessário "guardar estritamente todas as formas ordinárias, prescritas para os processos civis".[38]

Durante a Primeira República ou República Velha, que se estendeu desde a proclamação da República, em 15.11.1889, até a Revolução de 1930, estabeleceu-se uma aliança entre o capitalismo – tanto no campo, quanto nos setores financeiros e comerciais – e as oligarquias regionais, sob a liderança da oligarquia cafeeira.[39] Esse ambiente não favorecia a tutela de direitos da pessoa, em especial o acesso à Justiça, na medida em que, como é evidente supor, o centro dos interesses da classe dominante era a economia, sobretudo aquela relativa à produção e ao comércio do café.

A Constituição de 1891, em que pese tenha previsto o *habeas corpus*, nada inovou acerca do acesso à Justiça das pessoas que não pudessem arcar com as despesas processuais.

Mesmo assim, com a entrada do Brasil na OIT em 1919 e a pressão do movimento operário,[40] alguns direitos trabalhistas foram criados, mormente pela Lei Elói Chaves[41] que fundou os alicerces para a criação de uma jurisdição trabalhista própria, já que, até então, os conflitos entre trabalhadores entre patrões eram julgados pela justiça comum. Em 30 de abril de 1923, por meio do Decreto nº 16.027, foi criado o Conselho Nacional do Trabalho, com composição paritária, cuja atribuição era a

---

[38] Art. 22 do Título Único DA ADMINISTRAÇÃO DA JUSTIÇA NOS NEGÓCIOS COMERCIAIS (Disponível em: www.planalto.gov.br. Aceso em: 25 jan. 2019).

[39] FAUSTO, 1986, p. 276.

[40] Registre-se o depoimento de Joaquim Pimenta sobre os fatos que antecederam a Revolução de 1930 e a criação das primeiras leis trabalhistas no país: "Não se deve, entretanto, esquecer que, antes da Revolução de 1930, existia e cada dia se ampliava no Brasil, um ambiente propício à proteção legal das classes trabalhadoras. De parte sonolentas sociedades beneficentes, algumas cooperativas e uns ensaios de organização sindical, isto até a guerra de 1914, à medida que esta se foi alastrando e culminando para o seu imprevisto e brusco desfecho, operava-se nas massas proletárias do país o mesmo vertiginoso movimento de classes, que empolgou o operariado mundial e a que não ficaram nem poderiam ficar indiferentes, tanto as nações beligerantes, quanto as que se mantiveram afastadas do conflito" (PIMENTA, 1954, p. 185-186).

[41] A Lei nº 4.682 de 23.01.1923 (Lei Elói Chaves) criou Caixa de Aposentadoria e Pensão (CAP) para os ferroviários e a estabilidade no emprego para aqueles que contassem com mais de dez anos de serviço ao mesmo empregador (SUSSEKIND et al., 2002, p. 56).

de "órgão consultivo dos poderes públicos em assumptos referentes à organização do trabalho e da previdência social".[42]

O quadro de domínio da oligarquia cafeeira sofreu significativa mudança com o episódio da Revolução de 1930, que aglutinou a insatisfação das classes médias, da pequena burguesia, das oligarquias dissidentes e de parte do Exército (movimento "tenentista") contra a oligarquia cafeeira.[43] Mas foi a Revolução Constitucionalista de 1932 – contrário ao movimento de 1930 – que, mesmo derrotada militarmente, saiu vitoriosa no seu objetivo político, obrigando o governo provisório de Getúlio Vargas a convocar a Assembleia Nacional Constituinte, da qual originou a Constituição de 1934.[44]

No início da década de 1930 havia, portanto, ambiente político e social para a promoção de regras que visassem ao acesso à Justiça.

Assim, em 1932, foram criadas, pelo Decreto nº 22.132, as Juntas de Conciliação e Julgamento, de composição paritária e natureza administrativa que visavam ao julgamento dos conflitos individuais entre trabalhadores e empresários.[45]

A Constituição de 1934 inovou em termos de acesso à Justiça, o que refletia o espírito democrático e plural da época. Previu, por exemplo, no art. 113, incisos 21, 23, 24, 32, 33 e 37, respectivamente, a audiência de custódia para réu preso, *habeas corpus*, ampla defesa ao acusado, mandado de segurança e a assistência judiciária aos necessitados, com isenção de emolumentos, custas, taxas e selos. Também, estabeleceu no art. 122, a criação da Justiça do Trabalho para "dirimir questões entre empregadores e empregados, regidas pela legislação social", embora, de maneira contraditória, dispusesse que não estava incluída no Poder Judiciário (Capítulo IV do Título I).

O Estado de São Paulo, impulsionado pela Constituição de 1934, criou, por meio da Lei Estadual nº 2.497/1935, o que seria a primeira Defensoria Pública do país, denominado *Consultório Jurídico de Serviço Social*, com três advogados, sendo um deles o diretor do

---

[42] FRANCO; MOREIRA, 2011, p. 26.
[43] FAUSTO, 1999, p. 56-81.
[44] A rigor, a Revolução de 1932 caracterizou-se pela aproximação da indústria paulista às demais forças que se opunham ao governo provisório decorrente da Revolução de 1930, em especial a própria oligarquia cafeeira (FAUSTO, 1999, p. 31).
[45] FRANCO; MOREIRA, 2011, p. 26.

serviço, tendo por atribuição a assistência judiciária aos necessitados (art. 154, "b").[46] Outros estados da federação seguiram o mesmo exemplo, como Rio Grande do Sul,[47] Minas Gerais[48] e Rio de Janeiro.[49]

No ano de 1936, adveio a Lei 191 que disciplinava o mandado de segurança, como remédio processual para "defesa de direito certo e incontestável, ameaçado, ou violado, por acto manifestamente inconstitucional ou illegal, de qualquer autoridade".[50]

A Constituição de 1934, contudo, vigeu por pouco tempo, pois revogada pelo Golpe de Estado de 10 de novembro de 1937, que instituiu o Estado Novo e ensejou a promulgação de uma nova Constituição, mediante ato de vontade do ditador Getúlio Vargas.

A Constituição de 1937 representou um retrocesso em relação ao reconhecimento dos direitos fundamentais, em especial o acesso à Justiça. Suprimiu a assistência judiciária gratuita, e retirou do mandado de segurança, previsão constitucional,[51] embora tenha mantido o *habeas corpus* e a Justiça do Trabalho como órgão administrativo.

O CPC de 1939 retomou e desenvolveu a tutela do direito ao acesso à Justiça, ao reconhecer o "benefício da justiça gratuita" para todos aqueles que não estivessem em condições de pagar as custas do processo, sem prejuízo do sustento próprio ou da família, isentando-os

---

[46] Disponível em: https://www.al.sp.gov.br/repositorio/legislacao/lei/1935/lei-2497-24.12.1935.html. Acesso em: 29 jan. 2019.

[47] No Rio Grande do Sul, a assistência judiciária aos necessitados, por força do Decreto 5.950 de 19/06/1935, era prestada pelo Consultor-Geral do Estado, até essa atribuição ter sido transferida para a Consultoria Jurídica do Estado, em razão do Decreto 7.845, de 30/06/1939. Disponível em: http://www.defensoria.rs.def.br/conteudo/20551/historia-da-defensoria-publica-do-estado-do-rio-grande-do-sul. Acesso em: 30 jan. 2019.

[48] O Estado de Minas Gerais criou a assistência judiciária àqueles que não tinham condições de pagar as custas do processo, sem prejuízo de seu sustento próprio ou da família, por meio do Decreto-Lei nº 1.630, de 15 de janeiro de 1946. Disponível em: https://www.defensoria.mg.def.br/conheca-a-defensoria/historico. Acesso em: 30 jan. 2019.

[49] O Rio de Janeiro, à época Distrito Federal, implementou os serviços de assistência judiciária por meio da Lei Federal nº 3.434 de 20 de julho de 1958, prestados por defensores públicos ocupantes da classe inicial da carreira do Ministério Público Federal (Disponível em: http://www.defensoria.rj.def.br/Institucional/historia. Acesso em: 31 jan. 2019).

[50] Disponível em: www.planalto.gov.br. Acesso em: 25 nov. 2019.

[51] "O mandado de segurança deixou de ser uma garantia constitucional, para converter-se em mera manifestação normativa ordinária. Como se não bastasse, o Decreto-Lei nº 6 de 16 de novembro de 1937, espelhando a vocação ditatorialesca do regime imperante, restringiu, acentuadamente, o campo de atuação do mandado de segurança, ao impedir, v.g., a sua impetração contra atos do Presidente da República, de Ministros de Estado, de Governadores e de interventores estaduais" (TEIXEIRA FILHO, 1992, p. 31).

de taxas judiciárias e selos, emolumentos e custas devidos aos juízes, órgãos do Ministério Público e serventuários da justiça, despesas com as publicações no jornal encarregado da divulgação dos atos oficiais, indenizações devidas a testemunhas e honorários de advogado e perito. No entanto, o requerente deveria indicar, na petição, o rendimento ou vencimentos que percebesse e os seus encargos pessoais e de família. Mesmo assim, o benefício poderia ser revogado a qualquer tempo, desde que se verificasse a inexistência ou desaparecimento dos requisitos verificados para a sua concessão (art. 68 e seguintes).

O CPC de 1939 também disciplinou o procedimento relativo ao mandado de segurança, embora também tenha mantido a restrição de impugnação dos atos do Presidente da República, Ministros de Estado, Governadores e Interventores (arts. 319 e seguintes).[52]

Com o fim do Estado Novo, em 1945, e restabelecida a democracia no Brasil, foi eleita nova Assembleia Constituinte, integrada por vários segmentos da sociedade, aprovando-se a Constituição de 1946, que reconheceu, como direito e garantia individual, que a lei não poderia "excluir da apreciação do Poder Judiciário qualquer lesão de direito individual" (art. 141, §4º), o que significou importante passo em direção ao reconhecimento do direito ao acesso à Justiça. Também previu, no §35 do mesmo artigo, que o Poder Público, na forma que a lei estabelecer, concederia "assistência judiciária aos necessitados", como também o mandado de segurança e o *habeas corpus*.[53]

Para os trabalhadores, todavia, a principal conquista advinda da Constituição de 1946 foi o reconhecimento da Justiça do Trabalho como ramo do Poder Judiciário, o que incrementou, sem dúvida, o acesso dos trabalhadores à Justiça, pois além de criar uma justiça especializada, melhor preparada para julgar os conflitos trabalhistas, conferiu aos magistrados do trabalho função jurisdicional para fazer cumprir suas decisões. As constituições posteriores mantiveram a Justiça do Trabalho como órgão do Poder Judiciário.

A Lei nº 1.060 de 5 de fevereiro de 1950[54] refletiu o ambiente plural e democrático vigente à época, ampliando regime de

---

[52] Disponível em: www.planalto.gov.br. Acesso em: 25 jan. 2019.
[53] Disponível em: www.planalto.gov.br. Acesso em: 25 jan. 2019.
[54] Disponível em: http://www.planalto.gov.br/ccivil_03/LEIS/L1060.htm. Acesso em: 31 jan. 2019.

assistência judiciária aos necessitados, fossem nacionais ou estrangeiros residentes no país que necessitassem recorrer à Justiça penal, civil, militar ou do trabalho. Ao contrário do CPC/1939, que utilizava a expressão "benefícios da justiça gratuita", a Lei nº 1.060/1950 retomou a nomenclatura da Constituição de 1934 para estabelecer que a "assistência judiciária" compreendia as seguintes isenções: taxas judiciárias e selos, emolumentos e custas devidos aos Juízes, órgãos do Ministério Público e serventuários da justiça, despesas com as publicações indispensáveis no jornal encarregado da divulgação dos atos oficiais, indenizações devidas às testemunhas que, quando empregados, receberiam do empregador salário integral, como se em serviço estivessem, honorários de advogado e peritos (arts. 2º e 3º).[55]

A Constituição de 1946 não chegou a viger por duas décadas, tendo sido revogada por força do golpe militar de 1964 que outorgou a Carta Política de 1967.

No âmbito de acesso à Justiça, a Carta de 1967 não inovou, mas também não restringiu os direitos previstos na Constituição de 1946 acima mencionados, o mesmo se observando em relação à EC nº 1 de 17.10.1969.[56]

O fim do regime militar no Brasil foi acelerado pelos efeitos da crise econômica mundial do início dos anos de 1970, que levou a economia mundial a uma profunda recessão.

É importante notar que a principal inovação em termos de acesso à Justiça ocorreu por meio da Lei nº 7.510 de 4 de julho de 1986 que, alterando a redação do art. 4º da Lei nº 1.060/50, dispôs que a parte gozaria dos benefícios da assistência judiciária, mediante simples afirmação, na própria petição inicial, de que não estava em condições de pagar as custas do processo e os honorários de advogado, sem prejuízo próprio ou de sua família.[57] Esse dispositivo, revogado pelo CPC/2015, exonerava o requerente de demonstrar a necessidade de usufruir dos benefícios da justiça gratuita, presumindo-se verdadeira a mera declaração.

---

[55] Esses artigos foram revogados pela Lei nº 13.105/2015 (CPC/2015).
[56] Disponível em: www.planalto.gov.br. Acesso em 25 jan. 2019.
[57] Disponível em: www.planalto.gov.br. Acesso em: 25 jan. 2019.

Ante a disciplina da assistência judiciária gratuita pela Lei nº 1.060/50, o CPC/1973 não trouxe inovações acerca do tema. Em 5 de outubro de 1988 foi promulgada a última Constituição brasileira que erigiu um sistema de normas que buscam garantir o acesso à Justiça de todos, mulheres e homens, brasileiros e estrangeiros, pessoas naturais e jurídicas, de direito público e privado, nacionais e internacionais, elencando-as no art. 5º, Título II, "Dos Direitos e Garantias Fundamentais". Em outras palavras, a Constituição brasileira expressamente elegeu o acesso à Justiça, por meio de um sistema de normas, como direito e garantias fundamentais. São os seguintes, os dispositivos do art. 5º que formam o sistema que consagra o acesso à Justiça, como direito e garantia fundamental:

– inciso XXXIV, "a", pelo qual, reconhece-se a todos, "o direito de petição aos Poderes Públicos em defesa de direitos ou contra ilegalidade ou abuso de poder", "independentemente do pagamento de taxas";

– inciso XXXV, que consagra "a inafastabilidade do controle jurisdicional de qualquer lesão ou ameaça a direito";[58]

– inciso LIII, segundo o qual "ninguém será processado nem sentenciado senão pela autoridade competente";

– inciso LIV, que reconhece o devido processo legal;

– inciso LV, mediante o qual se asseguram o contraditório e a ampla defesa;

– incisos LXVII e LXXVII, que prevê o *habeas corpus* para enfrentar ameaça de violência ou coação em liberdade de locomoção, por ilegalidade ou abuso de poder e a sua gratuidade;

– incisos LXIX e LXX, que reconhece o mandado de segurança para proteger direito líquido e certo;

– inciso LXX, que garante o mandado de injunção para suprir omissão do legislador;

– incisos LXXII e LXXVII, que preveem o *habeas data* para assegurar o conhecimento e/ou a retificação de dados do próprio requerente e a sua gratuidade;

– inciso LXXIII, que legitima a ação popular como meio para se postular judicialmente a anulação de ato contrário ao interesse público;

---

[58] NALINI, 1994, p. 27.

– inciso LXXIV, que obriga o Estado a prestar assistência jurídica integral e gratuita aos que comprovarem insuficiência de recursos;

– inciso LXXVIII,[59] mediante o qual se asseguram a todos a duração razoável do processo e os meios que garantam a celeridade de sua tramitação.

No âmbito da Defensoria Pública, a redação original do art. 134 da Constituição de 1988 previa que se tratava de instituição essencial à função jurisdicional do Estado, incumbindo-lhe a orientação jurídica e a defesa, em todos os graus, dos necessitados na forma do art. 5º, LXXIV; ou seja, incumbia ao Estado prestar assistência jurídica integral e gratuita aos que comprovarem insuficiência de recursos. O parágrafo único do art. 134 dispunha que lei complementar disporia sobre a organização da Defensoria Pública da União, Distrito Federal e Territórios, como também prescreveria normas gerais para sua organização nos Estados.

A EC nº 80/2014, no entanto, alterou significativamente a redação do art. 134 da Constituição, e além de reconhecer a Defensoria Pública como expressão e instrumento do regime democrático, outorgou-lhe atribuição, não apenas de orientação jurídica e defesa dos direitos individuais dos necessitados, mas, também, "a promoção dos direitos humanos" e a defesa, em todos os graus, dos direitos coletivos dos necessitados.

A mesma EC nº 80/2014, dando redação ao §4º do art. 134, enunciou a unidade, a indivisibilidade e a independência funcional, como princípios institucionais da Defensoria Pública e concedeu prazo de 8 anos – até 2022 – para que a União, Estados e Distrito Federal constituíssem defensores públicos em todas as unidades jurisdicionais.

Do sistema de normas referido, constata-se, de forma inequívoca, o manifesto propósito constitucional de facilitar, e, até mesmo, incentivar, o acesso do cidadão e da cidadã à Justiça com a nítida finalidade, em última análise, de garantir os direitos e garantias fundamentais, já que sem essa ampla possibilidade de acesso à Justiça restariam esvaziados de efetividade os demais direitos e garantias

---

[59] Inciso incluído pela EC nº 45/2004.

fundamentais, dentre os quais o princípio central do ordenamento jurídico brasileiro: dignidade da pessoa humana.

1.3 O acesso ao direito como prerrogativa fundamental

O acesso à Justiça não se limita ao acesso ao Poder Judiciário ou a um processo célere e justo, visto que representaria um direito esvaziado se não se garantisse a todos também e, concomitantemente, o acesso ao direito.

A defesa dos direitos pressupõe o seu conhecimento. Apenas aquele que possui compreensão de seus direitos está apto a usufruir dos respectivos atributos que caracterizam o seu exercício, como também poderá discernir acerca dos benefícios e dos prejuízos decorrentes do seu cumprimento e da sua violação ou restrição.[60]

A propósito, o Preâmbulo da *Declaração dos Direitos do Homem e do Cidadão de 1789* já enunciava que a "ignorância, o descuido ou o desprezo dos direitos humanos são as únicas causas das desgraças públicas e da corrupção dos governos".[61]

Desde a Revolução Francesa, portanto, sabe-se que o direito à informação sobre todos os fatos que permitam o conhecimento de determinada situação ou direito é uma das mais importantes prerrogativas humanas, visto que é condição essencial da democracia, na medida em que as pessoas, mas, principalmente, um povo, sem acesso à informação e sem discernimento para refletir sobre as questões sociais e políticas, encontra-se fadado a não exercer plenamente a cidadania.[62]

Assim, o direito de procurar, receber e transmitir informações é reconhecido pela *Declaração Universal dos Direitos Humanos de 1948* (art. 19), como também pela *Convenção Europeia dos Direitos do Homem* aprovada em 1950, cujo art. 10 prevê que a liberdade de expressão corresponde também à liberdade de receber informações.[63]

---

[60] MIRANDA, 2000, p. 254.
[61] COMPARATO, 2003, p. 153.
[62] CASTRO, 2003, p. 437.
[63] Disponível em: www.echr.coe.int/Documents/Convention_POR.pdf. Acesso em: 25 nov. 2018.

Registre-se, ainda, o *Pacto Internacional dos Direitos Civis e Políticos* adotado pela Organização das Nações Unidas em 1966 e a *Convenção Americana sobre Direitos Humanos* – Pacto de San José de Costa Rica, aprovado em 1969, que preveem que todos têm o direito de buscar e receber informações.[64]

A Constituição brasileira de 1988, por sua vez, possui um sistema de regras que alberga o acesso à informação como pressuposto do acesso ao direito.

O art. 5º, inciso XIV, por exemplo, prevê que é assegurado a todos o acesso à informação, enquanto o inciso XXXIII assevera que "todos têm direito a receber dos órgãos públicos informações de seu interesse particular, ou de interesse coletivo ou geral, que serão prestadas no prazo a lei, sob pena de responsabilidade, ressalvadas aquelas cujo sigilo seja imprescindível à segurança da sociedade e do Estado". Para assegurar o acesso às informações, a Constituição brasileira prevê no inciso LXXII do art. 5º, o instrumento do *habeas data*, por meio do qual se garante "o conhecimento de informações relativas à pessoa do impetrante, constante de registros ou bancos de dados de entidades governamentais ou de caráter púbico", como também para a "retificação de dados, quando não se prefira fazê-lo por processo sigiloso, judicial ou administrativo".

Registre-se, de acordo com esse sistema, o art. 220 segundo o qual "A manifestação do pensamento, a criação a expressão e a informação, sob qualquer forma, processo ou veículo não sofrerão qualquer restrição, observado o disposto nesta Constituição".

Sem a possibilidade de se buscar e receber informações, sobretudo aquelas relativas aos próprios direitos, não se tem acesso à Justiça.

1.4 O acesso à Justiça: princípio universal e direito fundamental

O acesso à Justiça como corolário do acesso ao direito é um princípio universal e está consagrado no art. 8º da *Declaração*

---

[64] CASTRO, 2003, p. 441.

Universal dos Direitos Humanos, de 1948, segundo o qual "Todo homem tem direito a receber dos tribunais nacionais competentes remédio efetivo para os atos que violem os direitos fundamentais que lhe sejam reconhecidos pela Constituição ou pela lei".[65]

O acesso à Justiça é princípio universal decorrente de Direito natural, pois possui vocação comum a todos os povos e plasmado em diplomas internacionais, como a *Declaração Universal dos Direitos Humanos*.[66]

O acesso à Justiça é, ainda, um princípio em razão do seu significado metodológico, como *ratio legis* ou *mens legis*, ou seja, busca-se cumprir a finalidade da lei por meio da interpretação de outras normas.[67]

O acesso à Justiça também é princípio porque pode ser inferido, por abstração ou generalização, a partir do sistema das normas positivadas no ordenamento jurídico,[68] tais como o art. 5º, inciso XXXIV, "a" da Constituição que reconhece a todos "o direito de petição aos Poderes Públicos em defesa de direitos ou contra ilegalidade ou abuso de poder", "independentemente do pagamento de taxas"; o inciso XXXV do mesmo artigo, que consagra "a inafastabilidade do controle jurisdicional de qualquer lesão ou ameaça a direito"; o inciso LIII, também do art. 5º segundo o qual "ninguém será processado nem sentenciado senão pela autoridade competente"; dentre outros já referidos no tópico anterior.

O acesso à Justiça é princípio jurídico, ainda, ante a sua dimensão axiológica ou postulado ético que deve inspirar todo o ordenamento jurídico.[69]

O acesso à justiça também é direito fundamental formal, na medida em que previsto expressamente na Constituição brasileira, conforme dispõe o art. 5º, inciso XXXV, segundo o qual "a lei não excluirá da apreciação do Poder Judiciário lesão ou ameaça a direito".

Mesmo, entretanto, que o acesso à Justiça não estivesse expressamente previsto no rol dos direitos fundamentais da

---

[65] COMPARATO, 2003, p. 233.
[66] MIRANDA, 2000, p. 11.
[67] PÉREZ LUÑO, 2003, p. 290.
[68] PÉREZ LUÑO, 2003, p. 290.
[69] PÉREZ LUÑO, 2003, p. 290.

Constituição de 1988, ainda, assim, poderia ser deduzido implícita e indiretamente dos princípios fundamentais expressos no mesmo diploma – sentido material dos direitos fundamentais –,[70] por autorização do seu art. 5º, §2º, segundo o qual "Os direitos e garantias expressos nesta Constituição não excluem outros decorrentes do regime e dos princípios por ela adotados, ou dos tratados internacionais em que a República Federativa do Brasil seja parte".

Com efeito, o acesso à Justiça, enquanto direito fundamental, ainda pode ser deduzido do princípio fundamental da dignidade da pessoa humana, previsto no art. 1º, inciso III, da Constituição.

Converge a doutrina no sentido de que o princípio da dignidade da pessoa humana inspira os "típicos direitos fundamentais, atendendo à exigência do respeito à vida, à liberdade, à integridade física e íntima de cada ser humano, ao postulado da igualdade em dignidade de todos os homens e à segurança".[71]

O princípio da dignidade da pessoa humana, em decorrência, "constitui valor-guia não apenas dos direitos fundamentais, mas de toda a ordem constitucional, razão pela qual se justifica plenamente sua caracterização como princípio constitucional de maior hierarquia axiológico-valorativa".[72]

O acesso à Justiça, consequentemente, é direito fundamental da mais alta importância, porque é instrumento indispensável à proteção de todos os demais direitos, mormente o da dignidade da pessoa humana. De fato, nenhum outro direito fundamental seria garantido sem que todas as pessoas, independente de sua condição social, gênero, cor, idade, deficiência, ou qualquer outra característica, tivessem conhecimento de seus direitos e de sua legitimidade para reclamá-los, no caso de violação, a um órgão composto por juízes autônomos e imparciais, que pudessem julgá-los

---

[70] Aliás, o sentido material dos direitos fundamentais é reconhecido em diversas Constituições, desde a norte-americana (de 1791) que na Emenda IX reconhece que "a especificação de certos direitos pela Constituição não significa que fiquem excluídos ou desprezados outros direitos até agora possuídos pelo povo", e a portuguesa, que no art. 16º, 1 proclama que "os direitos fundamentais consagrados na Constituição não excluem quaisquer outros constantes das leis e das regras de direito internacional" (MIRANDA, 2000, p. 11).
[71] MENDES; COELHO; BRANCO, 2008, p. 237.
[72] SARLET, 2006, p. 128.

em tempo razoável, observando-se o contraditório, a ampla defesa e o devido processo legal.

O acesso à Justiça, por conseguinte, possui uma função instrumental de altíssima relevância, de concreção do princípio da dignidade da pessoa humana, pois, sem ele, não apenas a dignidade da pessoa humana, mas nenhum outro direito, passaria de uma mera declaração de vontade. Trata-se, conforme lição de Jorge Miranda, de um direito fundamental procedimental, necessário para salvaguardar a defesa de outros direitos, sejam individuais, sejam coletivos, diretamente pelo titular ou por meio terceiros.[73]

O acesso à Justiça também pode ser deduzido do princípio fundamental do Estado Democrático de Direito, previsto no art. 1º da Constituição.

O Estado Democrático de Direito caracteriza-se pela interação dos princípios da soberania do povo, dos direitos fundamentais e pela mediatização dos princípios da constitucionalidade e da legalidade.[74]

Adverte Gustavo Zagrebelski, no entanto, que *democracia*, entendida como governo da maioria, pode se converter em um regime de facções, na medida em que a maioria pode querer agir como totalidade e, desse modo, se apropriar da coisa comum e fazê-la coisa própria. Conforme Zagrebelski, as leis que atendam aos interesses apenas da maioria – em detrimento da(s) minoria(s) – são manifestações de corrupção da democracia. Ainda conforme o jurista italiano, é função da justiça constitucional limitar a democracia, fazendo valer os direitos fundamentais, mesmo contra a maioria.[75]

O acesso à Justiça, dessa maneira, é direito fundamental implícito que deve ser inferido do princípio do Estado Democrático de Direito, na medida em que imprescindível à preservação do Estado

---

[73] MIRANDA, 2000, p. 93-94.
[74] MIRANDA, 2000, p. 211.
[75] ZAGREBELSKY, 2008, p. 102-103. Ana Paula de Barcellos explica, no caso brasileiro, "boa parte das regras que organizam o processo legislativo encontram-se nos regimentos internos das Casas Legislativas e não na Constituição", de forma que, do ponto de vista operacional, "a efetiva oportunidade da minoria de exercer algum controle sobre a atuação majoritária dependerá de normas regimentais que a assegurem e, mais que isso, dependerá de normas regimentais que a assegurem e, mais que isso, dependerá de tais normas serem efetivamente respeitadas pela maioria parlamentar", o que nem sempre ocorre (2017, p. 250).

Democrático de Direito. O direito fundamental procedimental de acesso à Justiça tem por finalidade provocar a justiça constitucional, como instrumento indispensável para reagir às tentativas de maiorias parlamentares ocasionais de reduzir direitos, aprofundar desigualdades e esvaziar as garantias fundamentais.

Em conclusão, o acesso à Justiça é princípio, porque possui "*status* de norma jurídica" e compõe, "sem hierarquia, o sistema referencial do intérprete".[76] Por outro lado, também é direito subjetivo fundamental pois é provido de uma pretensão dirigida ao Estado de garantir a eficácia de direitos, sobretudo os fundamentais, ou a reparação desses, na hipótese legal.

1.5 Direito de ação: assistência jurídica integral e gratuita e duração razoável do processo

O direito de ação enquanto prerrogativa de cada pessoa de provocar o Poder Público para que este resolva conflitos intersubjetivos existe desde o século XVIII, quando a ideologia liberal, defendida pela burguesia ascendente, triunfou forjando um modelo de Estado vitorioso. Tratava-se, contudo, de uma liberdade de ação meramente formal, na medida em que os custos e a complexidade que envolvia o exercício do direito de ação restringiam seu exercício aos poucos cidadãos burgueses que dispunham de dinheiro e conhecimento para enfrentar um longo e custoso processo. A grande maioria das pessoas – operários famintos e ignorantes – sequer conhecia seus parcos direitos, quanto mais dispunha de dinheiro para pagar as custas e os honorários advocatícios, sem falar na grande dificuldade de se produzirem as provas necessárias para se obter uma sentença favorável.

A narrativa dos custos exagerados e do excessivo tempo que o Poder Judiciário leva para entregar a prestação jurisdicional deveria ser uma narrativa do passado ou uma referência meramente introdutória para mostrar como, em praticamente dois séculos, o direito de ação evoluiu ao ponto de se poder afirmar que a prestação

---

[76] BARROSO, 2006, p. 358.

jurisdicional se dá de forma célere e gratuita àqueles que não podem suportar os ônus do processo.

Do ponto de vista da dogmática, pode-se afirmar que houve significativa evolução, pois os ordenamentos jurídicos ocidentais em geral, e o brasileiro em particular, passaram, nas últimas décadas, a enunciar direitos e garantias importantes para tornar o processo justo e a prestação jurisdicional efetiva. Assim, proclama-se que a *todos* é assegurado o direito de petição aos Poderes Públicos em defesa de direitos ou contra ilegalidade ou abuso de poder, e que *todos* têm o direito de pedir ao Poder Judiciário ressarcimento de lesão injusta ou que seja paralisada a ameaça de direito.[77]

A doutrina também superou o conceito de ação como sendo apenas "o direito de pedir ao Estado a prestação de sua atividade jurisdicional num caso concreto",[78] para compreendê-la como "a tutela jurisdicional adequada, efetiva e tempestiva mediante processo justo".[79]

O que seria, entretanto, um processo justo?

São pressupostos para a concreção de um processo justo a observância de todos os direitos fundamentais processuais, tais como o contraditório, a imparcialidade do juiz, a publicidade e a motivação. Esses direitos, contudo, são insuficientes se não se garantirem, ainda, a assistência jurídica integral e gratuita e a razoável duração do processo, desde que, é claro, pretenda-se que o processo justo seja direito também da população pobre.

Os ordenamentos jurídicos bradam, normalmente por meio de suas normas constitucionais, o direito a assistência jurídica integral e gratuita aos que comprovarem insuficiência de recursos, e a todos a razoável duração do processo e os meios que garantam a celeridade de sua tramitação.[80]

---

[77] Art. 5º da Constituição brasileira prevê: "XXXIV – são a todos assegurados, independentemente do pagamento de taxas: a) o direito de petição aos Poderes Públicos em defesa de direitos ou contra ilegalidade ou abuso de poder;
XXXV – a lei não excluirá da apreciação do Poder Judiciário lesão ou ameaça a direito".

[78] SANTOS, 1958, p. 38.

[79] MARINONI; ARENHART; MITIDIERO, 2015, p. 216.

[80] Art. 5º da Constituição brasileira dispõe: LXXIV – o Estado prestará assistência jurídica integral e gratuita aos que comprovarem insuficiência de recursos; LXXVIII – a todos, no âmbito judicial e administrativo, são assegurados a razoável duração do processo e os meios que garantam a celeridade de sua tramitação.

Percebe-se, contudo, que, a despeito da bem construída dogmática constitucional e da evolução doutrinária, existem, ainda, inúmeros obstáculos ao acesso à Justiça pela população pobre, tanto em relação ao custo, quanto no tocante à duração do processo.

Ao se analisarem, em diferentes países, os altos custos do processo, em pleno século XXI, percebe-se que, por trás se encontra a mesma ideologia liberal, sempre a edificar barreiras para que os mais pobres não possam valer seus direitos perante a Justiça.

Mauro Cappelletti e Bryant Garth, em estudo sobre o acesso à Justiça, observam que quanto menor o valor da causa, mais caro é o processo. Exemplificam com a Alemanha, onde um processo em que a causa seja de 100 dólares terá um custo de aproximadamente 150 dólares, enquanto uma ação de 5.000, custaria em torno de 4.200.[81] Explica-se, desse modo, o porquê de um modo em geral, os advogados não patrocinarem causas de pequeno valor.[82]

A propósito, Boaventura de Sousa Santos afirma, com base nos estudos de Cappelletti e Garth, que "a justiça civil é cara para os cidadãos em geral, mas revelam sobretudo que a justiça civil é proporcionalmente mais cara para os cidadãos economicamente mais débeis", porque são eles os reclamantes nas ações de menor valor, exatamente onde a "justiça é proporcionalmente mais cara".[83]

Uma das respostas universais ao problema do custo processual, sobretudo em relação aos honorários advocatícios, tem sido a assistência judiciária aos pobres.

Cappelletti e Garath informam que os primeiros esquemas de assistência judiciária adotados pela maioria dos países baseavam-se "em serviços prestados pelos advogados particulares, sem contraprestação (*munus honorificum*)".[84]

O Brasil adotou essa forma de assistência judiciária, por meio da Lei nº 1.060/1950, art. 3º, inciso V, segundo o qual, caso o beneficiário da assistência ficasse vencido na causa, o advogado não faria jus a honorários.[85] O CPC/2015, ao disciplinar a questão, prevê

---

[81] CAPPELLETTI; GARTH, 2002, p. 19.
[82] CAPPELLETTI; GARTH, 2002, p. 19.
[83] SANTOS, 2010, p. 168.
[84] CAPPELLETTI; GARTH, 2002, p. 32.
[85] SANTOS, 1990, p. 315.

no art. 98, §1º, VI, que a gratuidade da justiça compreende também os honorários do advogado, o que, de certo modo, não mudou o tratamento da questão.

De acordo com Cappelletti e Garath esse sistema de assistência judiciária não se mostrou eficiente, visto que nas economias de mercado, os advogados com mais experiência e competência consagram seu tempo ao trabalho remunerado.[86] Acresça-se ainda, conforme narra Boaventura de Sousa Santos, que "a qualidade dos serviços jurídicos era baixíssima, uma vez que, ausente a motivação econômica, a distribuição acabava por recair em advogados sem experiência e por vezes ainda não plenamente profissionalizados, em geral sem qualquer dedicação à causa".[87]

Em virtude da ineficiência dessa forma de assistência judiciária, diversos países (Alemanha, Inglaterra, França, Canadá, Áustria, Holanda) passaram a adotar o sistema *judicare*: os advogados particulares passaram a ser pagos pelo Estado.[88]

Na Inglaterra, por exemplo, a pessoa necessitada poderia escolher o advogado, cujo nome constasse de uma extensa lista, desde que fosse constatada "a viabilidade financeira e de mérito de sua causa". Nesses casos não faltavam advogados, já que a remuneração era bastante atraente.[89]

A principal crítica que se faz a esse sistema, segundo Cappelletti e Garth, é que, embora supere a barreira do custo, não enfrenta outra importante barreira que é de permitir que o pobre conheça seus direitos e saiba quando são violados. Para os autores, existem direitos que seriam melhor tratados de forma coletiva, o que, normalmente, não é previsto no sistema *judicare*.[90]

Cappelletti e Garth advogam o modelo de assistência judiciária prestado por "escritórios de vizinhança", existentes nas comunidades mais pobres, com advogados remunerados pelos cofres públicos "encarregados de promover os interesses das pessoas pobres, enquanto classe". A intenção desse modelo é tornar as pessoas

---

[86] CAPPELLETTI; GARTH, 2002, p. 32.
[87] SANTOS, 2010, p. 171.
[88] CAPPELLETTI; GARTH, 2002, p. 35.
[89] CAPPELLETTI; GARTH, 2002, p. 39.
[90] CAPPELLETTI; GARTH, 2002, p. 39.

pobres conscientes e partícipes de seus direitos e interessadas em concretizá-los por meio dos advogados públicos. As vantagens desse sistema, de acordo com os autores, são inúmeras, desde "apoiar os interesses difusos ou de classe das pessoas pobres", como também permitir que os advogados adquiram "conhecimento e experiência dos problemas típicos dos pobres".[91]

Boaventura de Sousa Santos salienta que os Estados Unidos adotaram esse modelo de contratação e remuneração de advogados pelo Estado – denominado *Legal Services Corporation* –, que trabalham em escritórios de advocacia situados nas regiões mais pobres das cidades e adotando estratégias voltadas aos problemas jurídicos das pessoas necessitadas, enquanto problemas de classe, estratégias que favorecem o ajuizamento de ações coletivas, com a finalidade de formação de jurisprudência inovadora sobre questões recorrentes que afligem as pessoas carentes, para, como objetivo final, transformar o direito.[92]

Observam Cappelletti e Garth, no entanto, que a adoção e manutenção do *Legal Services Corporation* nos Estados Unidos não ocorreram sem muita resistência por parte dos defensores da assistência judiciária aos necessitados, sobretudo dos ataques vindos da classe empresarial e dos políticos por ela financiados.[93]

Outros países, como Inglaterra, Austrália, Holanda, França e, principalmente, a Suécia adotaram o modelo do *Legal Services Corporation*. A Suécia, inclusive, foi muito além do que outros países, ao estender a assistência judiciária gratuita também a pessoas da classe média.[94]

Frise-se, todavia, que em praticamente todos os ordenamentos jurídicos em que existe a regra da sucumbência, a assistência judiciária não prevê o reembolso ao vencedor que litiga contra a pessoa assistida, mesmo que o sucumbente seja muito pobre, o que acarreta a impossibilidade de o adversário do litigante pobre recuperar os custos processuais, tendo que suportar esse ônus financeiro.[95]

---

[91] CAPPELLETTI; GARTH, 2002, p. 41.
[92] SANTOS, 2010, p. 172.
[93] CAPPELLETTI; GARTH, 2002, p. 41.
[94] CAPPELLETTI; GARTH, 2002, p. 46.
[95] CAPPELLETTI; GARTH, 2002, p. 46.

No Brasil, o que se tem de mais próximo ao modelo do *Legal Services Corporation* é a Defensoria Pública, sobretudo a partir do advento da EC 80/2014. Por mais avançado, entretanto, que seja o modelo consagrado na EC 80/2014, a sua completa concreção encontra poderosas resistências, sobretudo em face das reduzidas dotações orçamentárias, e também de entraves legislativos, quando se trata de serviço público destinado às pessoas necessitadas.

As histórias das Defensorias Públicas dos Estados do Paraná,[96] Goiás[97] e Santa Catarina,[98] últimas[99] a serem instaladas nos Estados brasileiros, são emblemáticas.

No Paraná, a Defensoria Pública foi instituída em 1991, pela Lei Complementar Estadual nº 55, mas organizada apenas vinte anos depois, pela Lei Complementar Estadual nº 136/2011.[100]

Em Goiás, a Defensoria Pública foi instituída em 2005, pela Lei Complementar Estadual nº 51, mas organizada, de fato, apenas em 2013, quando o Governador do Estado nomeou o primeiro Defensor Público Geral.[101]

Em Santa Catarina, a Defensoria Pública foi criada após grande resistência das elites política e econômica do Estado e instalada após grande embate jurídico. Com efeito, o art. 104 da Constituição do Estado – promulgada em 05.10.1989 – e a Lei Complementar Estadual nº 155 de 15.04.1997 previam a criação de uma Defensoria Dativa estabelecendo que sua organização ficaria a cargo da OAB-SC, e não do Estado. Após importante mobilização nos meios

---

[96] Em 2010, o Estado do Paraná era o 5º maior PIB do país (Disponível em https://exame.abril.com.br/economia/sao-paulo-correspondeu-a-33-1-do-pib-nacional-em-2010. Acesso em: 30 jan. 2019).

[97] Em 2010, o Estado de Goiás era o 9º maior PIB do país (Disponível em https://exame.abril.com.br/economia/sao-paulo-correspondeu-a-33-1-do-pib-nacional-em-2010. Acesso em: 30 jan. 2019).

[98] Em 2010, o Estado de Santa Catarina era o 7º maior PIB do país (Disponível em https://exame.abril.com.br/economia/sao-paulo-correspondeu-a-33-1-do-pib-nacional-em-2010. Acesso em: 30 jan. 2019).

[99] A Defensoria Pública do Estado do Amapá (Defenap) funciona precariamente já que os defensores públicos são nomeados pelo Governador do Estado, e não concursados (Disponível em: https://www.portal.ap.gov.br/noticia/2112/governo-lanca-primeiro-concurso-da-historia-da-defensoria-publica-do-amapa. Acesso em: 31 jan. 2019).

[100] Disponível em: http://www.defensoriapublica.pr.def.br/2018/05/1020/Defensoria-Publica-do-Parana-7-anos-de-muita-historia-e-orgulho.html. Acesso em: 30 jan. 2019.

[101] Disponível em: http://www.defensoriapublica.go.gov.br/depego/index.php?option=com_content&view=article&id=3&Itemid=104. Acesso em: 30 jan. 2019.

jurídicos e acadêmicos catarinenses, e o ajuizamento de ações diretas de inconstitucionalidade, o STF julgou inconstitucionais o art. 104 da Constituição estadual e a referida Lei Complementar catarinense, determinando que no prazo de um ano o Estado de Santa Catarina instalasse a defensoria pública nos moldes da Constituição da República.[102] A organização e o funcionamento da Defensoria Pública do Estado de Santa Catarina foram aprovados pela Lei Complementar Estadual nº 575, de 02.08.2012.

O atraso de décadas nas instalações de Defensorias Públicas em estados como Paraná, Goiás e Santa Catarina demonstra a supremacia de uma elite política e econômica conservadora que tratou com descaso o direito das pessoas necessitadas ao acesso à Justiça.

O IPEA estima que, atualmente, considerando pessoas com renda mensal de até três salários mínimos, existe no Brasil um déficit de 10.578 defensores públicos,[103] o que demonstra a grande dificuldade de se levar à população carente o mandamento constitucional do pleno acesso à Justiça.

Outro problema crônico relativo ao acesso à Justiça é o da efetiva duração do processo.

Constata-se, na realidade, um "desequilíbrio da balança processual", pois, de um lado, encontra-se a *empresa* que dispõe de inesgotáveis recursos para prosseguir no litígio, inclusive *tempo*; do outro, a *pessoa*, tão-só, desprovida das mesmas armas,[104] sobretudo

---

[102] Assim foi redigida a ementa do acórdão da lavra do Min. Joaquim Barbosa: "Art. 104 da constituição do Estado de Santa Catarina. Lei complementar estadual 155/1997. **Convênio com a seccional da Ordem dos Advogados do Brasil (OAB/SC) para prestação de serviço de "defensoria pública dativa". Inexistência, no Estado de Santa Catarina, de órgão estatal destinado à orientação jurídica e à defesa dos necessitados. Situação institucional que configura severo ataque à dignidade do ser humano. Violação do inc. LXXIV do art. 5º e do art. 134,** *caput,* **da redação originária da Constituição de 1988.** Ações diretas julgadas procedentes para declarar a inconstitucionalidade do art. 104 da constituição do Estado de Santa Catarina e da lei complementar estadual 155/1997 e admitir a continuidade dos serviços atualmente prestados pelo Estado de Santa Catarina mediante convênio com a OAB/SC pelo prazo máximo de 1 (um) ano da data do julgamento da presente ação, ao fim do qual **deverá estar em funcionamento órgão estadual de defensoria pública estruturado de acordo com a Constituição de 1988 e em estrita observância à legislação complementar nacional (LC 80/1994)."** (negritos do original, ADI 4270, Relator Ministro Joaquim Barbosa, Tribunal Pleno, julgado em 14 mar. 2012). Disponível em: http://www.defensoria.sc.gov.br/index.php/institucional. Acesso em: 30 jan. 2019.

[103] Disponível em: http://www.ipea.gov.br/sites/mapadefensoria/deficitdedefensores. Acesso em: 30 jan. 2019.

[104] NALINI, 1994, p. 20.

carecedora do *tempo* que o processo toma, com seus infindáveis embargos, agravos, apelações dentre outras medidas processuais que protelam a solução final do conflito. *Tempo* que não é igual para as partes, pois para a *pessoa* – trabalhadora, consumidora, ou, apenas, cidadã – o *tempo* também é vida, pois está umbilicalmente relacionado aos meios necessários à precária e limitada subsistência.

É claro que quando duas pessoas da mesma envergadura socioeconômica litigam, a questão relativa à duração do processo, embora possa se tornar um problema técnico-processual, não contamina, em regra, a órbita existencial dos litigantes.

A partir de diversos estudos sobre sociologia judiciária, Boaventura de Sousa Santos constatou a existência de um curioso paradoxo: apesar de importantes inovações no campo processual (aumento dos recursos telemáticos, como o processo judicial eletrônico, por exemplo), e também a redução do número de ações, a duração média dos processos não decresce; ao contrário, aumenta, o que se verificou em países como Itália e Espanha.[105]

Como possíveis causas desse problema, o sociólogo português observa uma possível irracionalidade dos critérios de distribuição territorial dos magistrados que não acompanha, com a mesma velocidade, a mobilidade dos fatores de produção, das pessoas e dos conflitos decorrentes. Sugere, ainda, como tema de investigação, as possíveis causas desse paradoxo, "em que medida largos estratos da advocacia organizam e rentabilizam a sua atividade com base na demora dos processos e não apesar dela".[106]

O abuso do direito de defesa, por outro lado, é referido por Marinoni, Arenhart e Mitiero, como uma das causas da demora processual, propugnando, os autores, pelo indispensável amadurecimento do juiz sobre os litígios, o que significa o dever de "zelar para que o réu não abuse do seu direito de defesa ou pratique atos objetivando a protelação dos feitos".[107]

No âmbito do processo civil – e trabalhista – brasileiro, além das causas acima referidas, outras podem ser apontadas como responsáveis pela ausência da duração razoável do processo:

---

[105] SANTOS, 2010, p. 169.
[106] SANTOS, 2010, p. 169.
[107] MARINONI; ARENHART; MITIDIERO, 2015, p. 216.

– prazos em dias úteis aprovados pelas reformas processuais[108] e que alargaram ainda mais a duração do processo;
– inúmeros recursos[109] que são utilizados em profusão pelos advogados, repetindo-os em diferentes instâncias, o que permite que, em um mesmo processo, existam dezenas de recursos;
– possibilidade de quatro instâncias julgadoras da mesma questão: Vara, Tribunal, Tribunal Superior e STF.

Diante do direito fundamental de acesso à Justiça, do qual decorrem o direito de ação e o direito a um processo justo, é oportuno o questionamento se essa complexa e dispendiosa estrutura da organização judiciária e processual contribui a uma justa prestação jurisdicional, em especial à pessoa necessitada.

1.6 Excesso de acessos

Durante o período denominado de os "Trinta Gloriosos", que compreendeu os 30 anos que se sucederam após o fim da Segunda Grande Guerra Mundial, observou-se um extraordinário desenvolvimento socioeconômico entre os países centrais europeus e o Japão.

Nunca na história da humanidade houve tanta prosperidade e inclusão social em um interregno tão curto. Da absoluta pobreza que imperava na grande maioria da população europeia, a partir da ideologia liberal e da Revolução industrial, predominantes na segunda metade do século XIX, até um nível de inclusão social – outrora, inimaginável – no final dos anos de 1960.

Uma das explicações a esse salto social foi creditado a uma "construção política", suportada num "consenso político efetivo

---

[108] Reza o art. 219 do CPC/2015: "Na contagem de prazo em dias, estabelecido por lei ou pelo juiz, computar-se-ão somente os dias úteis". O art. 775 da CLT, com redação dada pela Lei nº 13.467/2017, dispõe: "Os prazos estabelecidos neste Título serão contados em dias úteis, com exclusão do dia do começo e inclusão do dia do vencimento".

[109] O CPC/2015 prevê 9 tipos de recursos, conforme art. 994: apelação, agravo de instrumento, agravo interno, embargos de declaração, recurso ordinário, recurso especial, recurso extraordinário, agravo em recurso especial ou extraordinário, embargos de divergência. A CLT por sua vez prevê 9 tipos de recursos: embargos de declaração (art. 897-A), recurso ordinário (art. 895), agravo de instrumento (art. 897, "b"), recurso de revista (art. 896), recurso extraordinário (art. 899, §1º), agravo inominado ou interno (art. 896-A, §2º), agravo regimental (art. 709, §1º), agravo de petição (art. 897, "a"), "embargos" (art. 894).

entre a direita e a esquerda", sem as oposições da "extrema direita fascista-ultranacionalista, eliminada do cenário político pela Segunda Guerra Mundial" e da "extrema esquerda comunista", enfraquecida pela Guerra Fria. Esse salto inclusivo também se estruturou num outro consenso, aquele entre patrões e organizações trabalhistas, de modo que as reivindicações dos trabalhadores se contivessem dentro dos limites que não prejudicassem os lucros.[110]

O processo inclusivo dos "Trinta Gloriosos" foi acompanhado de um crescente aparato legislativo garantidor de direitos fundamentais da pessoa, de dimensão europeia e internacional, estendendo-se, posteriormente, a outros países.

Cite-se, no âmbito internacional, a Declaração Universal dos Direitos Humanos de 1948, a Convenção Europeia dos Direitos Humanos de 1950, os Pactos Internacionais de Direitos Humanos de 1966, a Convenção Americana de Direitos Humanos de 1969 e a Carta Africana dos Direitos Humanos e dos Direitos dos Povos de 1981.

A partir da década de 1970, contudo, verifica-se uma preocupação maior de efetivação de determinados direitos relativos à inclusão social, sobretudo em relação ao gênero, deficiência e cor, ante a intensificação das desigualdades sociais.

No âmbito europeu, a Diretiva nº 76/207/CEE, de 1976, que trata da igualdade de tratamento entre homens e mulheres em relação ao acesso ao emprego; a Diretiva nº 79/7/CEE de 1978, referente à igualdade de tratamento entre homens e mulheres em matéria de seguridade social; a Diretiva nº 2000/43/CE de 2000 sobre a igualdade de tratamento entre pessoas sem distinção de raça ou origem étnica e a Diretiva nº 2000/78/CE acerca da igualdade de tratamento em matéria de emprego e trabalho tendo em vista a pessoa com deficiência.

No plano interno, desde a Constituição italiana de 1947 e a Lei Fundamental alemã de 1949, bem como as Constituições portuguesa de 1976 e espanhola de 1978, os direitos fundamentais são centrais e efetivos.

---

[110] O temor do comunismo encorajou o governo norte-americano a ajudar os demais países capitalistas a se desenvolver o mais rápido possível. O exemplo mais marcante foi o Plano Marshall, decisivo para a "aceleração da transformação da Alemanha Ocidental e do Japão" (HOBSBAWM, 1995, p. 270).

A Constituição brasileira de 1988, por seu turno, reservou espaço destacado para os direitos e garantias fundamentais e reconheceu diversas medidas inclusivas, por meio do acesso a importantes direitos – saúde, trabalho, previdência, segurança, justiça, informação –, atribuindo ao Estado a função concretizadora dessas garantias.

Teceram-se críticas à Constituição de 1988 que teria atribuído "uma responsabilidade excessiva do Estado no campo social", canalizando verbas cada vez mais volumosas para o atendimento de problemas sociais e, por conseguinte, encarecendo a produção por força do aumento de impostos, e que é insuficiente "a Lei Fundamental erigir direitos em favor dos necessitados se não houver uma correta alocação de recursos para atendê-los".[111]

Ricardo Luis Lorenzetti, sob outra perspectiva, suscita o problema da saturação, quando instituições "pensadas para poucas pessoas entram em crise quando usadas por muitas". Cita, o autor, como exemplo, o sistema judicial, "concebido para algumas poucas demandas, se paralisa diante da inflação de processos, tornando-se ineficaz". A parte, em decorrência, busca meios alternativos para a solução de seus conflitos, tais como a arbitragem ou os tribunais de pequenas causas. A justiça clássica, segundo Lorenzetti, "só permanece para atender à classe média".[112]

O Direito Constitucional do Estado Social, que resultou da sociedade industrial, expõe constante tensão entre valores e interesses que, muitas vezes, se apresentam antagônicos, mas que resultem da complexidade da sociedade brasileira.

E nesse particular, merece especial referência o Estado social enquanto produtor de igualdade fática, na medida em que, no estágio atual da sociedade brasileira, parece existir único caminho que é o da dependência da pessoa marginalizada e excluída em relação às prestações do Estado, como também de exigir que esse último "cumpra a tarefa igualitária e distributivista, sem a qual não haverá democracia nem liberdade".[113]

---

[111] BASTOS; MARTINS, 2000, p. 416.
[112] LORENZETTI, 1998, p. 110.
[113] BONAVIDES, 2003, p. 379.

Sob essa perspectiva – que é a da Constituição de 1988 – a função dos direitos sociais básicos do Estado social é a de realizar a igualdade na sociedade, 'igualdade niveladora', voltada para a realidade humana concreta, "e não em regiões abstratas ou formais de Direito". Assim, por conta do princípio da igualdade material, o Estado se "obriga mediante intervenções de retificação na ordem social a remover as mais profundas e perturbadoras injustiças sociais".[114]

No caso de acesso à Justiça, a sobrecarga de demanda onera o sistema que presta o serviço, tornando-o mais lento e ineficaz, prejudicando, em especial, a pessoa pobre que dele mais necessita.

Os mecanismos legais que visam concretizar a igualdade material de acesso à Justiça, como, por exemplo, a assistência jurídica gratuita, são banalizados quando aplicados irrestritamente, não cumprindo sua função constitucional niveladora.

---

[114] BONAVIDES, 2003, p. 379.

CAPÍTULO 2

INTERPRETAÇÃO DO DIREITO

2.1 Interpretação da norma jurídica: evolução dos sistemas e teorias

Interpretar é desvendar o sentido e o alcance da norma para aplicá-la a uma realidade de fato.

Esclarece Carlos Maximiliano que interpretar uma norma não se limita a, apenas, tornar claro o respectivo dizer, em abstrato, mas, sobretudo, "revelar o sentido apropriado para a vida real, e conducente a uma decisão reta".[115]

A interpretação da lei, para Karl Larenz, é uma atividade de mediação, por meio da qual o intérprete revela o sentido de um texto que lhe parece problemático, diante da necessidade de sua aplicação a uma determinada realidade de fato. O caráter problemático da lei, de acordo com o autor, dependerá da linguagem utilizada, cujo significado poderá oscilar dentro de uma certa faixa e ser diferente conforme a situação, a relação objetiva, "o contexto do discurso, a colocação da frase e a entoação de uma palavra".[116]

Por mais clara que possa parecer a linguagem da lei, é imprescindível observar que a "clareza" pode se referir apenas ao discurso, ou seja, à "relação entre o texto e destinatários", enquanto o alcance da norma pode se mostrar, mesmo assim, ambíguo e obscuro.[117]

---

[115] MAXIMILIANO, 1991, p. 10.
[116] LARENZ, 1997, p. 439.
[117] PERLINGIERI, 1999, p. 70.

Toda norma jurídica, desse modo, deve ser interpretada. Por isso, a doutrina é relativamente tranquila no sentido de rejeitar a corrente consagrada por meio do brocardo *in claris cessat interpreatio*.[118]

Outra controvérsia em torno da interpretação da norma jurídica, iniciada na segunda metade do século XIX, mas que emerge de tempos em tempos, é aquela travada entre os subjetivistas e os objetivistas, principalmente quando, por força de alteração legislativa, pretendem-se impor novas vontades.

De acordo com as *teorias subjetivas*, ou *teorias da vontade* (*mens legislatoris*), a finalidade do intérprete é indagar sobre a vontade histórico-psicológica do legislador. Em sentido diverso, as *teorias objetivas* ou *teorias da interpretação imanente à lei*, importa explorar o significado inerente à própria lei (*mens legis*).[119]

Para compreender as teorias que informam a interpretação jurídica, necessário investigar as primícias da cultura jurídica europeia que se situam nas organizações sociais romano-germânicas da alta Idade Média e nos remanescentes poderes ordenadores deixados pela a Antiguidade tardia,[120] especificamente, o que havia restado do Império Romano do Ocidente, a Igreja romana e a tradição escolar da Antiguidade tardia.[121] Em seguida, relevante analisar a influência no jusracionalismo na formação da ciência jurídica, a Escola da Exegese francesa surgida da magnitude do

---

[118] Carlos Maximiliano assevera, a propósito: "Os domínios da Hermenèutica se não estendem só aos textos defeituosos; jamais se limitam ao invólucro verbal: o objetivo daquela disciplina é descobrir o *conteúdo* da norma, o *sentido* e o alcance das expressões do Direito. Obscuras ou claras, deficientes ou perfeitas, ambíguas ou isentas de controvérsia, todas as frases jurídicas aparecem aos modernos como suscetíveis de interpretação" (MAXIMILIANO, 1991, p. 36). Lenio Streck, em exercício dialético, indica autores que repudiam a referida tese, dentre os quais estão Caio Mário da Silva Pereira, Arnold Wald, Eduardo Espínola, Virgílio de Sá Pereira, Paulo de Lacerda, Savigny, Windscheid, Biermann, Kiss, Bierling, Gmür, Coviello, Chironi, Abbello, Lomonaco, Pacifici-Mazzoni, Filomusi-Guelfi, Caldara, De Filipis, Gianturco, Degni, Mario Rotondi, Planiol e Aubry e Rau. Dentre os que defendem a tese do *in claris cessat interpretativo* estão Washington de Barros Monteiro, Sílvio Rodrigues e José Paulo Cavalcante (STRECK, 2000, p. 85-86). Também repudiam a tese do *in claris non fit interpretatio*, Francisco Amaral (2002, p. 85) e Pietro Perlingieri (1999, p. 70).

[119] LARENZ, 1997, p. 445.

[120] Considera-se Antiguidade tardia, o decurso histórico entre a Antiguidade Clássica greco-romana e a Idade Média que transcorreu aproximadamente entre os séculos III e VIII (WIEACKER, 1980, p. 16-20).

[121] WIEACKER, 1980, p. 15.

Código Napoleônico, a Escola Histórica do Direito, o positivismo jurídico e as escolas alemãs que se seguiram.

2.1.1 O período das recepções e o direito comum

A história do direito privado moderno inicia-se por volta dos séculos XI e XII, com a redescoberta do *Corpus Iuris Civilis* e o importante o *trabalho* dos *glosadores*[122] de interpretá-lo. A expansão ("recepção") desse direito, entre os séculos XIII e XVI, coube aos *consiliadores* ou *comentadores*, por meio da literatura ou exercício de funções públicas, e resultou na conversão do "direito justinianeu, pela primeira vez, num direito comum de toda a Europa *(jus commune)*".[123]

Verificou-se o que se convencionou chamar por primeira sistemática, por meio da construção de um sistema interno, na medida em que, a partir do direito romano da Antiguidade, obtinham-se formulações ideais, de modo que para "situações iguais", obtinham-se "saídas idênticas", enquanto "a questões diversas, respostas diferentes", que tivessem em conta "a medida da variação".[124]

A ideia central encontra-se na *ratio scripta*, caracterizada por um texto jurídico isolado que constitui, em si mesmo, uma verdade, sem referência à sua conexão com o conjunto de todos os textos; tem, por fundamento, a autoridade do direito romano, manifestada sobretudo por meio do *Corpus Iuris Civilis*.[125] Somam-se a esta as figuras de "explicação e de raciocínio elaboradas originariamente pela lógica, gramática e retórica gregas, aplicadas inicialmente pelos eruditos alexandrinos à exegese dos textos filológicos: a glosa gramatical ou semântica, a exegese ou interpretação do texto, a concordância e a distinção".[126] Este método foi transferido

---

[122] Os glosadores tiveram "uma significativa autoridade na vida constitucional e jurídica do seu tempo, como professores, conselheiros e redactores de documentos" (WIEACKER, 1980, p. 78).
[123] WIEACKER, 1980, p. 11-15.
[124] CORDEIRO, 2001, p. 195.
[125] WIEACKER, 1980, p. 50.
[126] Os glosadores, principalmente da Universidade de Bolonha, utilizaram como instrumentos de interpretação – trabalho de glosa – "os conceitos gramaticais e as figuras dialéticas do *trivium*", em especial, a gramática, a retórica e a dialética (WIEACKER, 1980, p. 50-51).

para os textos filosóficos pelos neo-platônicos; os padres da Igreja o aplicaram nas fontes escriturais e, entre os séculos IV e VI, os professores bizantinos de direito o utilizaram nos escritos dos juristas clássicos.[127]

A partir do início do século XVII, o método de interpretação jurídica alicerçado no trabalho dos glosadores mostra-se artificioso e imponente, na medida em que incapaz de apresentar respostas adequadas às necessidades práticas da época, implicando o paulatino esvaziamento da autoridade do *Corpus Iuris Civilis*, o que caracteriza o surgimento do humanismo.[128] Por outro lado, cresce um movimento de renovação espiritual da razão da vida, "no sentido de um conceito irracional de Deus", da dessemelhança de Deus com o homem (superação da *analogia entis*), e da "imanência do mundo proveniente da vontade insondável de Deus", de onde surgiram importantes modificações, como a do movimento de reforma da Igreja. Permitiu-se uma racionalidade do mundo desprendida da religião e, por conseguinte, uma explicação do mundo por meio das leis naturais, o que formou as bases do jusracionalismo.[129]

2.1.2 Jusracionalismo e o sistema fechado

A sistematização do jusracionalismo – tida como a segunda sistemática –, concretizou-se em razão do trabalho de René Descartes (1596-1650), que "consumou a matematização da natureza" ao reduzir a descrição da imagem do mundo, à "dimensão sujeito-objeto do Eu pensante e do mundo objeto extenso". Trata-se de uma importante guinada metodológica, pois a "construção sistemática da experiência científica" se concretizou mediante o "estrito raciocínio dedutivo que, progredindo a partir dos axiomas, se justificou e orientou constantemente pela observação empírica (da natureza externa, da sociedade humana da alma humana)". A finalidade

---

[127] WIEACKER, 1980, p. 47.
[128] Predominava na Idade Média a visão humanista que pressupunha "um Universo com o homem por foco e a Antiguidade, sem mediações, por modelo" (CORDEIRO, 2001, p. 195).
[129] WIEACKER, 1980, p. 281-283.

dessa observação é a de identificar "leis naturais do tipo particular, a partir das quais se possam deduzir leis mais gerais e, finalmente, axiomas". A progressão em direção "a formulações cada vez mais gerais que se formam os sistemas fechados desta época".[130]

No âmbito da ciência jurídica, para a construção dos sistemas fechados em torno dos "códigos", foram determinantes os trabalhos de Hugo Grotius (1583-1645), Thomas Hobbes (1588-1679) e Samuel Pufendorf (1632-1694).[131]

Uma das características mais marcantes do jusracionalismo, por se constituir um sistema fechado de "verdades da razão", foi a tentativa de excluir, no âmbito do direito privado, as normas que fossem contrárias "aos princípios superiores da razão", como forma de preparar o terreno de uma "construção sistemática autônoma", isto é, "independente de outros critérios, fatos ou valores que não os contidos intrasistematicamente".[132]

Nesse sentido, o direito era identificado com a lei e esta tida como revelação ou expressão da vontade superior. O poder soberano, por seu turno, era sinônimo de poder estatal, que, ao mesmo tempo, monopolizava as fontes de produção da lei, e a fazia cumprir por meio de um aparelho autorizado a utilizar legitimamente a força. Não havia direito, nem justiça, fora dos limites da lei, ou melhor, do sistema fechado formado pelas leis.[133]

É de se pontuar a ligação entre o jusracionalismo e o iluminismo e a importância deste ao propiciar "uma ruptura moral ou, em última análise, religiosa, no sentido de uma nova atitude perante a vida, da qual surgiu uma modificação de opinião pública e grandes reformas da vida política".[134]

Observe-se que o jusracionalismo teve pouco impacto no direito anglo-saxão – avesso à metodologia voltada ao sistema e aos conceitos gerais –, com exigências pragmáticas, encontradas na jurisprudência dos tribunais reais, por meio da *equity*.[135]

---

[130] WIEACKER, 1980, p. 285-286.
[131] WIEACKER, 1980, p. 323-352.
[132] MARTINS-COSTA, 1999, p. 137-138.
[133] MARTINS-COSTA, 1999, p. 140-142.
[134] WIEACKER, 1980, p. 353-354.
[135] Remete-se ao Capítulo 1 desta obra.

2.1.3 Escola da Exegese francesa

A burguesia, vitoriosa da Revolução Francesa, fecunda dos valores de liberdade e igualdade cultivados nos séculos precedentes, estabeleceu a nova ordem jurídica. A função do direito, desse modo, tornou-se a de garantir os valores dominantes, mediante a fixação de regras gerais e abstratas.[136] A reordenação sistemática e inovadora dessas regras em códigos decorreu da transformação revolucionária das sociedades, baforadas pelos ideais iluministas.[137]

O Código Napoleônico de 1804 representou o marco desse processo.

No entanto, a ideia cartesiana de um sistema formado por axiomas que permitissem a formulação de respostas idênticas a situações iguais, mostrou-se inoperante nos anos que se seguiram, principalmente pela vastidão do *Code* – promulgado em 21 de março de 1804 com 2281 artigos. O jusracionalismo havia gerado um código que, quando posto a trabalhar, inviabilizara a metodologia que o havia gerado. O impasse e a incontestável utilidade de um primoroso texto jurídico confluíram para uma simplificação radical da Ciência do Direito: reduzida a um diálogo com o texto legal. A Escola da Exegese, nas palavras de Menezes Cordeiro, surgiu dessa marcha de acontecimentos, e utiliza como método fundamental "ligar à lei escrita – para o caso, ao Código Napoleão – todas as soluções que se venham a apresentar".[138]

Outros fatores, entretanto, contribuíram para o surgimento da Escola da Exegese francesa, como a própria codificação, enquanto lei posta. De fato, a codificação serviu "como uma espécie de prontuário para resolver, se não todas, ao menos as principais controvérsias". Em geral, os operadores do direito buscam sempre o caminho mais simples e curto para resolver certa questão. Havendo um código, é natural que desprezem "as outras fontes das quais se poderia deduzir uma norma de decisão (costume, jurisprudência, doutrina

---

[136] IRTI, 1992, p. 17-18.
[137] WIEACKER, 1980, p. 365-367.
[138] CORDEIRO, 2001, p. 252.

etc.), sendo o manuseio destas fontes mais complexo e difícil do que o do direito codificado".[139]

Ainda uma outra razão decorre do princípio da autoridade, que se expressa pela vontade – ou intenção – do legislador que pôs a norma jurídica, mediante a codificação, de modo seguro e completo, bastando aos operadores do direito aterem-se ao ditado pela autoridade soberana. Acresça-se a este fato o teor do art. 4º do Código Napoleônico, segundo o qual "O juiz que se recusar a julgar, sob o pretexto de silêncio, obscuridade ou inadequação da lei, pode ser processado como responsável por erro judiciário".[140]

Norberto Bobbio explica que a intenção dos compiladores era exatamente o oposto, ou seja, "evitar os inconvenientes de uma prática judiciária instaurada durante a Revolução, pela qual os juízes, quando não dispunham de uma norma legislativa precisa, se abstinham de decidir a causa e devolviam os atos ao poder legislativo para obter disposições a propósito", o que era, em muitos casos "imposto pela própria lei revolucionária, que desejava estimular até o extremo o princípio da separação dos poderes; em outros casos eram sugeridos ao juiz critérios de prudência política, para evitar que, com a mudança das relações de força entre os vários grupos revolucionários, ele fosse responsabilizado pela aplicação de uma lei emanada de um grupo para combater um outro". Pretendia-se evitar esse inconveniente com duas regras: a primeira, o art. 4º acima transcrito; a segunda, o art. 9º, estabelecendo os critérios com base nos quais, o juiz decidiria em caso de silêncio ou incerteza da lei. Eliminada a segunda regra, ou seja, a redação do art. 9º, restou apenas a primeira (art. 4º), interpretada literalmente pelos primeiros exegetas do *Code*.[141]

Uma outra causa pode ser tida como "a justificação-filosófica da fidelidade ao Código, é representada pela doutrina da separação dos poderes", que se caracteriza como a essência ideológica "da estrutura do Estado moderno", organizada de acordo com a distribuição entre três órgãos constitucionais diferentes – legislativo, executivo e

---

[139] BOBBIO, 1995, p. 78.
[140] Tradução livre de: "Le juge qui refusera de juger, sous pretexte du silence, de l'obscurité ou de l'insuffisance de la loi, pourra être poursuivi comme coupable de déni de justice." (*Code Civil*. 104ᵉ édition. Paris: Dalloz, 2005, p. 38).
[141] BOBBIO, 1995, p. 77.

judiciário – as funções fundamentais do Estado. Diante dessa teoria, era proibido ao juiz criar o direito, sob pena de violar a esfera de competência de outro poder; devia, entretanto, "ser somente a boca", por meio da qual "fala a lei". Sobressai-se, em decorrência, uma das características mais marcantes da Escola da Exegese que é o do "culto ao texto da lei",[142] que influenciou diversos sistemas jurídicos por meio do método literal ou gramatical, conforme será analisado adiante.

O *princípio da certeza do direito* é também um outro fator de natureza ideológica, motivador da Escola da Exegese, na medida da necessidade de se garantirem à classe burguesa triunfante, os valores da liberdade e igualdade, conforme acima observado. Para isso, indispensável que o direito estabelecesse critérios seguros de comportamento, como também, antecipadamente, e com exatidão, as respectivas consequências.[143]

Por fim, a última razão, de natureza política, a reorganização do ensino jurídico que, sob o Império, tornaram-se Escolas de Direito, onde passou a ser ensinado apenas o direito positivo, colocando-se de lado as teorias gerais e as concepções jusnaturalistas, tidas como inúteis ou perigosas.[144]

Menezes Cordeiro, ainda, formula aguda crítica ao atraso da metodologia jurídica francesa – sobretudo em relação aos seus congêneres europeus –, que, a reboque da Escola da Exegese, não se permitiu questionar sobre o sentido e a razão do Direito.[145]

De outra banda, salienta Wieacker, "o direito já não podia ser compreendido como um sistema de leis naturais gerais e a-históricas da sociedade humana ou apenas como mero produto artificial de um legislador racional".[146]

2.1.4 Escola Histórica do Direito

Deve-se à Savigny (1779-1861) as principais características da Escola Histórica, em especial a concepção de que o direito está em

---

[142] BOBBIO, 1995, p. 79.
[143] BOBBIO, 1995, p. 79.
[144] BOBBIO, 1995, p. 81.
[145] CORDEIRO, 2001, p. 252.
[146] WIEACKER, 1993, p. 406.

constante transformação devendo-se ser protegido de "iniciativas arbitrárias dos legisladores".[147]

As ideais centrais sobre as quais foi edificada a Escola Histórica do Direito são:

– "não existe um único direito, igual para todos os tempos e todos os lugares", visto que o direito não é produto da razão humana, mas produto da história, suscetível a todos os fenômenos sociais e, por isso, variável no tempo e no espaço;[148]

– o direito não é fruto de um cálculo racional decorrente do sentimento de justiça. No coração dos homens existe tanto o sentimento do justo, quanto do injusto e que se manifesta diretamente por meio "das formas jurídicas primitivas, populares, as quais se encontram nas origens da sociedade, por baixo das incrustações artificias sobre o direito criadas pelo Estado moderno";[149]

– havia na Alemanha, entre o fim do século XVIII e início do século XIX, um pessimismo antropológico, no sentido de "desconfiar das novas instituições e das inovações jurídicas que se queiram impor à sociedade, porque por trás delas se escondem somente improvisações nocivas". Por isso a Escola História se opôs ao projeto de codificação do direito germânico, sob o fundamento de que inapropriada "a civilização e ao povo alemães a cristalização do direito numa única coletânea legislativa";[150]

– os partidários da Escola História nutriam um "amor pelo passado", com a finalidade de "redescobrir, reavaliar e, possivelmente, reviver o antigo direito germânico", em oposição à recepção do direito romano que, segundo os adeptos da Escola Histórica, buscava "transplantar na Alemanha um direito estrangeiro, não adequado ao povo alemão, um direito que era ilusório e arbitrário pretender considerar como *ratio scripta*";[151]

– valorização do costume, enquanto norma consuetudinária resultante de uma tradição que se formava e se desenvolvia por meio de lenta evolução da sociedade. O costume, desse modo, é

---

[147] CORDEIRO, 1983.
[148] BOBBIO, 1995, p. 51.
[149] BOBBIO, 1995, p. 51.
[150] BOBBIO, 1995, p. 52.
[151] BOBBIO, 1995, p. 52.

"um direito que nasce diretamente do povo e que exprime o sentido e o 'espírito do povo'".[152]

O trabalho hermenêutico, de acordo com os princípios da Escola Histórica, deve buscar "a reconstrução do pensamento da lei a partir dela própria, com elementos lógicos, gramaticais e sistemáticos", considerando, ainda, que o sistema é um conjunto evolutivo (história) e que todo múltiplo deve ser visto nas suas conexões (sistemática). Ainda, durante o processo de interpretação, deve-se ter em conta que a "legislação exprime-se apenas no conjunto", enquanto a "interpretação do singular deve, portanto, realizar-se sempre de tal modo que o singular se reconduza de novo ao todo, para assim se poder entender". A representação do todo só seria possível por meio do sistema.[153]

Karl Larenz explica que o "espírito do povo" representaria "as concretas e ao mesmo tempo típicas *formas de conduta* que, justamente pela consciência da sua 'necessidade intrínseca', são observadas pelo conjunto dos cidadãos, ou seja, as próprias *relações da vida* reconhecidas como típicas do ponto de vista do Direito". Salienta que estas relações da vida, tais como o matrimônio, o pátrio poder a propriedade e o contrato de compra e venda, "na medida em que se pensam e organizam como uma ordem juridicamente vinculante, constituem os 'institutos jurídicos'", que representam, em última análise, a origem e o fundamento de toda a evolução do Direito.[154] As regras, por abstração, são extraídas artificialmente, e, por "intuição global" dos institutos jurídicos, considerados no seu nexo orgânico. As regras, por conseguinte, encontram o seu último fundamento na "intuição do instituto jurídico". O intérprete, desse modo, deve ter a plena compreensão dos institutos jurídicos, "para que se possa compreender com justeza o sentido da norma particular".[155]

Permite-se, desse modo, que o labor interpretativo combine "vias indutivas com considerações dedutivas, numa ordenação pressuposta e facultada pela realidade cultural e pelo núcleo axiomático

---

[152] BOBBIO, 1995, p. 52.
[153] SAVIGNY, Friedrich. Juristische Methodenlehre (1802/03), publ. Wesenberg, Gerhard, Stuttgart (1951), p. 25 *apud* CORDEIRO, 2001, p. 290-291.
[154] LARENZ, 1997, p. 13.
[155] LARENZ, 1997, p. 14.

do sistema". Possibilita-se, com esse método, a resolução concreta de problemas jurídicos, que, por sua vez, influenciam o sistema, mantendo-o em evolução continua.[156] Larenz, no entanto, de forma crítica, enfatiza a dificuldade de se realizar a necessária abstração da regra jurídica a partir da intuição, e, ainda, o retorno para a intuição originária. Salienta, criticamente, ainda, que "O que estrutura o sistema não é, pois, o nexo 'orgânico' dos institutos, mas o nexo lógico dos conceitos (gerais abstractos)".[157]

2.1.5 Positivismo jurídico

O positivismo jurídico surge na segunda metade do século XIX, como movimento contrário ao Direito natural racionalista-dedutivo, e também à velha Escola Histórica, tendo como principal característica, banir da ciência do Direito toda e qualquer manifestação "metafísica".[158]

De acordo com Bobbio a "expressão 'positivismo jurídico' deriva da locução *direito positivo* contraposta àquela de *direito natural*". Na Idade Média, o direito natural era tido como superior ao positivo, pois decorrente da própria vontade de Deus e, por este manifestada à razão humana.[159] A passagem da concepção jusnaturalista à positivista está relacionada à formação do Estado moderno e a dissolução da sociedade medieval. Com o advento do Estado moderno, o direito positivo torna-se o único direito posto e aprovado pelo Estado e considerado como o único e verdadeiro direito a ser aplicado pelos tribunais.[160]

O aspecto central do positivismo jurídico é o de excluir da "ciência jurídica toda a consideração valorativa e, com isso, a questão da valoração 'adequada' em cada caso, como cientificamente irrespondível". Rejeita-se, ao revés, como "'não científica', toda a

---

[156] CORDEIRO, 2001, p. 294-295.
[157] LARENZ, 1997, p. 14-15
[158] LARENZ, 1997, p. 45-46.
[159] BOBBIO, 1995, p. 15.
[160] BOBBIO, 1995, p. 29.

questão sobre um fundamento 'supra-positivo' do Direito – sobre um 'Direito natural', ou sobre a ideia de Direito como um sentido *a priori* de todo o Direito".[161]

Com o positivismo jurídico procura-se realizar o estudo do direito como uma "verdadeira e adequada ciência" que tenha "as mesmas características das ciências físico-matemáticas, naturais e sociais", ou seja, a "avaloratividade", no sentido de "distinção entre juízos de fato e juízos de valor e na rigorosa exclusão destes últimos do campo científico: a ciência consiste somente em juízos de fato".[162]

Hans Kelsen (1881-1973) elabora uma teoria positivista, por meio da qual se pretende "pura", porque exclui de sua construção e aplicação todos os elementos estranhos à sua essência que são as "normas". A ciência do Direito é "uma ciência de normas", no sentido de que não interessa a conduta efetiva do homem, mas o que está prescrito na norma. A norma, para Kelsen, "funciona como esquema de interpretação".[163]

Kelsen defende que a ciência jurídica não é uma "ciência de fatos", como a sociologia, mas uma "ciência de normas", afastando-se de sua apreciação "todo e qualquer influxo de 'proposições de fé', sejam de natureza ética ou de natureza religiosa". Acredita Kelsen, dessa forma, afastar do direito a censura de estar a "serviço de quaisquer interesses, paixões ou preconceitos políticos, econômicos ou ideológicos, isto é, só assim pode ser ciência". Kelsen denomina de "teoria pura do direito" a "ciência do Direito que satisfaz a existência da 'pureza do método'".[164] Assim, a "teoria pura do direito" não se debruça sobre o conteúdo, mas apenas sobre a "estrutura lógica das normas jurídicas", analisando "o sentido, a possibilidade e os limites de todos e qualquer enunciado jurídico (não de um certo enunciado jurídico), bem como a espécie e o modo do seu estabelecimento". Por isso, a teoria pura do direito recusa-se a fazer qualquer juízo de valor sobre o Direito positivo. A validade de uma norma jurídica não tem relação com o seu conteúdo, mas, apenas, com a maneira como

---

[161] LARENZ, 1997, p. 48.
[162] BOBBIO, 1995, p. 135.
[163] KELSEN, 2000, p. 4.
[164] LARENZ, 1997, p. 93.

foi produzida, devendo ter, obrigatoriamente, por pressuposto, uma norma jurídica fundamental.[165]

Talvez a principal crítica que se possa fazer à "teoria pura do direito" seja, nas palavras de Karl Larenz, de que "limita a interpretação jurídica à mera interpretação verbal, à indicação das significações possíveis, de acordo com o sentido das palavras, de entre quais tem o aplicador da norma a escolher", sendo essa concepção "dificilmente compatível com a função da judicatura do Estado constitucional".[166]

2.1.6 Jurisprudência de interesses

Philipp Heck (1858-1943) foi o principal defensor da "jurisprudência de interesses", segundo a qual a principal função do Direito é a "tutela de interesses", tendo por pressuposto a indagação da vida e da valoração da vida.[167]

Heck defendia uma "ciência prática do Direito", cuja única missão é "facilitar a função do juiz, de sorte a que a investigação tanto da lei como das relações da vida prepare a decisão objetivamente adequada".[168]

A principal exigência metodológica para a "jurisprudência de interesses" é o de "conhecer com rigor histórico, os interesses reais que causaram a lei e de tomar em conta, na decisão de cada caso, esses interesses".[169]

Assim, ao invés de se investigar a "a decisão pessoal do legislador" e "sua vontade entendida psicologicamente", devem-se buscar, primeiro, os motivos, e, depois, os fatores causais motivantes. O trabalho interpretativo, desse modo, deve investigar "por sobre as concepções do legislador, os interesses que foram causais para a lei".[170]

A jurisprudência de interesses teve uma atuação "libertadora e fecunda sobre uma geração de juristas educada num pensamento

---

[165] KELSEN, 2000, p. 4.
[166] LARENZ, 1997, p. 107-108.
[167] LARENZ, 1997, p. 64.
[168] LARENZ, 1997, p. 64.
[169] LARENZ, 1997, p. 66.
[170] LARENZ, 1997, p. 69.

formalista e no estrito positivismo legalista". Exerceu, também, relevante função ante ao "preenchimento das lacunas da lei, abrindo desta sorte ao juiz a possibilidade de desenvolver o Direito não apenas 'na fidelidade à lei', mas de harmonia com as exigências da vida".[171]

2.1.7 Movimento do Direito Livre

O Movimento do Direito Livre teve em Oskar Bullow (1837-1907) um de seus principais defensores e propugnava pela ideia de que "cada decisão judicial não é apenas a aplicação de uma norma já pronta, mas também uma atividade criadora de Direito".

Com efeito, o julgamento de um caso concreto, exige sempre mais do que apenas a "dedução lógica", ou seja, uma simples operação de subsunção. A busca da decisão para o caso concreto, como ainda o trabalho de interpretação e integração da lei pela ciência do Direito são, efetivamente, atividades criadoras.

Adverte Larenz, no entanto, que se trata, em verdade, apenas de um processo de conhecimento que procura se equiparar, ilegitimamente, ao processo de dedução lógico-formal e a uma técnica de subsunção "mecânica", o que, em última análise, representa o próprio conceito positivista de ciência.

Em outras palavras, a função criadora da decisão judicial, seja por força de juízos de valoração que podem se evidenciar, por exemplo, em virtude de um caso análogo, caracterizam a intervenção do conhecimento na atividade interpretativa e judicante, não autorizariam ao juiz uma liberdade tão grande ao ponto de poder estabelecer a regra, geral e abstrata.

2.1.8 Doutrina do Direito Justo

Por meio da doutrina do Direito Justo, Rudolf Stammler (1856-1938) propõe um padrão para se avaliar, no âmbito do Direito positivo existente, o justo e o injusto.[172]

---

[171] LARENZ, 1997, p. 107-108.
[172] LARENZ, 1997, p. 121.

Dois pensamentos são fundamentais para a compreensão desta doutrina: "o primeiro, que, ao lado da investigação do direito positivo, deve haver lugar para uma investigação acerca do direito justo, com inteira independência da primeira"; o segundo, de que esta teoria nos fornece um importante método de interpretação do Direito.[173]

Stammler propôs uma importante guinada metodológica em relação ao trabalho de interpretação do Direito. Sustenta que nas hipóteses em que a lei remete a decisão do juiz para a "boa-fé", os "bons costumes", a sua "apreciação equitativa", ou, ainda, quando se deparar, com a lacuna da lei, não se deve investigar as "causas", mas, sim, os "fins" e, também, o sentido da proposição jurídica.

Stammler ainda prossegue ao defender que é da essência do Direito "dirigir e ordenar a multiplicidade dos fins possíveis, sempre limitados e muitas vezes entre si contraditórios, que se apresentam em uma dada situação, segundo um critério superior, *que é a ideia de Direito*".[174]

Larenz pontua que a noção de Stammler "permite transcender o positivismo, particularmente na forma que ele assumia em Jhering e em Heck, e desse modo consagrar verdadeiramente o método teleológico na ciência jurídica".[175]

2.1.9 Uma última classificação: teorias subjetivas e objetivas

Conforme se pode observar das teorias acima brevemente tratadas, as correntes jusfilosóficas que se ocuparam da interpretação do direito, entre os séculos XVIII e XX, tiveram como fundamento dois pensamentos centrais, que agrupavam concepções subjetivistas e concepções objetivistas. O primeiro, com viés subjetivista, propugnava pela compreensão da norma, por meio da busca da vontade do legislador ou das causas que a formaram, que, muitas vezes, se revelavam por meio da letra da lei. O segundo, almejava encontrar

---

[173] RADBRUCH, 1979, p. 77.
[174] LARENZ, 1997, p. 124.
[175] LARENZ, 1997, p. 124.

o fim da lei em si mesmo – independente da vontade do legislador ou das causas da atividade legiferante –, tendo em vista a realidade concreta a que é chamada a atuar.

Para Karl Larenz, cada uma destas teorias contém uma parte de razão, argumentando que, por isso, uma não merece primazia sobre a outra. De acordo com Larenz, o aspecto verdadeiro das teorias subjetivistas encontra-se no fato de ser feita por homens para homens, de modo que "é expressão de uma vontade dirigida à criação de uma ordem tanto quanto possível justa e adequada às necessidades da sociedade". Subjacente à lei, portanto, haveria uma específica intenção reguladora, "valorações, aspirações e reflexões substantivas". Por outro lado, ressalta o autor, a teoria objetivista possui como verdade o fato de que a lei, uma vez aplicada, propaga um efeito que lhe é próprio e transcende o que o legislador havia intencionado, intervindo "em relações da vida diversas e em mutação, cujo conjunto o legislador não podia ter abrangido e dá resposta a questões que o legislador ainda não tinha colocado a si próprio". A lei, arremata Larenz, ganha vida própria, com o passar do tempo, distanciando-se, dessa maneira, das intenções ou vontades de seus autores.[176]

A doutrina brasileira, historicamente, consagra a teoria objetiva, embora, evidentemente, tenha sofrido influência das correntes subjetivas.

Carlos Maximiliano apresentava, já na década de 1930, considerações sobre os malefícios de investigar apenas a intenção ou vontade do legislador. Alertava o autor que não mais se confiava na onipotência do legislador, nem, tampouco, se deve interpretar o Direito como trabalho artificioso do arbítrio de uma pessoa ou de uma facção. Ao ser promulgada, continua Carlos Maximiliano, "a lei adquire vida própria, autonomia relativa; separa-se do legislador; contrapõe-se a ele como um produto novo; dilata e até substitui o conteúdo respectivo sem tocar nas palavras".[177]

Contrapondo-se à teoria subjetiva, Paulo Bonavides formula questionamentos aos quais os subjetivistas jamais responderam:

---

[176] LARENZ, 1997, p. 446.
[177] MAXIMILIANO, 1991, p. 18-31.

"em que consiste a vontade do legislador? Será ela a vontade qual fenômeno psicológico ou a vontade entendida como metáfora, referida a uma dimensão normativa, conforme a indagação oportunamente suscitada por alguns constitucionalistas?". Paulo Bonavides pontua, ainda, que a vontade do legislador teria função meramente subsidiária, passando a lei a se descolar de suas origens, totalmente autônoma, "dotada de força ou vida própria, capaz de acomodar-se às variações emergentes no seio da realidade social a que se vai aplicar".[178]

Francisco Amaral argumenta que a teoria subjetivista possui graves inconvenientes, destacando a hipótese de ser a lei antiga, em que a vontade do legislador estaria, normalmente, superada. Salienta que quando é o Congresso Nacional, por exemplo, a vontade do legislador seria uma ficção.[179]

Lenio Streck, amparado em lição de Tércio Sampaio Ferraz Júnior, identifica certa conotação ideológica na divergência teórica em foco, afirmando que o "subjetivismo favorece um certo autoritarismo personalista, ao privilegiar a figura do 'legislador', pondo sua 'vontade' em relevo". Exemplifica, o autor, com a exigência, durante o nazismo alemão, de que as normas deveriam ser interpretadas, "em *ultima ratio*, conforme a vontade do Führer".[180]

Luís Roberto Barroso considera superado o debate ante ao fato de a quase totalidade da doutrina ter abraçado a corrente objetivista. Barroso advoga que tão logo posta a lei em vigor, descola-se da trama de ideias e valores que motivaram seus autores, o que se demonstra "quanto mais se distancie no tempo o início de vigência da lei". Pondera, entretanto, que a vontade subjetiva do legislador não é, de todo, indiferente, mas, tampouco, é determinante, devendo concorrer com os demais fatores relevantes.[181]

Interessante exemplo no âmbito da hermenêutica trabalhista, em que se opuseram subjetivistas e objetivistas, encontra-se na interpretação do art. 463, parágrafo único, da CLT, segundo o qual: "Art. 463. A prestação, em espécie, do salário será paga em *moeda*

---
[178] BONAVIDES, 2003, p. 452.
[179] AMARAL, 2002, p. 86.
[180] STRECK, 2000, p. 87.
[181] BARROSO, 2006, p. 114-115.

corrente do País. Parágrafo único – O pagamento do salário realizado com inobservância deste artigo *considera-se como não feito."*

A cizânia hermenêutica sobre o real sentido da norma teve as teorias subjetiva e objetiva como pano de fundo.

Arnaldo Süssekind defendia a proibição do pagamento do salário com moeda estrangeira, com a finalidade de proteger o empregado das oscilações do câmbio, como também de ter que pagar a taxa relativa à operação cambial de conversão da moeda estrangeira em moeda nacional. Ressalvadas as exceções legais, como a de técnicos estrangeiros (Decreto-Lei nº 691/1969), Süssekind advogava, com base na teoria subjetiva e com a autoridade de um dos autores do Projeto da Consolidação das Leis do Trabalho, que o pagamento em moeda estrangeira, de acordo com o parágrafo único do art. 463 da CLT, deveria ser considerado "não realizado", ao ponto de sustentar que essa regra gerava "presunção *juris et de jure*, que não admite prova em contrário".[182]

Outra corrente, capitaneada por José Martins Catharino, com viés nitidamente objetivista, indagava: "sendo o pagamento feito *em moeda estrangeira*, sem que o empregado seja prejudicado, poder-se-á considerá-lo nulo?".

Catharino argumentava que não haveria razão para declarar nulo ou não feito o pagamento se não tivesse havido prejuízo ao empregado. Aduzia que se a finalidade da lei era garantir o salário contra as variações cambiais, se a oscilação fosse benéfica ao empregado, nem o contrato, nem a lei, teriam sido violados. Sustentava que a lei não vedava que o salário fosse estipulado em moeda estrangeira, de modo que no momento do pagamento – cumprimento da prestação – dever-se-ia verificar o valor da cotação entre a moeda estrangeira e a moeda nacional, ajustando-a ao salário estipulado, de modo que não houvesse redução salarial nominal.[183]

A jurisprudência trabalhista amplamente adotou a corrente objetivista, ao reconhecer que não é proibida pela lei a estipulação do salário em moeda estrangeira, mas tão somente o seu pagamento,

---

[182] SÜSSEKIND *et al.*, 2002, p. 453-455.
[183] CATHARINO, 1994, p. 660-661.

reconhecendo-se ao empregado o direito a diferenças salariais quando a variação cambial, na data do pagamento, lhe tiver sido desfavorável.[184] Por outro lado, conquanto nulo o pagamento do salário em moeda estrangeira, reconhecem-se efeitos do pagamento pelo valor convertido para a moeda nacional.[185]

Não há dúvida, portanto, que o decurso do tempo também distancia o intérprete da teoria subjetiva, pois, ao aplicar a norma, preterirá a vontade do legislador se esta não permitir uma solução justa e adequada para a controvérsia de vida que lhe é submetida.

2.2 Classificação da interpretação jurídica

2.2.1 Quanto à origem da interpretação

Antes da análise dos métodos clássicos de interpretação é importante entender e distinguir, quanto à origem, os três critérios de interpretação existentes: autêntica, judicial, doutrinária.

A interpretação autêntica é aquela emanada do próprio órgão que emitiu o ato a ser interpretado, tais como avisos, instruções e portarias. Paulo Bonavides assevera tratar-se de "uma segunda norma com o propósito de esclarecer especificamente o

---

[184] EMENTA: "AGRAVO DE INSTRUMENTO EM RECURSO DE REVISTA. 1. DIFERENÇAS SALARIAIS. SALÁRIO FIXADO EM MOEDA ESTRANGEIRA COM PAGAMENTO EM MOEDA NACIONAL PELA TAXA CAMBIAL DO DIA DO PAGAMENTO. IMPOSSIBILIDADE. REDUÇÃO SALARIAL DEMONSTRADA. Segundo o Regional, embora não haja proibição da fixação do salário em euros, a determinação do seu respectivo pagamento em moeda corrente do País, na forma estipulada no contrato de trabalho, não poderia implicar em reduções no salário do empregado, tendo em vista a expressa vedação da redução salarial, sem previsão normativa, nos termos dos artigos 7º, VI, da CF e 468 da CLT. Com efeito, a decisão tal como posta não implica violação do artigo 463 da CLT, porquanto constatado que a reclamante sofreu redução nominal do salário em razão da variação cambial. Divergência jurisprudencial inválida e inespecífica" (BRASIL, TST-AIRR-1813-84.2012.5.09.0028, 8ª T., Rel. Min. Dora Maria da Costa, julgamento em 11 maio 2016, publicação em 13 maio 2016. Disponível em: www.tst.jus.br. Acesso em: 03 jul. 2019).

[185] EMENTA: [...] DIFERENÇAS SALARIAIS. De acordo com o artigo 463 da Consolidação das Leis do Trabalho, os salários pagos em espécie, ou seja, em valor, deverão ser feitos em moeda corrente do país, portanto a contratação do pagamento do salário em dólar é nula. A doutrina e a jurisprudência consideram como válido o valor do salário pela conversão para a nossa moeda, ao câmbio da data da celebração do contrato. Recurso de revista conhecido e parcialmente provido. [...] BRASIL,TST-RR-100300-17.2001.5.02.0069, 2ª T, Rel. Min. Renato de Lacerda Paiva, julgamento em 27 abr. 2005, publicação em 20 maio 2005. Disponível em: www.tst.jus.br. Acesso em: 03 jul. 2019).

significado e o alcance da norma antecedente, havida por obscura ou ambígua". Observa Bonavides, inclusive, que juristas como Savigny recusavam-se a admiti-la, ao fundamento de que a lei interpretativa, em verdade, constituía-se uma nova lei, diversa da preexistente, de modo que não se tratava, a rigor, de método de interpretação. Bonavides explica, ainda, que "a lei de interpretação não cria um novo direito, mas elucida o direito já contido na proposição anterior".[186]

Carlos Maximiliano já criticava com veemência a interpretação autêntica, aduzindo que é realizada por políticos, e não por jurisconsultos, e que "raramente os propósitos de justiça orientam as suas deliberações; quando se empenham em dar o sentido a um texto, não observam as regras de Hermenêutica, atendem antes a sugestões do interesse regional, ou pessoal".[187]

A interpretação *judicial* ou *jurisprudencial* ocorre pela aplicação direta da lei ao caso concreto por juízes e tribunais, "sendo tanto mais importante quanto mais alta for a competência da instância donde emana".[188]

A importância da jurisprudência no trabalho hermenêutico desponta no âmbito trabalhista desde a promulgação da CLT, conforme se observa do art. 8º, segundo o qual, na falta de disposições legais ou contratuais, as autoridades administrativas e judiciais decidirão, conforme o caso, "pela jurisprudência, por analogia, por equidade e outros princípios e normas gerais de direito, principalmente do direito do trabalho, e, ainda, de acordo com os usos e costumes, o direito comparado".

Nesse aspecto a relevância das Súmulas tanto dos Tribunais Regionais, quanto do TST, conforme previsto nos arts. 103-A da Constituição, 702, inciso I, "f" e §4º, da CLT e 927 do CPC.

A interpretação doutrinária corresponde ao trabalho intelectual de jurisconsultos, professores, escritores e advogados, expressos em livros, artigos, pareceres, petições e exposições orais, que refletem uma compreensão acerca do sentido e o alcance da norma com vistas a subsidiar o papel do intérprete.

---

[186] BONAVIDES, 2003, p. 439.
[187] MAXIMILIANO, 1991, p. 88.
[188] BONAVIDES, 2003, p. 439.

2.2.2 Quanto aos resultados da interpretação

Em relação aos resultados, a interpretação pode ser declarativa, restritiva e extensiva.

Explica Carlos Maximiliano que originariamente as interpretações declarativa, restritiva e extensiva visaram a corrigir regra obscura, ambígua ou equívoca. Posteriormente, passaram a exprimir "o resultado a que chegará o investigador emprenhado em atingir o conteúdo verdadeiro e integral da norma".[189]

Verifica-se a interpretação declarativa quando a conclusão alcançada pelo intérprete converge com a letra da lei, ou seja, o resultado decorrente da utilização do método de interpretação gramatical encontra-se em sintonia com a compreensão racional do texto legal.

A interpretação restritiva é utilizada quando "a expressão literal da norma precisa ser limitada para exprimir seu verdadeiro sentido", enquanto na interpretação extensiva, busca-se "o alargamento do sentido da lei, pois este ultrapassa a expressão literal da norma".[190]

2.2.3 Quanto aos métodos de interpretação

Para desvendar o sentido da norma, a doutrina desenvolveu métodos de interpretação que não se excluem, mas, ao contrário, combinam-se, completam-se e auxiliam o intérprete.

Mesmo Savigny, ao fundar a Escola Histórica do Direito em 1840, e distinguir os elementos "gramatical", "lógico", histórico" e "sistemático", já alertava que os diferentes métodos de interpretação são pontos de vista metódicos e todos devem ser considerados para se conseguir um resultado adequado.[191]

Perlingieri enfatiza a ideia de Savigny, ao observar que os critérios de interpretação "não são e nem podem ser fases distintas cronológica e logicamente; elas são aspectos e critérios de um processo cognitivo unitário". Argumenta o professor italiano que não se deve confundir a tarefa de interpretação a "uma operação de subsunção

---

[189] MAXIMILIANO, 1991, p. 198.
[190] BONAVIDES, 2003, p. 121.
[191] LARENZ, 1997, p. 450.

silogística semelhante, no seu rígido automatismo, às operações aritméticas", de modo que não se trata de eleger "o melhor" método de interpretação, mas buscar desvendar, por meio dos critérios existentes, o sentido e o alcance da norma que melhor disciplinem a relação de vida. Arremata, salientando que a clareza não é um *prius*, mas um *posterius* da interpretação: "não a premissa, mas o resultado da interpretação".[192]

No mesmo sentido perfilha a doutrina brasileira. Luís Roberto Barroso, por exemplo, afirma que "Nenhum método deve ser absolutizado", sendo que "os diferentes meios empregados ajudam-se uns aos outros, combinando-se e controlando-se reciprocamente".

Mesmo assim se a aplicação dos diferentes métodos levar a resultados divergentes, sugere Barroso que o intérprete percorra as seguintes etapas. Em primeiro lugar, devem-se observar os limites e possibilidades do texto legal, de forma que a interpretação gramatical não seja inteiramente desprezada. Não se deve, desse modo, "distorcer ou ignorar os sentidos das palavras para chegar a um resultado que delas esteja inteiramente dissociado". Em segundo lugar, "os métodos objetivos, como o sistemático e o teleológico, têm preferência sobre o método tido como subjetivo, que é o histórico". E, por fim, se houver mais de uma interpretação possível, opta-se pela interpretação compatível com uma norma constitucional, que é a chamada interpretação conforme a Constituição.[193]

Pois bem. Imprescindível analisar os métodos clássicos de interpretação, procurando, em certa medida, compreender sua aplicação, ao longo do tempo, na interpretação das leis trabalhistas.

2.2.3.1 Literal ou gramatical

Ao elaborar a lei, o legislador utiliza a linguagem corrente, pois objetiva comunicar e ser compreendido pelo cidadão, destinatário principal da norma.[194]

Esse método de interpretação, amplamente utilizado na vigência do Código Civil brasileiro de 1917 – e consequentemente

---

[192] PERLINGIERI, 1999, p. 71-72.
[193] BARROSO, 2006, p. 125.
[194] LARENZ, 1997, p. 93-94.

também da CLT de 1943 –, decorreu da forte influência da Escola da Exegese francesa.[195]

Há duas ideias centrais em relação a esse método. A primeira é a de que toda a atividade interpretativa inicia-se a partir da apreciação das palavras, sintagmas e sentenças ou orações[196] dispostos no texto legal. De fato, a língua, enquanto "competência comunicativa", tem por finalidade "veicular conteúdos informativos, exteriorizar sentimentos pessoais e expressar instruções a ser seguidas".[197] Como em qualquer processo de compreensão de significados linguísticos, os componentes que formam a lei escrita,[198] devem ser decifrados por meio da semântica léxica ("sentidos contidos nas palavras"), pela semântica gramatical ("significados contidos nas construções") e a pela semântica pragmática ("significações geradas no 'intervalo' que medeia entre os locutores e os signos linguísticos").[199]

A segunda, de que, no processo interpretativo, a palavra, o sintagma e a sentença ou oração, assemelham-se ao boto, da lenda: pode parecer um lindo rapaz, elegantemente vestido de branco, com o seu inigualável chapéu, mas depois de seduzir as moças

---

[195] Nesse sentido é a observação de Judith Martins-Costa: "Os métodos de interpretação que se seguiram à codificação – o exegetismo, o legalismo, o formalismo conceptual – completarão esse processo, ao fim do qual o direito restará reduzido a um sistema de cunho absolutamente fechado, sob o império exclusivo de uma lei ditada pelo Estado e sacralizada por sua origem. Se o fundamento do raciocínio sistemático jusracionalista mudara – das 'verdades primeiras' à 'verdade da lei' que caracterizará o positivismo legalista -, a imagem, contudo, é a mesma, e idêntico será, no fundo, o modo do raciocínio" (MARTINS-COSTA, 1999, p. 268).

[196] As palavras formam os sintagmas que, por sua vez, são partes constitutivas das sentenças ou orações (CASTILHO, 2014, p. 58).

[197] CASTILHO, 2014, p. 71.

[198] Franz Wieacker observa acerca da origem da lei escrita: "Os ordenamentos jurídicos escritos baseavam-se nos resíduos do direito romano imperial e das leis romanas dos povos bárbaros, nas compilações escritas dos direitos tribais levadas a cabo pelo domínio franco, nos capitulares e, por fim, nas fontes do direito da igreja; todas estas fontes eram redigidas e aplicadas pelos letrados e clérigos. Por detrás delas encontrava-se, no direito de propriedade fundiária e no direito sucessório, nas relações feudais e de serviço, na família, nas corporações e nas formas comunitárias, nas palavras e na liturgia, na acção, no tribunal e na sentença, uma cultura nova e não literária, mas, sempre que estas fontes eram expressas por escrito, em leis, em documentos e em minutas, passavam a ser monopólio da língua literária da Antiguidade tardia e apenas penosa e desajeitadamente podiam romper a couraça da formação literária e clerical da Antiguidade tardia e a terminologia jurídica do direito vulgar" (WIEACKER, 1980, p. 68-103, p. 22).

[199] CASTILHO, 2014, p. 122.

desacompanhadas, esvaísse-se no fundo do rio, deixando incertezas e dúvidas.[200]

A dificuldade de se encontrar o verdadeiro sentido e alcance da norma, utilizando-se a interpretação literal ou gramatical, não se limita, apenas, a descobrir o sentido de uma palavra, mas, sobretudo, os significados das construções sintagmáticas e sentenciais. É que a versatilidade e a riqueza das variações da linguagem em geral representam ao mesmo tempo sua força e sua fraqueza, o que acarreta a inequívoca impossibilidade de se obter um sentido literal inequívoco.[201]

O exemplo do art. 463, p. único da CLT, acima tratado, também denota o risco de uma interpretação meramente literal. De fato, não reconhecer qualquer efeito ao pagamento em moeda estrangeira, permitiria que o empregado recebesse muito mais do que o salário contratado, com violação ao dever geral de vedação ao enriquecimento sem causa jurídica prevista no art. 884 do CC.[202]

Veja-se, ainda, outro exemplo, talvez o mais teratológico previsto na Lei nº 13.467/2017: "Art. 442-B. A contratação do autônomo, cumpridas por este todas as formalidades legais, com ou sem exclusividade, de forma contínua ou não, afasta a qualidade de empregado prevista no art. 3º desta Consolidação."

Note-se que, nesse caso, não há dúvida dos sentidos de cada uma das palavras transcritas na regra. No entanto, a leitura da respectiva sentença de forma literal, leva a um verdadeiro *nonsense* jurídico, pois propõe que *trabalhador autônomo* e *empregado* – conceitualmente, figuras antagônicas[203] –, sejam, *a priori*, identificadas como iguais para, ao final, serem consideradas diferentes. Em outras palavras, de acordo com o texto legal transcrito, sendo *autônomo* e *empregado* figuras distintas e antagônicas, mesmo que o *autônomo* possua todas as características legais do *empregado*, ainda, assim, continuará autônomo, se cumpridas todas as formalidades legais,

---

[200] Na lenda do boto, as dúvidas e incertezas referem-se à paternidade do filho que cresce no útero da moça seduzida pelo misterioso e belo rapaz.
[201] LARENZ, 1997, p. 451-452.
[202] "Art. 884. Aquele que, sem justa causa, se enriquecer à custa de outrem, será obrigado a restituir o indevidamente auferido, feita a atualização dos valores monetários".
[203] O principal elemento diferenciador entre *trabalhador autônomo* e *empregado* é que, o primeiro prestar serviços a outrem sem se submeter ao poder de direção do tomador, enquanto o segundo, como regra geral, trabalha em prol de outrem, submetendo-se ao poder de direção deste.

ainda que essas sejam as formalidades previstas nos arts. 3º, *caput* e 2º, *caput*, da CLT, que conceituam a figura do *empregado*.[204] Demonstra-se, dessa maneira, a insuficiência do critério literal, demandando, muitas vezes, auxílio de outros critérios interpretativos para se encontrar o adequado sentido e alcance da norma.

2.2.3.2 Interpretação lógica

Para resolver o problema relativo à interpretação do art. 442-B, da CLT, acima transcrito, utilizaram-se regras de raciocínio para compreender o significado da norma, buscando coerência por meio de conexão com outros preceitos, especificamente os arts. 3º e 2º da CLT, no sentido de que se o trabalhador prestar serviços a outrem sob o poder de direção deste, será, como regra geral, empregado, mesmo que, formalmente, contratado como autônomo. Trata-se da interpretação lógica.[205]

Carlos Maximiliano observa, todavia, que o rigor de raciocínio, por meio de precisão matemática, pode oferecer aparência de certeza, mas tende a distanciar o intérprete da verdade, do direito efetivo, do ideal jurídico e a ofuscar a verdadeira finalidade da norma que é "regular a vida, multiforme, vária, complexa".[206]

Com efeito, levado ao extremo, o critério lógico pode levar o intérprete a conclusão alheia à realidade concreta que demanda uma atuação efetiva, e não meramente abstrata.

2.2.3.3 Interpretação histórica

Trata-se de desvendar, por meio de investigação retrospectiva da "intenção reguladora do legislador ou à sua ideia normativa".[207]

---

[204] No mesmo sentido Maurício Godinho Delgado e Grabriela Neves Delgado asseveram: "A interpretação literal do preceito normativo conduziria ao absurdo, sem dúvida. Ela traduziria a ideia de um profissional contratado formalmente como autônomo, porém, na prática, cumprindo o seu contrato com todos os elementos fático-jurídicos da relação de emprego, poder ser considerado, juridicamente, como efetivo autônomo" (DELGADO; DELGADO, 2017, p. 152).
[205] AMARAL, 2002, p. 87.
[206] MAXIMILIANO, 1991, p. 125.
[207] LARENZ, 1997, p. 462.

Assim, o intérprete deverá inquirir as ideias dominantes, "os princípios diretores, o estado do Direito, os usos e costumes em voga, enfim o espírito jurídico reinante em que foi feita a norma".[208] Carlos Maximiliano aponta uma dupla utilidade do elemento histórico: compreender a exegese original, por meio da compreensão do espírito das alterações, e reformas de um preceito é possível compreender o papel que ele pode exercer na atualidade.[209]

Maximiliano, contudo, salienta que há dois extremos perigosos em relação ao critério histórico: o excessivo apreço e o completo repúdio. Com efeito, "nem sempre basta olhar para trás, para descobrir a verdade", de forma que não se deve apegar demais ao passado, nem insistir em uma interpretação incompatível com a realidade. O desprezo sistemático ao passado, por outro lado, também pode ser maléfico. Compreender o passado pode ser bastante útil para entender o presente e planejar o futuro.[210]

Maximiliano distingue o elemento histórico propriamente dito dos *materiais legislativos ou trabalhos preparatórios*. Enfatiza o autor que estes materiais e trabalhos possuem muitos menos valor do que critério histórico, não se tratando, a bem da verdade, de interpretação autêntica. Realça a função da jurisprudência, de formular interpretação mais segura e imparcial da norma, em detrimento dos debates parlamentares, sempre animados pela paixão e o interesse partidário.[211]

Miguel Reale reforça a crítica à corrente que vê na opinião dos elabores da lei, força de interpretação autêntica. Conforme preleciona

---

[208] MAXIMILIANO, 1991, p. 140.
[209] Trata-se da *occasio legis*: "complexo de circunstâncias específicas atinentes ao objeto da norma, que constituíram o impulse exterior à emanação do texto; causas mediatas e imediatas, razão política e jurídica, fundamento dos dispositivos, necessidades que levaram a promulgá-los; fastos contemporâneos da elaboração; momento histórico, ambiente social, condições culturais e psicológicas sob as quais a lei surgiu e que diretamente contribuíram para a promulgação; conjunto de motivos ocasionais que serviram de justificação ou pretexto para regular a hipótese; enfim o mal que se pretendeu corrigir e o modo pelo qual se projetou remediá-lo, ou melhor, as relações de fato que o legislador quis organizar juridicamente"(MAXIMILIANO, 1991, p. 140).
[210] MAXIMILIANO, 1991, p. 140.
[211] Incluem-se neste grupo anteprojetos, projetos e as respectivas exposições de motivos, mensagens dirigidas pelo Executivo às Casas do Congresso, memoriais e representações enviados ao Congresso, relatórios das comissões e subcomissões parlamentares, pareceres e votos em separado emitidos oralmente, ou por escrito no âmbitos destas comissões e subcomissões, emendas aceitas ou rejeitadas, debates parlamentares em sessões plenárias em cada uma das Casas do Congresso (MAXIMILIANO, 1991, p. 141).

Reale, a norma jurídica, no instante em que é promulgada, emancipa-se da pessoa do legislador, em virtude do fato de que

> ela jamais foi simples conteúdo de seu querer individual, mas encontrou antes em seu ato volitivo a necessária mediação para objetivar-se como "querer social", expressão esta que só adquire significação precisa quando traduz "o complexo de valorações prevalecentes" em cada processo monogenético.²¹²

Luís Roberto Barroso observa que o elemento histórico sofre, atualmente, desprestígio no âmbito da doutrina e jurisprudência²¹³ brasileiras, embora reconheça que no âmbito da interpretação constitucional, possua papel mais importante do que na interpretação das leis.²¹⁴

Conforme se verá infra, ao se tratar da distinção entre *assistência judiciária gratuita* e *justiça gratuita*, a interpretação histórica pode ser de grande valia para a compreensão da evolução de determinado instituto jurídico, sobretudo para, como auxílio de outros critérios interpretativos, estabelecer os contornos atuais desse mesmo instituto.

2.2.3.4 Interpretação sistemática

A interpretação sistemática decorre da concepção de unidade do ordenamento jurídico, por meio do qual o intérprete localiza "o dispositivo a ser interpretado dentro do contexto normativo geral

---

²¹² REALE, 2002, p. 249.
²¹³ Luís Roberto Barroso transcreve dois acórdãos do STF, ambos da lavra do Ministro Celso de Mello, sendo que no primeiro, formula crítica à interpretação histórica nos seguintes termos: "Os condicionamentos hermenêuticos impostos pela exacerbação da vontade do legislador constituinte, e da intenção que o animava em determinado momento histórico, reduziriam, de modo extremamente inconveniente, a interpretação constitucional, a uma dimensão voluntarista (J. J. Gomes Canotilho), que se revela de todo incompatível com o verdadeiro significado da Constituição". No segundo acórdão, no entanto, o Ministro Celso de Mello, ressalvando que o "argumento histórico, no processo de interpretação constitucional, não se reveste de caráter absoluto", mas que pode ser "expressivo elemento de útil indagação das circunstâncias que motivaram a elaboração de determinada norma inscrita na Constituição, permitindo o conhecimento das razões que levaram o constituinte a acolher ou a rejeitar as propostas que lhe foram submetidas" (BARROSO, 2004 p. 133).
²¹⁴ BARROSO, 2006, p. 135.

e particular, estabelecendo as conexões internas que enlaçam as instituições e as normas jurídicas".[215]

A interpretação sistemática completa a interpretação lógica, permitindo, em decorrência, uma expansão das possibilidades intelectivas, próprias desta última.[216]

Cada preceito, desse modo, é parte de um grande todo, de forma que a análise do conjunto é necessária para encontrar o sentido e o alcance da norma interpretada, o que permite a harmonia do sistema, depurando-se contradições e antagonismos em prol da referida unidade.

Foi o que ocorreu com a interpretação do famigerado art. 442-B, da CLT, com redação introduzida pela Lei nº 13.467/2017. Busca-se no sistema celetista as conexões necessárias para harmonizar a norma com o todo. No caso, as conexões se deram com os arts. 2º, *caput* e 3º, *caput*, da CLT, para se concluir que se o trabalhador está sujeito ao poder de direção daquele a quem presta serviços, como regra geral, será empregado, e não autônomo.

Outro interessante exemplo de interpretação sistemática é a realizada por meio da Súmula nº 450 do TST que estabelece uma importante conexão entre os arts. 137 e 145 da CLT para encontrar o sentido que atenda a finalidade da norma.

O trabalho hermenêutico realizado pela Súmula nº 450 compreende tanto o método sistemático, quanto o teleológico, de modo que será melhor tratado no item seguinte.

2.2.3.5 Interpretação teleológica

Todo ato volitivo possui uma causa e uma finalidade. O ato de legislar não é diferente: possui uma causa, a necessidade de disciplinar determinado fato social; uma finalidade, estabelecer

---

[215] BARROSO, 2006, p. 135.
[216] Paulo Bonavides, como outros autores, vê o método lógico-sistemático como um único critério: "Graças a esse método, que assenta objetivamente sobre relações ou interconexões de normas, pôde a hermenêutica jurídica extrair diversas regras ou cânones interpretativos fundados em argumentos lógicos (a fortiori, a contrario, sedes materiae e ab absurdo), cujo emprego é frequentemente da parte de quantos abraçam na interpretação das leis o critério lógico-sistemático" (BONAVIDES, 2003, p. 445).

o que se pretende com essa regulação, como também os efeitos decorrentes.²¹⁷

Conforme observado por meio do estudo da escola da Jurisprudência de Interesses e da Doutrina do Direito Justo, a causa de determinada lei se investiga por meio do critério histórico, enquanto que a finalidade, pelo teleológico. Paulo Bonavides analisa-o a partir da perspectiva histórica-teleológica, de forma que, por um lado, traça-se "toda a histórica da proposição legislativa, desce no tempo a investigar a ambiência em que se originou a lei", e, por outro, buscam-se os fins que se encontram tanto fora como dentro das proposições legislativas. Argumenta o autor que a vinculação histórica ao critério teleológico, permite "uma captação mais precisa do sentido da norma".²¹⁸

Adverte Carlos Maximiliano que o fim da norma jurídica não é imutável, perene, único, constante. Adapta-se, em verdade, às ideias consagradas acerca do próprio Direito, cujo conteúdo, em última análise, busca assegurar os fins da vida do homem em sociedade, mas desde que compatível com a letra da lei. Deve-se ter o cuidado de completar "o preceito por meio de exegese inteligente", preenchendo-se as lacunas, mas sem realizar uma interpretação *contra legem*.²¹⁹

Salienta Luís Roberto Barroso que o ordenamento jurídico brasileiro consagra o método teleológico, ao prever no art. 5º da LICC, que "Na aplicação da lei, o juiz atenderá aos fins sociais a que ela se dirige e às exigências do bem comum".²²⁰

O trabalho do exegeta que se serve do método teleológico, portanto, não é buscar "uma volição paralisada no instante originário da formulação normativa" – conforme precisa observação de Miguel Reale –, mas "a versão ou a veste racional de um valor, ou, por outras palavras, um valor visto e reconhecido como motivo determinante da conduta". Trata-se da *interpretação evolutiva* que se verifica em decorrência da natural transformação histórico-social, própria de toda norma jurídica, que adquire novos sentidos ou significados,

---

²¹⁷ JHERING, 2002, p. 15-16, 289-290.
²¹⁸ BONAVIDES, 2003, p. 446.
²¹⁹ MAXIMILIANO, 1991, p. 154-155.
²²⁰ BARROSO, 2006, p. 140.

em virtude dos valores sociais, que deverão ser incorporados ao longo do processo de interpretação.[221]

Na jurisprudência trabalhista existem alguns importantes exemplos da aplicação do método teleológico, como, por exemplo, o dos arts. 137 e 145 da CLT, conforme interpretação dada pela Súmula nº 450 do TST.

O art. 137 prevê que quando as férias forem concedidas após o período concessivo – doze meses que se seguirem à aquisição do direito às férias pelo empregado – "o empregador pagará em dobro a respectiva remuneração".

O art. 145, por seu turno, reza que o "pagamento da remuneração das férias e, se for o caso, o do abono referido no art. 143 serão efetuados até 2 (dois) dias antes do início do respectivo período".

A Súmula nº 450 estabelece que "É devido o pagamento em dobro da remuneração de férias, incluído o terço constitucional, com base no art. 137 da CLT, quando, ainda que gozadas na época própria, o empregador tenha descumprido o prazo previsto no art. 145 do mesmo diploma legal".[222]

A jurisprudência que fundamentou a Súmula nº 450, por meio de interpretação *teleológica-sistemática*, constata que "Sem o adimplemento conjunto destas obrigações, a *finalidade precípua das férias* (de origem medicinal e social) cai por terra, caracterizando desobediência aos comandos inscritos no art. 7º, XVII, da Lei Máxima, e nos arts. 137 e 145 da CLT".[223]

Percebe-se, por primeiro, a necessidade de se estabelecer a finalidade do direito em foco, no caso, as férias. Com efeito, trata-se de direito relativo à saúde e segurança do trabalhador, "na medida em que favorecem a ampla recuperação das energias físicas e mentais do empregado após longo período de prestação de serviços". Trata-se, ademais, de "instrumento de realização da plena cidadania do indivíduo, uma vez que propiciam sua maior integração familiar, social e, até mesmo, no âmbito político mais amplo".[224]

---

[221] REALE, 2002, p. 248-258.
[222] BRASIL, TST-Res. 194/2014, DEJT divulgado em 21, 22 e 23 maio 2014. Disponível em: www.tst.jus.br. Acesso em: 10 jul. 2019.
[223] BRASIL, TST-E-RR-160.624/95.3, 1ª T. Rel. Min. Francisco Fausto Paula de Medeiros, julg. 28 abr. 1997, Publ. DJ 30 maio 1997. Disponível em: www.tst.jus.br. Acesso em: 10 jul. 2019.
[224] DELGADO, 2019, p. 1157.

Ora, sem a remuneração correspondente ao período das férias – por força do art. 459, p. único, da CLT, tornar-se-ia exigível apenas a partir do 5º dia do mês seguinte –, o empregado não teria, por óbvio, condições de exercício pleno desse direito, pois lhe faltariam recursos materiais para concretizar o descanso e o lazer que lhes são inerentes.

Nesse caso, contudo, o método teleológico, embora fundamental, não é suficiente, pois, ainda, necessária a conexão entre os arts. 137 e 145, ou seja, forçoso interpretar os dispositivos à luz do sistema. De fato, a interpretação isolada e literal tanto do art. 137, quanto do art. 145 não permitiria a conclusão de que a violação pelo empregador do direito às férias do empregado não ocorre apenas quando não concedida durante o período concessivo, mas, também, quando não efetuado o pagamento da remuneração das férias até dois dias antes do início do respectivo período.

É importante salientar que entre a interpretação das leis ordinárias e a interpretação da Constituição há um necessário e permanente vínculo, pois o exercício da jurisdição constitucional se efetua, em boa medida, pela análise da conformação da lei ordinária interpretada às normas constitucionais.[225]

Imprescindível, por essa razão, também investigar, os princípios específicos de interpretação constitucional.

2.3 Princípios específicos de interpretação constitucional

Canotilho explica que os princípios específicos de interpretação da Constituição foram desenvolvidos tendo em vista "uma postura metódica hermenêutico-consciente". De acordo com o eminente constitucionalista português, esse elenco de princípios serve de "ponto de referência obrigatório da teoria da interpretação constitucional". Esse catálogo compreende princípios que objetivam auxiliar a atividade interpretativa em três âmbitos. O primeiro, que contribui para a resolução do problema prático. O segundo, com

---

[225] BARROSO, 2006, p. 105.

função metodológica, associando direito constitucional formal e material, como também princípios jurídico-funcionais, como o da interpretação conforme a constituição. E o terceiro, passíveis de manejo ante problemas constitucionais que ocorram "dentro da 'base de compromisso' cristalizada nas normas constitucionais".[226]

Adota-se nessa análise, contudo, a sistematização proposta por Luís Roberto Barroso relativa aos princípios constitucionais específicos, por ser mais útil aos fins desse trabalho de concretização da Constituição brasileira de 1988,[227] sobretudo em razão da interpretação da Lei nº 13.467/2017.

2.3.1 Princípio da supremacia da Constituição

O princípio da supremacia da Constituição é de enorme relevância para a análise da reforma trabalhista realizada pela Lei nº 13.467/2017, pois indica que todo o ordenamento jurídico – leis, atos normativos e demais atos jurídicos –, somente subsistem validamente se não contrariem alguma norma constitucional.

Existe um outro fator importante que decorre da aplicação do princípio em foco que é o da justiça constitucional. De fato, por força do princípio da supremacia da Constituição, incumbe ao Poder Judiciário defendê-la dos ataques vindos de maiorias parlamentares ocasionais e compromissadas com interesses contrários aos valores constitucionais, ou como observa Luís Roberto Barroso, o Judiciário desempenha, em razão desse princípio, "o relevante papel de, no sistema geral de freios e contrapesos, preservar, do jogo político cotidiano, avanços contra valores e direitos albergados pela Constituição, sobretudo praticados por eventuais maiorais eleitorais".[228]

Gustavo Zagrebelsky lembra que um governo republicano e democrático é aquele que governa para todos os grupos sociais; um governo, mesmo democrático – eleito pela maioria – pode se desvirtuar e deixar de ser republicano, quando cuida apenas dos interesses da maioria, sem atender àqueles das minorias. Observa

---

[226] CANOTILHO, 2011, p. 1223.
[227] BARROSO, 2006, p. 151 e seguintes.
[228] BARROSO, 2006, p. 167.

o eminente constitucionalista italiano que a justiça constitucional possui uma função republicana, porque protege a república e, quando necessário, limita a democracia.²²⁹

Não há dúvida da importância do Poder Judiciário para preservar a supremacia da Constituição diante desses ataques. O repertório de que se dispõe para se tratar dessas questões deve ser manejado com cuidado, tanto para se preservar a unidade da Constituição, quanto para não desequilibrar os pratos da balança da justiça.

2.3.2 Princípio da unidade da Constituição

Repise-se a concepção hermenêutica de que por mais que, tão logo promulgada a lei, possam ter sido claras as intenções do legislador, o transcurso do tempo pode ofuscar esse propósito originário, sobretudo em razão da dinamicidade e dialeticidade dos valores e da realidade social que se projetam em face da norma, no momento de sua aplicação ao caso concreto.²³⁰

O intérprete, para não se perder no imobilismo ou rigidez dos fins originários da lei, nem, tampouco, negar a relevância da moldura axiológica da qual originou a lei, deverá compreender os valores que governam a ordem jurídica. Essa compreensão só será possível se enxergar o ordenamento jurídico a partir de sua unidade lógica. Essa, de acordo com Miguel Reale, é uma das características mais marcantes da interpretação jurídica, pois exige "a necessária conexão de cada norma, a ser interpretada, com a totalidade do ordenamento jurídico".²³¹

A diversidade de valores e a complexidade social geram tensões e contradições quando se operam as conexões normativas, que se resolve por meio da atuação da Constituição. Com efeito, a Carta Fundamental do Estado constitui um sistema normativo fundado em valores que caracterizam um "núcleo irredutível" que condiciona a compreensão de qualquer uma de suas partes.²³²

---

²²⁹ ZAGREBELSKY, 2008, p. 102.
²³⁰ REALE, 2002, p. 258-259.
²³¹ REALE, 2002, p. 255.
²³² BARROSO, 2006, p. 196.

O princípio da unidade da Constituição, nesse diapasão, é relevante princípio interpretativo, na medida em que serve de instrumento para manter a coexistência do sistema jurídico, atuando para evitar contradições entre as normas constitucionais e, consequentemente, entre todas as normas do ordenamento jurídico. Por essa razão, deve o exegeta "considerar as normas constitucionais não como normas isoladas e dispersas, mas sim como preceitos integrados num sistema interno unitário de normas e princípios".[233]

2.3.3 Princípio de interpretação conforme a Constituição

A jurisdição constitucional se realiza, muitas vezes, pela análise da compatibilidade da lei ordinária com as normas da Constituição. Justifica-se, dessa forma, a existência de um nexo entre a interpretação constitucional e a interpretação das leis.[234]

De acordo com esse princípio, uma lei não deverá ser declarada inconstitucional quando puder ser interpretada em consonância com a Constituição. Esse princípio resulta do princípio da unidade do ordenamento jurídico, segundo o qual as leis produzidas sob a vigência da Constituição devem ser interpretadas em consonância com as normas constitucionais, como também o direito que vigorava anteriormente à nova ordem constitucional.[235]

Canotilho observa que o princípio possui uma "formulação básica": em se tratando de "normas polissêmicas ou plurissignificativas", a interpretação prevalente deverá ser aquela que "lhe dê um sentido em conformidade com a constituição". De acordo com Canotilho, o princípio ora tratado possui as seguintes dimensões. A primeira representa o *princípio da prevalência da constituição*, pelo qual, dentre os possíveis resultados da atividade interpretativa deve-se optar por aquela que não contrarie o texto e o "programa da norma ou normas constitucionais". A segunda corresponde ao *princípio da conservação de normas*, pelo qual, atendida a finalidade da norma, não deverá ser declarada inconstitucional, se puder ser interpretada de

---

[233] CANOTILHO, 2011, p. 1223-1224.
[234] BARROSO, 2006, p. 105.
[235] HESSE, 1992, p. 50.

acordo com a Constituição. A terceira refere-se ao *princípio da exclusão da interpretação conforme a Constituição mas 'contra legem'*; significa que, havendo conflito entre duas ou mais possibilidades de interpretação, mas todas em conformidade com a Constituição, deve-se escolher aquela "considerada como a melhor orientada para a Constituição".[236]

Ainda segundo Canotilho, com a articulação das dimensões acima apresentadas, pode-se chegar às seguintes conclusões: só cabe a aplicação desse princípio, quando houver duas ou mais possibilidades interpretativas de determinada norma devendo-se optar pela que estiver em conformidade com a Constituição; havendo interpretação contrária ao programa da constituição, impõe-se a rejeição da norma por inconstitucionalidade, sendo defeso ao magistrado proceder a sua correção; deve-se rechaçar o resultado interpretativo que resulte "uma regulação nova e distinta", que contrarie a literalidade da norma interpretada ou lhe retire o sentido claramente identificável.[237]

Existem, contudo, limites jurídico-funcionais, decorrentes da interpretação conforme a Constituição.

2.3.4 Princípio da presunção de constitucionalidade das leis e dos atos do Poder Público

Outro relevante princípio de grande utilidade para o fim proposto nesse trabalho é o da presunção de constitucionalidade das leis e dos atos do Poder Público.

A função de interpretar conforme a Constituição suscita o problema relativo ao papel e limites de atuação de cada órgão que intervém nessa atividade hermenêutica, sobretudo em relação à jurisdição constitucional e a legislação infraconstitucional.[238]

A coordenação dessa atividade hermenêutica é balizada pelo comando do art. 2º da Constituição de que "São Poderes da União, independentes e harmônicos entre si, o Legislativo, o Executivo e o Judiciário".

Com vistas à preservação da independência e da harmonia entre os Poderes da União, impõe-se o reconhecimento de que os

---

[236] CANOTILHO, 2011, p. 1226-1227.
[237] CANOTILHO, 2011, p. 1226-1227.
[238] HESSE, 1992, p. 52.

atos normativos emanados por cada um desses poderes revestem-se de presumível constitucionalidade.

Considerando-se que dentre as dimensões do princípio da interpretação conforme a Constituição está *a conservação de normas*, a presunção de constitucionalidade das leis e atos do Poder Público é corolário da primazia do papel do legislador na concretização da Constituição.[239]

Conforme adverte Konrad Hesse, a vontade e a conduta do legislador democrático gozam de presunção de constitucionalidade, na medida em que a ele corresponde, em última análise, à conformação jurídica das relações sociais.[240]

2.3.5 Princípios da razoabilidade e da proporcionalidade: desvio de poder e interpretação constitucional

O princípio ora tratado está relacionado à ideia de razoável proporção entre o meio utilizado e o fim almejado.[241]

Luís Roberto Barroso explica que o princípio da razoabilidade, originariamente afeto à regularidade do processo penal, expandiu-se, posteriormente, ao processo civil e ao processo administrativo, sobretudo no âmbito do "direito ao contraditório e à ampla defesa, incluindo questões como o direito a advogado e ao acesso à justiça para os que não tinham recursos".[242]

Essa observação quanto à gênese do princípio da razoabilidade no âmbito do processo civil para garantir o *acesso à Justiça àqueles desprovidos de recursos* é de enorme relevância quando se analisa a constitucionalidade dos arts. 790-B, *caput* e §4º, 791-A, *caput*, §§3º e 4º e 844, §§2 e 3º, da CLT, com as redações dadas pela Lei nº 13.467/2017.

É, portanto, princípio de fundamental importância tanto para se identificarem os contornos constitucionais aos quais deve o legislador se sujeitar ao elaborar a norma infraconstitucional,

---

[239] HESSE, 1992, p. 52.
[240] HESSE, 1992, p. 52.
[241] BARROS, 2003, p. 85.
[242] BARROSO, 2006, p. 219.

quanto para o direcionamento do trabalho hermenêutico, mirando o norte constitucional.

Miguel Reale já advertia nos anos de 1970 que a lei não pode tudo – eliminar proibições ou permitir a passagem de benesses –, pois processos legislativos oblíquos, quando transpassam os limites constitucionais "caracterizam desvio de poder e, como tais, são nulas de pleno direito".[243]

Canotilho, por sua vez, leciona que o princípio da proporcionalidade significa princípio da "justa medida", no sentido de que "uma lei restritiva, mesmo adequada e necessária, pode ser inconstitucional", quando ampara "'cargas coercitivas' de direitos, liberdades e garantias 'desmedidas', 'desajustadas', 'excessivas' ou 'desproporcionadas' em relação aos resultados obtidos".[244]

Quando o legislador ultrapassa esses limites, caracteriza-se o desvio de poder, na medida em que "a atividade legiferante é finalística, havendo, portanto, a possibilidade de se controlar o ato legislativo, cotejando a sua finalidade com a regra de competência que atribuiu o poder ao órgão legislativo e outras normas constitucionais pertinentes à matéria".[245]

O STF possui longa tradição de julgamentos em que, com base no princípio da razoabilidade, conforma a lei ordinária aos limites estabelecidos pela Constituição.

Exemplifique-se com decisão de 01.08.2018, em que o STF, aplicando o princípio da razoabilidade, deu interpretação, conforme a Constituição, do art. 652-D, §§1º a 4º, da CLT, com redação dada pela Lei nº 9.958/2000 que havia constituído a Comissão de Conciliação Prévia. Nesse julgamento, o STF julgou parcialmente procedente a ADI nº 2160 DF para resguardar o direito fundamental de acesso à Justiça a todos que vierem a ajuizar demanda diretamente à Justiça do Trabalho, interpretando o art. 625-D, §§1º a 4º, da CLT, "no sentido de assentar que a Comissão de Conciliação Prévia constitui meio não obrigatório de solução de conflitos".[246]

---

[243] REALE, 1975, 39-40, p. 73.
[244] CANOTILHO, 2011, p. 457.
[245] SANTOS, 1998, p. 289.
[246] BRASIL, STF, ADI 2160 DF, Tribunal Pleno, Rel. Min. Cármen Lúcia, julg. 01.08.2018, Public. 19 fev. 2019, DJe-033 (Disponível em: www.stf.jus.br. Acesso em: 23 jul. 2019).

O princípio da proporcionalidade direciona-se, portanto, à busca da melhor solução para o caso concreto, conservando-se todos os bens jurídicos constitucionalmente protegidos envolvidos.[247]

É a medida que deve ser utilizada para a atividade interpretativa de uma norma para, na hipótese concreta, alcançar-se a máxima otimização do fim constitucional.[248]

Permite-se ao intérprete, por meio desse princípio, que "gradue o peso da norma, em uma determinada incidência, de modo a não permitir que ela produza um resultado indesejado pelo sistema, assim fazendo justiça do caso concreto".[249]

Não se trata, portanto, de uma interpretação nova ou diferente daquela propugnada pelo texto, mas de uma medida que permita a efetividade do fim constitucional.

2.3.6 Princípio da efetividade

O princípio da efetividade possui enorme relevância no tocante ao princípio do acesso à Justiça, pois cuida da plena eficácia da norma constitucional.

Saliente-se que a validade formal de uma norma, como observa Maria Helena Diniz, "significa que ela foi elaborada por órgão competente em obediência aos procedimentos legais", de modo que norma formalmente válida "é a promulgada por ato legítimo da autoridade".[250] Representa o plano da existência do ato jurídico relativo à presença de seus elementos constitutivos: agente, objeto e forma.[251]

A *validade material* de uma norma é representada pela sua efetividade, isto é, quando se verificam, tanto o comportamento que ela prevê (hipótese de incidência), quanto o efeito por ela estabelecido em caso de descumprimento (sanção).[252]

Luiz Roberto Barroso esclarece que a *efetividade* é um passo adiante à *eficácia* do ato jurídico. Salienta Barroso os três planos

---

[247] HESSE, 1992, p. 46.
[248] BARROSO, 2006, p. 373.
[249] BARROSO, 2006. p. 373.
[250] DINIZ, 2003, p. 25.
[251] PONTES DE MIRANDA, 1954, p. 6.
[252] DINIZ, 2003, p. 26.

do ato jurídico: *existência, validade* e *eficácia*. O primeiro plano, da *existência* relaciona-se à verificação dos elementos constitutivos, em geral, agente, objeto e forma. O segundo plano, da *validade* caracteriza-se pela presença dos requisitos fixados em lei, sendo que a inexistência de um destes requisitos acarreta a invalidade do ato que, dependendo da gravidade, poderá acarretar sua nulidade ou anulabilidade. O terceiro plano, da *eficácia* corresponde à aptidão do ato jurídico para produzir os efeitos que lhe são próprios. Eficaz, observa Barroso, "é o ato idôneo para atingir a finalidade para a qual foi gerado".[253]

Pois bem. A *efetividade* representaria o quarto plano, no sentido de "realização do Direito, o desempenho concreto de sua função social", ou seja, "a materialização, no mundo dos fatos, dos preceitos legais e simboliza a aproximação, tão íntima quanto possível, entre o *dever-ser* normativo e o *ser* da realidade social".[254]

Trata-se da máxima eficácia da norma constitucional, cuja observação será de enorme valia quando apreciada a constitucionalidade da Lei nº 13.467/2017.

---

[253] BARROSO, 2006, p. 247.
[254] BARROSO, 2006, p. 248.

CAPÍTULO 3

OBSTÁCULOS AO ACESSO EFETIVO À JUSTIÇA PELO TRABALHADOR

3.1 Obstáculos econômicos

3.1.1 Os custos do processo trabalhista e a falsa premissa da Lei nº 13.467/2017

Uma das finalidades do processo do trabalho é a de corrigir ou compensar a desigualdade socioeconômica existente entre o trabalhador reclamante e o empregador reclamado, de modo que o direito fundamental de acesso à Justiça do trabalhador seria esvaziado se a ordem jurídica não previsse normas específicas de proteção ao trabalhador, principalmente no sentido de desonerá-lo de certos encargos, tais como custas e honorários de sucumbência.[255]

É bem verdade que a ordem constitucional não consagrou a gratuidade à prestação jurisdicional, como um direito geral e irrestrito, mas, tão somente, àqueles que "comprovarem insuficiência de recursos" (art. 5º, inciso LXXIV).

Mesmo, contudo, os trabalhadores não hipossuficientes encontram-se, em geral, em posição de inferioridade econômica em relação ao empregador, justificando-se, por isso, medidas legais que corrijam esse desequilíbrio.

---

[255] Vide por todos: TEIXEIRA FILHO, 2018, p. 112.

A Lei nº 13.467/2017, entretanto, procurou eliminar as normas da CLT que tinham por escopo essa atuação corretiva, alterando ou introduzindo diversas regras que procuraram tornar mais oneroso para o trabalhador postular seus direitos trabalhistas.

Na Justificativa do PLC nº 6.787/2016, que deu origem à Lei nº 13.467/2017, afirmou o Deputado Rogério Marinho que "Um dos problemas relacionados ao excesso de demandas na Justiça do Trabalho é a falta de onerosidade para se ingressar com uma ação, com a ausência da sucumbência e o grande número de pedidos de justiça gratuita. Essa litigância sem risco acaba por estimular o ajuizamento de ação trabalhista".[256]

Os exemplos paradigmáticos desse deliberado propósito de encarecer o custo do processo trabalhista para o trabalhador são os arts. 790, §§3º e 4º, 790-B, *caput* e §4º, 791-A, §4º e 844, parágrafo 2º, da CLT, com as redações dadas pela Lei nº 13.467/2017.

As alterações referentes aos §§3º e 4º do art. 790 provavelmente são as de maior impacto no custo do processo para o trabalhador. A redação anterior do §3º previa que a simples declaração, sob as penas da lei, do próprio requerente – ou de seu advogado –, de que o trabalhador não estava em condições de pagar as custas do processo sem prejuízo do sustento próprio ou de sua família, era suficiente para a concessão dos benefícios da justiça gratuita, decorrente da presunção de veracidade da declaração. A modificação legislativa promovida nas redações dos §§3º e 4º procura reverter essa presunção, passando a exigir que o trabalhador "comprove" a insuficiência de recursos com o intuito de desestimular o ingresso de ações.

Na mesma linha, o art. 790-B, *caput*, atribui ao trabalhador o ônus de pagar os honorários periciais, caso sucumbente na pretensão relativa ao objeto da perícia, mesmo que beneficiário da justiça gratuita, enquanto o §4º, ainda autoriza a cobrança desses honorários no mesmo ou em outro processo em que tenha o trabalhador obtido créditos capazes de suportar a despesa referida.

O art. 791-A, *caput*, estatui a sucumbência recíproca em tema de honorários advocatícios, e o respectivo §4º procura atribuir,

---

[256] Disponível em: https://www.camara.leg.br/proposicoesWeb/prop_mostrarintegra?codteor=1544961. Acesso em: 16 jul. 2019.

mesmo ao trabalhador beneficiário da justiça gratuita, o ônus do pagamento, autorizando, inclusive, a execução desse valor no mesmo ou em outro processo em que lhe seja reconhecido crédito capaz de suportar a despesas; caso não exista esse crédito, reza o preceito, "as obrigações decorrentes de sua sucumbência ficarão sob condição suspensiva de exigibilidade e somente poderão ser executadas se, nos dois anos subsequentes ao trânsito em julgado da decisão que as certificou, o credor demonstrar que deixou de existir a situação de insuficiência de recursos que justificou a concessão de gratuidade, extinguindo-se, passado esse prazo, tais obrigações do beneficiário".

O art. 844, §§2º e 3º, da CLT, por sua vez, imputa ao trabalhador, mesmo hipossuficiente, o encargo de pagar custas processuais, caso não compareça à audiência inaugural, condicionando, inclusive, o ajuizamento de nova ação, ao pagamento dessas custas.

A Lei nº 13.467/2017, a bem da verdade, confirma a tendência do Estado, seja no âmbito federal, sejam estaduais, de, deliberadamente, criar tal barreira.[257]

O acréscimo do custo do processo impacta inversa e desproporcionalmente ao valor do bem jurídico vindicado. Ou seja, causas "que envolvem somas relativamente pequenas são mais prejudicadas pela barreira dos custos".[258]

Boaventura de Sousa Santos, a partir do estudo apresentado por Cappelletti e Garth, constata que, em decorrência, são "os cidadãos economicamente mais débeis" os principais vitimados, na medida em que protagonistas e interessados nos processos de menor valor. Assevera, ainda, o autor português, que a lentidão do

---

[257] Luciana Camponez Pereira Moralles observa que "No Estado de São Paulo foi promulgada uma nova Lei de Custas Judiciais, a Lei n. 11.608, de 29 de dezembro de 2003, que estabelece novas regras para o recolhimento das custas judiciais. E esta lei é um retrocesso às ideais da onda renovatória de acesso à justiça no momento em que eleva sobremaneira as custas judiciais, inviabilizando para alguns ou mesmo dificultando o acesso á justiça e a recorribilidade das decisões" (MORALLES, 2006, p. 68-69).

[258] Mauro Cappelletti e Bryant Garth levantaram dados de diversos países para comprovar essa afirmativa. Expõem que na "Alemanha, por exemplo, as despesas para intentar uma causa cujo valor corresponda a US$100, no sistema judiciário regular, estão estimadas em cerca de US$ 150, mesmo que seja utilizada apenas a primeira instância, enquanto os custos de uma ação de R$ 5.000, envolvendo duas instâncias, seriam de aproximadamente US$ 4.200 – ainda muito elevados, mas numa proporção bastante inferior, em relação ao valor da causa" (CAPPELLETTI; GARTH, 1988, p. 19-20).

processo é outro fator, "facilmente convertido num custo econômico adicional", "proporcionalmente mais gravoso para os cidadãos de menos recursos".[259]

No processo do trabalho, a preocupação em dar maior celeridade aos processos de menor valor é histórica, pressupondo-se que as causas de menor valor econômico têm como interessados, em regra, os trabalhadores mais pobres.

A Lei nº 5.584/1970, art. 2º, §4º, prevê, por exemplo, a irrecorribilidade das sentenças prolatadas nos processos cujo valor da causa não exceda a dois salários mínimos, exceto se versarem sobre matéria constitucional.

A medida mais significativa acerca da celeridade do processo do trabalho, no entanto, foi tomada por meio da Lei nº 9.957/2000 que instituiu o procedimento sumaríssimo para as causas cujo valor não ultrapasse a quarenta vezes o salário mínimo.[260] Com esse propósito, a lei estabelece o prazo de quinze dias para que o juiz aprecie a reclamação,[261] limita a duas o número de testemunhas por parte,[262] e, principalmente, restringe a interposição de recurso de revista aos casos de "contrariedade a súmula de jurisprudência uniforme do Tribunal Superior do Trabalho ou a súmula vinculante do Supremo Tribunal Federal e por violação direta da Constituição Federal".[263]

O reflexo do procedimento sumaríssimo na duração do processo do trabalho no Brasil é importante em relação ao procedimento comum.

Desde que se iniciou a série histórica publicada pelo TST, em 2004, o prazo médio, desde o ajuizamento da ação até a prolação da sentença, nas Varas do Trabalho brasileiras é, no sumaríssimo, pelo menos, 50% inferior ao do comum.[264]

---

[259] SANTOS, 2010, p. 168.
[260] Estatui o art. 852-A da CLT, com redação dada pela Lei nº 9.957/2000: "Art. 852-A. Os dissídios individuais cujo valor não exceda a quarenta vezes o salário mínimo vigente na data do ajuizamento da reclamação ficam submetidos ao procedimento sumaríssimo".
[261] O art. 852-B, inciso III, prevê: III – a apreciação da reclamação deverá ocorrer no prazo máximo de quinze dias do seu ajuizamento, podendo constar de pauta especial, se necessário, de acordo com o movimento judiciário da Junta de Conciliação e Julgamento.
[262] De acordo com o art. 852-H, §2º da CLT: "§2º As testemunhas, até o máximo de duas para cada parte, comparecerão à audiência de instrução e julgamento independentemente de intimação".
[263] Art. 896, §9º, da CLT.
[264] Prazo médio em dias / s = sumaríssimo; c = comum / 2004 = s: 97,36; c: 175,29 / 2005 = s: 82,52; c: 160,27 / 2006 = s: 89,66; c: 173,26 / 2007 = s: 103,8; c: 193,07 / 2008 = s: 98.97; c: 215,95; 2009 =

Da análise dos dados estatísticos, entretanto, constata-se um significativo aumento no prazo médio de julgamento tanto nos sumaríssimos, quanto nos comuns. Note-se que em 2004, o prazo médio entre a propositura da ação até a prolação da sentença, era, no sumaríssimo de 97,36 dias, e no comum de 175,29. Em 2018, esse prazo subiu, respectivamente, para 115,88 e 333,26 dias.

O aumento do prazo médio corresponde ao acréscimo de ajuizamento de ações nas varas, no mesmo período de 2004 a 2017. A única exceção ocorreu em 2018, quando houve uma redução de 34,20% do número de ações em relação ao ano precedente,[265] o que se atribui aos efeitos imediatos da Lei nº 13.467/2017.

O aumento gradativo e constante do número de ações trabalhistas no Brasil – exceto o referido ano de 2018 – ocorre, fundamentalmente, por duas razões, com efeitos não necessariamente isolados, mas que, muitas vezes, confundem-se, potencializam-se e se complementam: leis que suprimem e criam direitos; crises econômicas.

O primeiro e curiosamente contraditório, o surgimento de leis que, ora consagram direitos, ora de leis que precarizam direitos trabalhistas.

Nos anos que antecederam a vigência da CLT[266] – principal fonte de direitos trabalhistas –, em 1941, 1942 e 1943, por exemplo, foram ajuizadas, respectivamente, 16.979, 21.599 e 24.084 ações. Nos anos seguintes, o número praticamente triplicou: 36.402 em 1944; 45.916 em 1945; 62.110 em 1946.[267]

Outro interessante exemplo foi a promulgação da Constituição em 05.10.1988 que também criou diversos direitos aos trabalhadores.

---

s: 119,98; c: 217,77 / 2010 = s: 116,84; c: 216,32 / 2011 = s: 112,7; c: 214,97 / 2012 = s: 119,16; c: 221,82 / 2013 = s: 94,32; c: 185,64 / 2014 = s: 97,94; c: 235,65 / 2015 = s: 108,32; c: 246,25 / 2016 = s: 115,22; c: 259,25 / 2017 = s: 121,22; c: 274 / 2018 = s: 115,88; c: 333,26 (Disponível em: http://www.tst.jus.br/documents/18640430/bf6eb7ad-f13c-50f9-52b4-2d54cb12cd8f. Acesso em: 27 jul. 2019).

[265] 2004: 1.607.163; 2005: 1.748.966; 2006: 1.779.307; 2007: 1.838.847; 2008: 1.918.049; 2009: 2.121.806; 2010: 2.009.004; 2011: 2.135.216; 2012: 2.254.355; 2013: 2.371.210; 2014: 2.365.547; 2015: 2.659.007; 2016: 2.756.214; 2017: 2.648.463; 2018: 1.742.507 (Disponível em: http://www.tst.jus.br/documents/18640430/23408293/Ano+de+2018.pdf/266a7b60-6210-27c1-cf56-153258f89ccb; Acesso em: 27 jul. 2019).

[266] A CLT entrou em vigor em 10.11.1943, conforme art. 2º do Decreto-Lei nº 5.452/1943.

[267] Disponível em: http://www.tst.jus.br/documents/18640430/5ac94b1d-b820-401f-bfbb-8a3f7c31ac4e. Acesso em: 27 jul. 2019.

Em 1986 foram ajuizadas 807.845 ações e em 1987, 837.714. Em 1989, no entanto, foram propostas 1.131.556, e em 1990, 1.233.410. Aumento médio de 30%.[268]

Já em relação à precarização de direitos, cite-se a criação do FGTS pela Lei nº 5.107, em 13.09.1966, que flexibilizou o sistema da indenização por tempo de serviço previsto originariamente pela CLT, dispondo sobre sistema alternativo à estabilidade decenal e, por conseguinte, permitindo a dispensa sem justa causa inclusive dos empregados com mais de dez anos de serviço contínuos ao mesmo empregador. Veja-se que a média de ações trabalhistas ajuizadas nos três anos anteriores a 1965, havia sido de 280 mil, enquanto a média dos três anos seguintes, de 410 mil. Acréscimo de mais de 40%.[269]

Outro exemplo de flexibilização de direitos trabalhistas que também pode ter contribuído para o acréscimo de ações trabalhistas foi o da Lei nº 6.019 de 03.01.1974, que autorizou a locação de mão de obra, por meio de contrato de trabalho temporário. No triênio imediatamente anterior, a média de ações trabalhistas ajuizadas fora de 387 mil, ao passo que no triênio seguinte ao da referida lei, havia sido de 500 mil, ou seja, crescimento de 26%.

A segunda, e mais duradora razão para o aumento de ações trabalhistas, são as crises econômicas.

A primeira grave crise econômica que turbinou as ações trabalhistas teve início na entrada da década de 1980. Comparativamente, entre a segunda metade da década de 1970 – *a década do milagre econômico* – e a primeira metade da década de 1980 – a *década perdida* –,[270] houve acréscimo médio de 35% no número de ações.[271]

Outra crise econômica impactante no número de ações trabalhistas foi a de 1990, decorrente do Plano Collor, que representou um aumento médio de 20% no número de ações, entre os anos de 1990 e 1993.

---

[268] Disponível em: http://www.tst.jus.br/documents/18640430/5ac94b1d-b820-401f-bfbb-8a3f7c31ac4e. Acesso em: 27 jul. 2019.
[269] Disponível em: http://www.tst.jus.br/web/estatistica/jt/recebidos-e-julgados. Acesso em: 03 ago. 2019.
[270] TAUILLE, 2001, p. 198.
[271] Disponível em: http://www.tst.jus.br/documents/18640430/5ac94b1d-b820-401f-bfbb-8a3f7c31ac4e. Acesso em: 27 jul. 2019.

A crise mundial agravada em outubro de 2008,[272] cujos efeitos são sentidos após uma década, contribuiu para um aumento de aproximado de 30% de ações trabalhistas.[273]

Constata-se que a litigiosidade trabalhista no Brasil cresce por razões complexas, antagônicas e sucessivas que se retroalimentam e refletem diretamente na duração dos processos.

As crises econômicas eclodem imediata e diretamente na realidade do trabalhador mais carente, sujeito a contrato precário, que facilmente é descumprido. A jurisdição trabalhista é o último recurso a essa realidade.

A premissa apresentada na Justificativa do PLC nº 6.787/2016 de que o excesso de demandas na Justiça do Trabalho é a falta de onerosidade para se ingressar com uma ação, parece frágil e merece ser questionada.

A Lei nº 13.467/2017, contudo, procurou desestimular o ajuizamento de ações trabalhistas, seja por meio da redução da proteção legal dos trabalhadores (ex.: ampliação irrestrita da terceirização, por exemplo), seja onerando o processo trabalhista, mediante a cobrança de custas judiciais e honorários de sucumbência, inclusive do trabalhador hipossuficiente.

Essas alterações implicaram, no curto prazo, não apenas a redução do número de ações, mas também a compressão dos valores das causas para patamares inferiores a quarenta salários mínimos. A inequívoca consequência é a de um maior congestionamento de procedimentos sumaríssimos, levando ao acréscimo na duração do tempo de processos de causas menores. A consequência é um maior custo precisamente desses processos que beneficiam aos trabalhadores menos favorecidos.

Ao que parece, a Lei nº 13.467/2017 procura eliminar esse custo, sacrificando o acesso à Justiça dos trabalhadores que não possuem recursos.

Confrontam-se, sem dúvida, valores humanos e existenciais de brasileiros carentes, com custos orçamentários e, mesmo, empresariais.

---

[272] BALTAR, 2011, p. 149.
[273] Em 2008 foram ajuizadas 1.918.049 ações trabalhistas, enquanto em 2017, 2.648.463. Disponível em: http://www.tst.jus.br/documents/18640430/5ac94b1d-b820-401f-bfbb-8a3f7c31ac4e. Acesso em: 27 jul. 2019.

Percebe-se, facilmente, o perigoso efeito que a Lei nº 13.467/2017 procura proporcionar ao acesso à Justiça, sobretudo, dos trabalhadores mais pobres.

3.1.2 Orçamento e estrutura da Justiça do Trabalho

Há décadas políticos vinculados a setores empresariais propugnam pela extinção da Justiça do Trabalho. Atribuem à Justiça do Trabalho responsabilidades por problemas relacionados à falta de desenvolvimento e estagnação econômica.[274]

Em 30.03.1999, o Portal de Notícias do Senado Federal publicou a seguinte matéria: "O presidente do Senado, Antonio Carlos Magalhães, defendeu na manhã desta quarta-feira (dia 3) o fim do TST (Tribunal Superior do Trabalho) e de toda a Justiça do Trabalho, que é anacrônica e não pode existir em um país que quer se desenvolver".

Durante pronunciamento na Comissão de Trabalho, de Administração e Serviço Público da Câmara dos Deputados, no dia 25.07.2016, o Deputado Nelson Marchezan Júnior, do Rio Grande do Sul, sugeriu: "Fechem a Justiça do Trabalho. Paguem todas as demandas trabalhistas. Sobra dinheiro. Acaba com a extorsão de empresários, com a espera de anos do trabalhador, e com essa burocracia destruidora do país".[275]

O presidente da Câmara dos Deputados, Rodrigo Maia, disse em 09.03.2017 que a "Justiça do Trabalho não deveria existir".[276]

Ao longo de entrevista concedida em 04.01.2019, o Presidente da República eleito, Jair Bolsonaro, afirmou que "pode vir a discutir o fim da Justiça do Trabalho".[277]

As declarações de políticos e parlamentares coincidem com a gradativa redução do orçamento da Justiça do Trabalho.

---

[274] Disponível em: https://www12.senado.leg.br/noticias/materias/1999/03/03/acm-defende-fim-da-justica-do-trabalho. Acesso em: 26 jul. 2019.

[275] Disponível em: https://www.youtube.com/watch?v=j0v_ZjUWLFY. Acesso em: 28 jul. 2019.

[276] Disponível em: https://revistaforum.com.br/rodrigo-maia-diz-que-justica-do-trabalho-nao-deveria-nem-existir/. Acesso em: 28 jul. 2019.

[277] Disponível em: https://exame.abril.com.br/economia/bolsonaro-quer-discutir-fim-da-justica-do-trabalho-e-aprofundar-reforma/. Acesso em: 28 jul. 2019.

CAPÍTULO 3
OBSTÁCULOS AO ACESSO EFETIVO À JUSTIÇA PELO TRABALHADOR | 103

Observe-se o período de 2014 a 2017[278] para análise comparativa. Em 2014, as despesas totais da Justiça do Trabalho representaram em torno de R$14,2 bilhões, crescimento de 1,4% em comparação com 2013, e proporção de 20% do orçamento total do Poder Judiciário,[279] "a um custo pelo serviço de justiça de R$70 por habitante". Em contrapartida, os "cofres públicos receberam cerca de R$2,8 bilhões em decorrência da atividade jurisdicional durante o ano de 2014, o que representou um retorno financeiro na ordem de 19% das despesas efetuadas.[280]

Em 2015, as despesas da Justiça do Trabalho totalizaram cerca de R$16,5 bilhões, acréscimo de 4,9% comparativamente a 2014, correspondendo a 20,8% do orçamento total do Poder Judiciário,[281] "a um custo pelo serviço de justiça de R$80,64 por habitante". Em compensação, "os cofres públicos receberam em decorrência da atividade jurisdicional durante o ano de 2015 cerca de R$2,7 bilhões, o que representou um retorno da ordem de 16,3% das despesas efetuadas".[282]

Em 2016, a despesa total da Justiça do Trabalho foi de pouco mais de R$17 bilhões, aumento aproximado de 3,20% em relação a 2015, equivalente a 20,09% do orçamento total do Poder Judiciário, com custo por habitante de R$82,72. A Justiça do Trabalho, por outro lado, arrecadou, ao longo de 2016, em torno de R$3,5 bilhões, equivalente a 20% de suas despesas.[283]

---

[278] No momento da realização dessa pesquisa, o CNJ ainda não havia sido divulgado o relatório de 2018.

[279] Excluídos os Tribunais Superiores que consumiram 4,3%. Os demais ramos do Poder Judiciário tiveram a seguinte parcela do orçamento total: Justiça Estadual: 55%, Justiça Federal: 12,7%, Justiça Eleitoral: 7%; Justiça Militar Estadual: 0,2% (Disponível em: https://www.cnj.jus.br/pesquisas-judiciarias/justicaemnumeros/2016-10-21-13-13-04/pj-justica-em-numeros. Acesso em: 29 jul. 2019).

[280] Disponível em: https://www.cnj.jus.br/pesquisas-judiciarias/justicaemnumeros/2016-10-21-13-13-04/pj-justica-em-numeros. Acesso em: 28 jul. 2019.

[281] Excluídos os Tribunais Superiores que consumiram 4,2%. Os demais ramos do Poder Judiciário tiveram a seguinte parcela do orçamento total: Justiça Estadual: 56,4%, Justiça Federal: 12,6%, Justiça Eleitoral: 5,8%; Justiça Militar Estadual: 0,2% (Disponível em: https://www.cnj.jus.br/pesquisas-judiciarias/justicaemnumeros/2016-10-21-13-13-04/pj-justica-em-numeros. Acesso em: 29 jul. 2019).

[282] Disponível em: https://www.cnj.jus.br/files/conteudo/arquivo/2016/10/b8f46be3dbbff344931a933579915488.pdf. Acesso em: 28 jul. 2019. Negrito no original.

[283] Disponível em: https://www.cnj.jus.br/files/conteudo/arquivo/2017/12/b60a659e5d5cb79337945c1dd137496c.pdf. Acesso em: 28 jul. 2019.

Em 2017, a despesa total da Justiça do Trabalho foi de R$18,2 bilhões, acréscimo em torno de 6,80% em comparação a 2016, importe de 20,12% do orçamento total do Poder Judiciário, com custo por habitante de R$88,04. Em compensação, a Justiça do Trabalho arrecadou, no mesmo ano, em decorrência da atividade jurisdicional, R$3,7 bilhões, correspondente a 20% das despesas realizadas.[284]

As despesas da Justiça do Trabalho, como do Poder Judiciário em geral,[285] são, ano a ano, crescentes, o que resulta, em certa medida, também, do aumento de litigiosidade.

Alguns estudos, no entanto, mostram algumas particularidades do caso brasileiro, em comparação a outros países.[286]

Um dado comparativo importante corresponde à despesa do Poder Judiciário com o percentual do PIB. A partir de uma média aproximada, com dados publicados entre 2007 e 2014, Luciano Da Ros apresentou o seguinte quadro:[287]

Espanha	=	0,12%
Argentina	=	0,13%
EUA	=	0,14%
Inglaterra	=	0,14%
Itália	=	0,19%
Colômbia	=	0,21%
Chile	=	0,22%
Portugal	=	0,28%
Alemanha	=	0,32%
Venezuela	=	0,34%
Brasil	=	**1,30%**

---

[284] Disponível em: https://www.cnj.jus.br/files/conteudo/arquivo/2018/09/8d9faee7812d35a58cee3d92d2df2f25.pdf. Acesso em: 28 jul. 2019.

[285] De 2014 a 2017, as despesas anuais do Poder Judiciário brasileiro, cresceram de R$68,4 a R$90,8 bilhões, ou seja, em torno de 24,5%.

[286] Os dados correspondem a totalidade de cada Poder Judiciário, sem divisão por ramificações.

[287] ROS, 2015.

Outros dados importantes apresentados pelo mesmo estudo correspondem ao número de magistrados e de servidores do Poder Judiciário, por 100.000 habitantes.
Em relação aos magistrados, por 100.000 habitantes:

Inglaterra	=	3,8
Chile	=	5
Venezuela	=	6,8
Brasil	=	**8,2**
Colômbia	=	10,4
Itália	=	10,6
EUA	=	10,8
Espanha	=	11,2
Argentina	=	11,4
Portugal	=	19,2
Alemanha	=	24,7

A proporção de servidores do Poder Judiciário por 100.000 habitantes:

Inglaterra	=	30,6
Itália	=	40,5
Colômbia	=	41,6
Chile	=	42,1
Portugal	=	58,3
Alemanha	=	66,9
Argentina	=	150
Brasil	=	205

Luciano Da Ros constata que o orçamento do "Poder Judiciário brasileiro é muito provavelmente o mais alto por habitante dentre os países federais do hemisfério ocidental", mas que o número de "magistrados existente no Brasil não se presta a explicar por que a despesa com o seu Poder Judiciário é tão destoante em relação à dos demais países".[288]

---

[288] ROS, 2015.

Da Ros afirma que existem vários fatores possíveis para compreender a razão do custo do sistema judiciário brasileiro ser tão maior do que o de países europeus, latino e norte-americanos. Indica, dentre esses fatores, o "legado de instituições autoritárias, o longo período de incerteza jurídica derivado do cenário de sucessivas crises econômicas das décadas de 1980 e 1990, e as abissais desigualdades socioeconômicas existentes". Observa, contudo, que países sul-americanos que enfrentaram problemas semelhantes, em períodos correspondentes, não demandam atualmente o mesmo custo. Por outro lado, salienta que, no período de transição para a democracia, um grande esforço foi feito "para assegurar um elevado grau de independência ao Poder Judiciário e ao Ministério Público no Brasil, inclusive no que se refere às suas autonomias orçamentárias". O efeito dessa autonomia, prossegue o professor da UFRS, conquanto tenha sido bastante benéfico para a composição de um Poder Judiciário reconhecido como um dos mais influentes na América Latina, cujas decisões são respeitadas pelos mais importantes setores da sociedade brasileira, incluindo os principais grupos políticos e econômicos, provavelmente tenha atingido um patamar além do desejável.

Da Ros assevera que "uma enorme indústria do setor jurídico se formou durante as últimas décadas ao redor do funcionamento do Poder Judiciário brasileiro, tanto no âmbito da própria administração pública (ex.: polícias, sistema carcerário, tribunais de contas, tribunais administrativos, tabelionatos etc.), quanto no âmbito privado de litigância (advocacia, faculdades de direito, consultorias, mediação e arbitragem).[289]

O art. 99 da Constituição brasileira de 1988 consagrou importante prerrogativa ao Poder Judiciário, com objetivo de garantir sua independência: autonomia administrativa e financeira. Significativo avanço, pois nenhuma das Constituições brasileiras anteriores havia previsto ao Poder Judiciário prerrogativa dessa monta, o que se explica pelas afrontas que o próprio Poder Judiciário havia sofrido do Poder Executivo durante os períodos de ditadura.[290]

---

[289] Em 2015 havia mais de 1.100 cursos de Direito no Brasil, gerando aproximadamente 95 mil bacharéis por ano, como também cerca de 880 mil advogados registrados junto à OAB para prestação de serviços de mediação e arbitragem (ROS, 2015).

[290] Um exemplo significativo é o art. 5º, §2º do AI-5, que impedia a apreciação pelo Poder Judiciário das medidas de segurança previstas no próprio ato, dentre os quais o direito de

Criaram-se, ao longo de trinta anos (1988-2018), em cada tribunal – noventa e um tribunais no Brasil ao todo[291] além dos três ramos do ministério púbico (federal, estadual e do trabalho) –, estruturas administrativas gigantescas, que compreendem desde áreas de engenharia, médica, psicologia, imprensa, escolas, recursos humanos, licitação e até museus.

Cada uma dessas áreas possui sua razão e importância no âmbito de cada tribunal. Sem a área de engenharia, por exemplo, as instalações das varas que atendem diretamente a população, provavelmente, estariam sucateadas, o que ocorreria se as construções e reparos dependessem de decisões do Poder Executivo, com critérios muito mais políticos que técnicos.

Ocorre que setores e cargos foram sendo criados no âmbito de cada tribunal, com estrutura semelhante na esfera do Ministério Público. Cargos públicos foram criados e assumidos por engenheiros, médicos, psicólogos e técnicos em geral, com estruturas de cargos e carreiras próprias que se tornaram necessários para a manutenção dessa estrutura.

Do orçamento total do Poder Judiciário, observa-se que a despesa com pessoal permanece, há mais de uma década, constante, em torno de 90% do orçamento total do Poder Judiciário.[292]

A tendência, em um primeiro momento, é atribuir a responsabilidade por essa impressionante estrutura, e gastos monumentais, aos servidores. Um olhar para dentro do problema vai permitir que se constate que a estrutura existente, inclusive o significativo número de servidores, existe em razão de um direito processual que instiga e promove a recorribilidade das decisões e percorre um infindável número de instâncias recursais.

---

ir e vir (Disponível em: http://www.planalto.gov.br/ccivil_03/AIT/ait-05-68.htm. Acesso em: 29 jul. 2019).

[291] O STF e 4 tribunais superiores; 5 TRFs; 27 tribunais de justiça; 27 tribunais eleitorais; 24 tribunais do trabalho; e 2 tribunais militares (http://www.cnj.jus.br/poder-judiciario/portais-dos-tribunais).

[292] Série histórica de percentual de gastos com pessoal em relação ao orçamento total anual do Poder Judiciário: 2009: 90,1%, 2010: 89,5%, 2011: 89,7%, 2012: 88,8%, 2013: 89,8%, 2014: 89,5%, 2015: 89,5%, 2016: 90,1%, 2016: 90,5% (https://www.cnj.jus.br/files/conteudo/arquivo/2018/09/8d9faee7812d35a58cee3d92d2df2f25.pdf. Acesso em: 29 jul. 2019).

3.2 Obstáculos processuais

3.2.1 Excesso de recursos e instâncias recursais

No processo civil, em princípio, cabem nove espécies de recursos,[293] enquanto o processo do trabalho, oito.[294]

Ao longo de um único processo, contudo, é possível, por cada parte, a interposição da mesma espécie de recurso mais de uma vez, como, por exemplo, os embargos declaratórios que podem ser interpostos contra as decisões de todas as instâncias, desde a primeira até a quarta e última (STF). O agravo de instrumento, da mesma forma, é recurso que pode ser utilizado contra mais de uma decisão no mesmo processo.

Além disso, os recursos podem ser interpostos tanto durante o processo de conhecimento, quanto na execução.

Assim, um mesmo processo pode receber dezenas de recursos até que, ao fim e ao cabo, seja possível atender ao interesse do jurisdicionado com uma decisão final para dar, de forma justa, a cada um o que é seu.

Além de diversos recursos, observa-se que a lei brasileira permite às partes submeter a respectiva demanda a diversas instâncias.

No processo do trabalho, são quatro instâncias possíveis: Vara do Trabalho, TRT, TST e STF.

No TRT o mesmo processo pode subir duas vezes: durante o processo de conhecimento as partes podem interpor recurso ordinário; na execução, agravo de petição.

No TST, o mesmo processo pode transitar em diferentes seções.

---

[293] De acordo com o art. 944 do CPC existem 9 espécies de recursos: apelação, agravo de instrumento, agravo interno, embargos de declaração, recurso ordinário, recurso especial, recurso extraordinário, agravo em recurso especial ou extraordinário e embargos de divergência. O art. 997, §1º também prevê o recurso adesivo cabível na apelação, recursos extraordinário e recurso especial.

[294] Cabem os seguintes recursos no processo do trabalho: recurso ordinário (CLT, art. 895); recurso de revista (CLT, art. 896); embargos de declaração (CLT, art. 897-A); agravo de instrumento (CLT, art. 897, "b"); agravo de petição (CLT, art. 897, "a"); recurso adesivo (CPC, art. 997, §1º); embargos no TST (Lei 7.701/1988, arts. 2º, inciso II, "c" e 3º, inciso III, "b"; CLT, art. 894); recurso extraordinário (Constituição, art. 102, §3º; CLT, art. 893, §2º).

O recurso de revista em dissídio individual entra no TST por uma de suas turmas. Se a decisão que julgar o recurso de revista for divergente de outra, da própria ou de outra turma, ou ainda de decisão proferida pela Seção de Dissídios Individuais, ou também contrária a súmula ou orientação jurisprudencial do próprio TST ou súmula vinculante do STF, caberão embargos de divergência à Seção de Dissídios Individuais (CLT, art. 894, inciso II).

Dessa singela e breve exposição sobre recursos e instâncias processuais, são necessárias duas abordagens. A primeira relativa à estrutura e o respectivo custo para estabelecer as trilhas e as paragens desse ávido processo. A segunda, quem se beneficia e quem é prejudicado pelos excessos de recursos e instâncias recursais no Brasil.

A primeira análise é complementar ao que foi exposto no item precedente, acerca do orçamento e estrutura do Poder Judiciário brasileiro.

Para se julgarem tantos recursos em tantas instâncias são necessários, além de magistrados, também muitos servidores, instalações e equipamentos. Por isso, 90% do orçamento total do Poder Judiciário é destinado apenas para pagamento de pessoal. O restante é reservado para despesas correntes com manutenção, e também investimentos em melhoria de instalações, modernização de equipamentos e outras necessidades.

A segunda abordagem refere-se aos beneficiários e prejudicados pelo sistema judiciário brasileiro. Apenas a pessoa, física ou jurídica, que dispõe de tempo e dinheiro consegue litigar, utilizando o leque de recursos e de instâncias recursais disponibilizados pela lei brasileira.

O tempo que possui a pessoa para dispor do bem jurídico reclamado em juízo, evidentemente não é o mesmo do trabalhador despatrimonializado e desempregado que, em geral, reclama o salário necessário à sua subsistência e a de seus dependentes. Esse trabalhador, muito provavelmente, será forçado, pelas evidências, a abrir mão de parte de seus direitos, por meio de conciliação, porque sua existência não suportará o tempo que o litigante mais forte pode comportar.

Esse mesmo trabalhador seguramente não disporá do dinheiro necessário para manter, ao longo de anos, as despesas do processo, com advogados bem preparados e caros, com grande mobilidade para acompanhar audiências em diversas e distantes cidades e também para manter atuação eficiente em julgamentos em Brasília.

Algumas modificações legislativas poderiam contribuir para a diminuição do tempo de duração do processo trabalhista e, ainda, redução da cara estrutura dos tribunais.

A primeira, o aumento da alçada – de dois para dez salários mínimos – nas causas em que se prevê a irrecorribilidade das sentenças.

A segunda, limitação dos recursos a matérias exclusivamente de direito – excluindo as questões fáticas – em causas de valor inferior a quarenta salários mínimos.

Um fenômeno importante constatado por Boaventura de Sousa Santos parece comum em diversos países: largos estratos da advocacia organizam e rentabilizam a sua atividade com base na demora dos processos e não apesar dela.[295]

3.2.2 Dificuldade probatória do trabalhador

A prova é uma das formas por meio da qual o juiz formula o seu convencimento sobre os fatos relativos ao processo. "Objeto da prova são os fatos", afirma Egas Moniz de Aragão.[296]

Para a ciência, em que se busca a evidência dos fatos, o juiz, ao julgar uma questão, em tese, não poderia conservar a menor dúvida acerca da verdade dos fatos. No entanto, essa hipótese levaria ao *non liquet*, ou seja, "o julgador se negaria a sentenciar por não se sentir habilitado, dada a ausência de prova",[297] o que geraria incontáveis prejuízos à sociedade, não apenas ao custo do processo, mas, também, à insegurança, decorrente da falta de certeza acerca das relações sociais controvertidas, além de violar o princípio da indeclinabilidade da jurisdição.

Para evitar essa situação, a lei adota a teoria do ônus da prova, segundo a qual, ausente prova que permita ao juiz formar seu

---

[295] SANTOS, 2010, p. 169.
[296] ARAGÃO, 1994, p. 60.
[297] ARAGÃO, 1994, p. 86.

convencimento, deverá, mesmo assim, julgar contrariamente ao interesse daquele a quem incumbia a produção da prova, e não o fez, ou produziu prova insuficiente para o resultado pretendido.[298]

Saliente-se, contudo, que além de o ônus da prova nortear a atividade do julgador – tratando-se, portanto, de regra de julgamento –, também permite às partes, antecipadamente, organizar a estratégia probatória, concentrando-se nas provas relativas ao seu ônus – trata-se, também, de regra de procedimento.[299]

Pois bem. A regra do art. 818, incisos I e II da CLT (com redação dada pela Lei nº 13.467/2017) consagra a teoria estática de distribuição do ônus da prova. De fato, cada litigante já tem conhecimento, quando ingressa em juízo, de qual ônus lhe incumbe no tocante à matéria probatória.[300] De fato, como regra geral, caberá ao reclamante o ônus de provar os fatos constitutivos do direito alegado, enquanto ao reclamado, os fatos extintivos, modificativos e impeditivos.

A partir, exclusivamente, dessa teoria, entretanto, inexiste qualquer elemento que autorize uma otimização da produção da prova em situações em que uma das partes teria maior facilidade de obter a prova.[301]

Essa concepção está relacionada aos valores consagrados pelas revoluções burguesas da segurança jurídica e de igualdade formal entre as partes no processo, de modo que, já se sabe, de antemão, a regra de distribuição de ônus probatório fixado por lei, desprezando-se peculiaridades subjetivas das partes, sobretudo em relação ao acesso à prova.[302]

Trata-se, portanto, de regra de julgamento, pois quando as provas não tiverem sido produzidas ou se mostrarem insuficientes, o juiz irá julgar contrariamente ao interesse da parte sobre a qual recaíra o ônus.[303] Ou seja, apenas ao julgar o processo é que o juiz aplicará a teoria do ônus da prova.

---

[298] ARAGÃO, 1994, p. 86.
[299] WAMBIER; TALAMINI, 2013, p. 506.
[300] SANTOS, 2012, p. 616.
[301] SANTOS, 2012, p. 616.
[302] SANTOS, 2012, p. 616.
[303] CAMBI, 2006, p. 320.

A dificuldade de se desincumbir do ônus probatório é, normalmente, importante obstáculo de acesso do trabalhador à Justiça. O trabalhador, muitas vezes, não tem acesso a documentos importantes da relação de emprego, tais como recibos salariais, cartões-ponto, dentre outros. Os colegas que ainda trabalham para o reclamado não testemunham pelo receio de perder o emprego. Outros se mudaram ou desconhecem os fatos.

Há casos em que o desequilíbrio da relação jurídica havida entre as partes é ainda tão grande que impacta diretamente no processo, tornando extremamente difícil ou impossível o exercício do direito à prova, a partir dos critérios da teoria estática, gerando decisões injustas.

Nesse sentido, é importante a ressalva feita por Eduardo Cambi, de que "o ônus da prova, na perspectiva da instrumentalidade do processo, não pode servir para inviabilizar a tutela dos direitos materiais".[304]

Essa dificuldade foi percebida nas relações de consumo, o que fez com que o legislador criasse um sistema diferenciado por meio do inciso VIII do art. 6º CDC, que autoriza ao juiz inverter o ônus da prova, a favor do consumidor, "quando for ele hipossuficiente, segunda as regras ordinárias de experiências".

Cuida-se da aplicação da "teoria dos fatos normais e extraordinários", de forma que o ordinário se presume, enquanto o extraordinário deve ser provado.[305]

A técnica de inversão do ônus da prova, desse modo, a partir das máximas de experiência e da garantia constitucional do contraditório e da ampla defesa, permite que a parte hipossuficiente (aquela desprovida de condições técnicas de provar um fato que poderia mais facilmente ser provado pela outra parte), obtenha a prestação jurisdicional.[306]

No processo do trabalho, o exemplo paradigmático é o da Súmula nº 338, III do TST, segundo a qual se considera normal que os registros de ponto demonstrem horários variáveis de entrada e saída, e, extraordinário, que os registros espelhem horários invariáveis.

---

[304] CAMBI, 2006, p. 335.
[305] CAMBI, 2006, p. 320.
[306] CAMBI, 2006, p. 336.

Presume-se, por conseguinte, que os cartões-ponto que apresentem horários de entrada e saída uniformes são inválidos, invertendo-se o ônus da prova, relativo à jornada de trabalho, que passa a ser do empregador.

Nesse exemplo, por força do art. 333, I, do CPC, o ônus de provar o horário extraordinário trabalhado, em princípio, é do autor, pois fato constitutivo do direito às horas extras. Caso, no entanto, os registros de ponto apresentados possuam horários invariáveis, presume-se que são inválidos, passando o ônus de provar o horário trabalhado do empregado para o empregador.

Outro caso interessante, no âmbito do processo do trabalho, e reconhecido pela Súmula nº 443 do TST, ocorre na hipótese do empregado que vive com o vírus HIV ou com outra doença grave que suscite estigma ou preconceito e é dispensado sem justa causa. Tem-se – lamentavelmente – que o normal é que o empregador, quando sabe que seu empregado vive com o vírus HIV, dispense-o exatamente pelo fato de ser portador da doença estigmatizante. Assim, presume-se que toda a dispensa, sem justa causa, de empregado que vive com HIV é discriminatória. De acordo com a regra do art. 818, da CLT, em princípio, o ônus da prova seria do empregado, já que o fato constitutivo do seu direito à reintegração seria a prova da discriminação, ou seja, de que o único fato que motivou a dispensa foi a doença. Trata-se, no entanto, de *prova diabólica*, visto que extremamente difícil de ser produzida pelo empregado. Por isso, a presunção referida permite a inversão do ônus da prova, de modo que passa a ser do empregador o ônus de provar que dispensou o empregado que vive com HIV por razão diversa da doença – econômica ou financeira, por exemplo.

Há outros casos de discriminação, no âmbito da relação de emprego – como, por exemplo, em relação ao gênero e à raça – em que não se costuma inverter o ônus da prova, embora se trate de prova extremamente difícil ou praticamente impossível de ser produzida por parte do trabalhador. Para esses, entende-se possível a adoção da teoria da carga dinâmica do ônus da prova, prevista no §1º do art. 818 da CLT.

Existe grande dificuldade de tratar da discriminação do trabalhador no Brasil, seja porque aquele que oferece emprego não é obrigado a justificar porque contratou Pedro, e não Maria, e, ainda, ante o entendimento dominante de que a dispensa sem justa causa do empregado é direito potestativo do empregador, de forma que não necessita qualquer motivação.

O empregador, ante a ampla liberdade de contratar e dispensar seus empregados,[307] não vê necessidade de justificar a não contratação de determinado trabalhador, nem, tampouco, de motivar a dispensa sem justa causa; o controle sobre a discriminação, em tese, torna-se impossível ou muito difícil.

Haveria, nesse contexto, um ônus do trabalhador discriminado de provar que o empregador agira com culpa. Esse entendimento ainda decorre da aplicação do amplo predomínio da teoria estática.[308]

Cuida-se, evidentemente, de "prova diabólica", ou seja, daquela impossível de ser produzida. Em um contexto de que a dispensa sem justa causa do empregado, sem motivação, é lícita, a demonstração de que a motivação da rescisão contratual foi ato discriminatório é praticamente inviável, equivalente à inexistência do direito; suporia investigação sobre a intenção do empregador no momento da dispensa, o que implicaria análise subjetiva e impossível.

A partir da ideia de que a distribuição do ônus da prova, conforme a teoria estática, quando absolutamente inviável, equivaleria à própria inexistência do direito, é que se admite a aplicação do §1º do art. 818 da CLT.[309]

---

[307] Existem exceções no tocante à dispensa de trabalhadores detentores de estabilidades especiais, tais como gestante, acidentado, membro de CIPA e dirigente sindical.
[308] EMENTA 1: DISPENSA DISCRIMINATÓRIA. INDENIZAÇÃO POR DANOS MORAIS. Por se tratar de fato constitutivo do direito postulado (art. 818 da CLT e 373 do CPC), compete ao empregado demonstrar que a sua dispensa foi discriminatória, em virtude de doença não enquadrada na *ratio decidendi* da Súmula 443 do TST. Não tendo ele cumprido com o ônus que lhe competia, é inviável o alcance de qualquer indenização. (BRASIL,TRT12 – RO – 0000457-19.2017.5.12.0053 , Rel. ROBERTO LUIZ GUGLIELMETTO , 1ª Câmara , Data de Assinatura: 17.07.2019). Disponível em: www.trt12.jus.br. Acesso em: 29 jul. 2019.
EMENTA 2: DISPENSA DISCRIMINATÓRIA. CARACTERIZAÇÃO. Discriminação no âmbito das relações de emprego consubstancia-se na diferença de tratamento baseada em motivo proibido, com objetivo ou efeito que contraria a garantia de isonomia do trabalhador, bem como o princípio da não-discriminação (inciso IV, art. 3º da CF). A prova dos autos não revelou sua existência no caso epigrafado, ônus que competia a reclamante, a teor dos artigos 818, da CLT e 373, I, do CPC, do qual não se desincumbiu a contento. Recurso ordinário a que se nega provimento. BRASIL, *TRT-2*, 1002074-57.2017.5.02.0705 (ROPS), 8ª T., Rel. Celso Ricardo Peel Furtado de Oliveira, Publ. 25.10.2018. Disponível em: www.trtsp.jus.br. Acesso em: 29 jul. 2019.
[309] Dispõe o Art. 818, §1º da CLT: "Nos casos previstos em lei ou diante de peculiaridades da causa relacionadas à impossibilidade ou à excessiva dificuldade de cumprir o encargo nos termos deste artigo ou à maior facilidade de obtenção da prova do fato contrário,

A teoria dinâmica do ônus da prova viabiliza juridicamente a corrente de pensamento de que "a prova incumbe a quem tem melhores condições de produzi-la, à luz das circunstâncias do caso concreto. Em outras palavras: prova quem pode".[310]

Na técnica da distribuição dinâmica, o juiz, diante das peculiaridades da causa, relacionadas à impossibilidade ou à excessiva dificuldade de a parte cumprir o ônus que, em princípio, lhe incumbiria, atribui o ônus de modo diverso, mediante decisão fundamentada.

A aplicação dessa teoria justifica-se para casos que fogem da normalidade, para os quais a aplicação da teoria clássica atentaria contra princípios basilares do direito processual e do próprio Estado de Direito, tais como o acesso à Justiça e a paridade entre as partes.

Trata-se de regra que se encontra em sintonia com o direito fundamental de acesso à Justiça.

3.3 Obstáculos socioculturais

3.3.1 Desconhecimento dos direitos

Um dos mais importantes obstáculos ao acesso à Justiça é a dificuldade de os cidadãos mais desfavorecidos reconhecerem um problema que os afeta como sendo um problema jurídico. Podem tanto desconhecer os direitos em risco, quanto as possibilidades de reparação jurídica. Mesmo que ainda reconheçam o problema como violação de um direito, os "dados mostram que os indivíduos das classes baixas hesitam muito mais que os outros em recorrer aos tribunais, mesmo quando reconhecem estar perante um problema legal".[311]

Trata-se de problema universal, potencializado em países periféricos, como o Brasil, pelo alto índice de analfabetismo.

Em 2018, o Brasil tem, pelo menos, 11,3 milhões de analfabetos, equivalente a 6,8% da população com mais de 15 anos. Os índices de

---

poderá o juízo atribuir o ônus da prova de modo diverso, desde que o faça por decisão fundamentada, caso em que deverá dar à parte a oportunidade de se desincumbir do ônus que lhe foi atribuído".

[310] CAMBI, 2006, p. 336.
[311] SANTOS, 2010, p. 170.

analfabetismo, entretanto, são desiguais entre as regiões brasileiras. No Nordeste, o analfabetismo chega a 16%, enquanto no Sul, a 3,5%.[312]

O índice de analfabetismo funcional – ocorre quando a pessoa sabe ler e escrever, mas é incapaz de entender ou interpretar um texto que acabou de ler –, no entanto, em 2018 era de 29%, de forma que "apenas 7 entre 10 brasileiros e brasileiras entre 15 e 64 anos podem ser considerados Funcionalmente Alfabetizados".[313]

O desconhecimento dos próprios direitos pelos trabalhadores carentes é proporcional à pobreza da maioria da população brasileira.

A figura que mais simboliza essa realidade é a do trabalhador rural. Ao invés da escola, o trabalho. Incapazes de compreender a cláusula de um contrato e as consequências jurídicas de assinar documentos em branco. Moram e trabalham em localidades distantes de sindicatos, fóruns e prefeituras.

Nos centros maiores, os trabalhadores carentes que se encontram na informalidade, tais como serventes, pedreiros e ambulantes, são os mais próximos exemplos.

No caso dos direitos trabalhistas, o trabalhador sem recursos provavelmente desconhecerá seu enquadramento sindical e, por conseguinte, tampouco as normas coletivas das quais poderia se beneficiar.

A moldura delineada pela Lei nº 13.467/2017, ao adotar medidas de enfraquecimento dos sindicatos, como a necessidade de autorização prévia do trabalhador para o desconto em folha da contribuição sindical (CLT, art. 579), tende a esvaziar uma importante função dos sindicatos profissionais, que é a de informar e orientar os trabalhadores.

Debilitados os sindicatos a quem incumbiriam, inclusive, a assistência judiciária (Lei nº 5.584/1970, art. 14), o trabalhador permanece distante de seus direitos, mormente porque nossa sociedade não dispõe de "organismos, oficiais ou não, incumbidos da conscientização dos

---

[312] Disponível em: https://infograficos.gazetadopovo.com.br/educacao/taxa-de-analfabetismo-no-brasil/. Acesso em: 30 jul. 2019.

[313] Disponível em: https://especiais.gazetadopovo.com.br/wp-content/uploads/sites/19/2019/03/24082711/Inaf2018_Relato%CC%81rio-Resultados-Preliminares_v08Ago2018.pdf. Acesso em: 30 jul. 2019.

direitos e da importância da efetivação dos mesmos para a construção de uma sociedade democrática, bem como de uma política educacional que forme cidadãos aptos a reconhecer seus direitos".[314]

Mesmo trabalhadores mais instruídos têm dificuldade de compreender direitos relacionados ao meio ambiente, igualdade de tratamento em relação ao gênero, cor, idade, orientação sexual, deficiência, ou mesmo boa-fé contratual.

A consequência é que inúmeros direitos, amparados por lei ou norma coletiva, são violados diariamente sem que seus titulares consigam compreender o problema enquanto jurídico.

Existe, por outro lado, ainda, a dificuldade de se conhecer e contatar um advogado de confiança que possa devotar a atenção merecida à causa, dentre outras tantas que possa ter. De fato, muitas causas de valores pequenos não interessam à maioria dos advogados que mesmo que as assuma não se dedicam a elas.

O conjunto desses fatores impacta diretamente no acesso do trabalhador à Justiça.

3.3.2 Descrença no Poder Judiciário

No conto "Voluntário", de Inglês de Souza, publicado pela primeira vez em 1893, a personagem Rosa vê seu único filho, Pedro, ser recrutado forçadamente para lutar na Guerra do Paraguai. A velha viúva tapuia – descendente de indígenas – procura ajuda de um advogado conhecido que prontamente requereu *habeas corpus* em favor de Pedro. E mesmo ante a ordem do juiz, Pedro é enviado para a Guerra. O narrador e advogado mostra sua indignação com a postura do juiz de brandamente aceitar o descumprimento da ordem judicial pelo Governo:

> A indignação fez-me ultrapassar os limites da conveniência. Perguntei, irado, ao juiz como se deixara ele assim burlar pela polícia, expondo a dignidade do seu cargo ao menosprezo de um funcionário subalterno. Mas ele, sorrindo misteriosamente, bateu-me no ombro, e disse em tom paternal: – Colega, você ainda é muito moço. Manda quem pode. Não queira ser palmatória do mundo.

---

[314] MORALLES, 2006, p. 73.

E acrescentou alegremente:
— Olhe, sabe uma coisa? Vamos tomar café.[315]

A indignação da mãe aflita percorreu tempos e mentes, agravada por longos períodos ditatoriais em que a mão forte do Poder Executivo menoscabava a Justiça.

Por mais que haja exemplos de juízes que se opuseram à força de regimes totalitários, como foi o caso, no Brasil, do Juiz Federal Márcio José de Moraes, prolator da sentença – proferida em 25.10.1978, na vigência do AI-5 – que condenou a União a indenizar a família de Vladmir Herzog, por danos morais e materiais, sob o fundamento de que a prisão fora ilegal e na nulidade do laudo que atestara o suicídio,[316] a desconfiança da população em relação aos magistrados brasileiros tem ainda outras razões.

A primeira, o excesso de formalidade que torna a figura do magistrado sombria, o que é agravado, ainda, por um linguajar rebuscado e incompreensível. Expressões em latim ou termos indecifráveis ao cidadão comum não apenas destoam da realidade, mas caracterizam exercício de poder que distancia o juiz da parte. Chegou-se ao ponto de tramitar no Congresso Nacional, o PLC nº 7.448/2006, de autoria da Deputada Maria do Rosário, que alterava o CPC/1973 para constar como requisito essencial da sentença: "a reprodução do dispositivo da sentença em linguagem coloquial, sem a utilização de termos exclusivos da Linguagem técnico-jurídica e acrescida das considerações que a autoridade Judicial entender necessárias, de modo que a prestação jurisdicional possa ser plenamente compreendida por qualquer pessoa do povo". Esse PLC foi considerado prejudicado ante a aprovação do CPC de 2015, que não contemplou a ideia.[317]

A segunda, a própria distância física do magistrado em relação às partes durante as audiências e sessões de julgamento – atrás da mesa ou da bancada – pode dar a impressão ao leigo da medida do

---

[315] INGLÊS DE SOUZA, 2006, p. 43.
[316] Disponível em: https://www1.folha.uol.com.br/fsp/brasil/fc2310200519.htm. Acesso em: 30 jul. 2019.
[317] Disponível em: https://www.camara.leg.br/proposicoesWeb/prop_mostrarintegra;jsessionid=374E2AD2DE0F9BEF80FECFA27D1521D6.proposicoesWebExterno1?codteor=416293&filename=Tramitacao-PL+7448/2006. Acesso em: 30 jul. 2019.

(des)interesse do julgador ao caso julgado. A proximidade física, com troca de palavras e aperto de mãos, pode contribuir para superar a desconfiança da população nos juízes.

A terceira, a impressão que no Brasil, as causas não se resolvem às claras, mas nos insondáveis gabinetes dos magistrados e que os interesses prevalentes são sempre aqueles da elite poderosa. Por isso, Luciana Moralles afirma que o "alto grau de corrupção existente em todas as esferas da nossa sociedade, e em especial nas funções públicas, dificulta o acesso à justiça, no momento em que os litigantes desacreditam no conteúdo justo das decisões proferidas pelo Poder Judiciário".[318]

A quarta, anteriormente tratada, a demora na solução definitiva dos processos.

Tais fatos podem levar à "renúncia consciente ou inconsciente de direitos e à alienação da participação democrática dos cidadãos".[319]

3.4 Obstáculos psicológicos

3.4.1 Estigma do colaborador ingrato ou desleal

Para a CLT getulista o empregado ideal era aquele que guardava uma profunda fidelidade ao empregador.

A *fidelidade obreira* deveria se manifestar, exemplificativamente, por meio da proibição de negociar, de forma habitual, por conta própria ou alheia, sem a permissão do empregador,[320] de não se embriagar habitualmente,[321] de não praticar constantemente jogos de azar,[322] e, ainda, no caso do bancário, de não deixar de pagar, de forma contumaz, as dívidas que lhe fossem legalmente exigíveis.[323]

A fidelidade obreira ao empregador decorre da concepção comunitário-pessoal da relação de emprego, que, de acordo com

---

[318] MORALLES, 2006, p. 80.
[319] MORALLES, 2006, p. 73
[320] Art. 482, "c", da CLT.
[321] Art. 482, "f", da CLT.
[322] Art. 482, "l", da CLT.
[323] Art. 508 da CLT, revogado pela Lei nº 12.347/2010.

Teresa Coelho Moreira surgiu "na Alemanha nos inícios do séc. XX, teve como consequência mais imediata a transformação da ideia de boa-fé contratual, como correcto cumprimento das obrigações das partes, na fidelidade ou lealdade absoluta do trabalhador e num dever de proteção do empregador". A ideia de fidelidade, prossegue Teresa Coelho Moreira, passa a ser "medida de valoração do comportamento do trabalhador, estendendo a obrigação contratual para comportamentos realizados fora da empresa, impondo desta maneira inúmeros deveres acessórios de conduta e diminuindo, consequentemente, os direitos de liberdade dos trabalhadores".[324]

As mudanças nas formas de produção havidas no final do século XX, principalmente por meio do toyotismo, detonou "uma poderosa carga ideológica de envolvimento do operário", o que Giovanni Alves denominou de "captura da subjetividade do trabalhador". Alves destaca que o "caráter ideológico das novas práticas organizacionais sob o novo complexo de reestruturação produtiva pode ser constatado quando observamos, por exemplo, o novo treinamento dos operários que assumiu não apenas caráter técnico-operacional, mas sobretudo caráter comportamental (ou motivacional)". Salienta o autor que essas práticas explicitam "o seu sentido manipulatório (ou disciplinador), preocupando-se em despertar nos trabalhadores uma postura cooperativa com relação às estratégias gerenciais".

Procurou-se, ao longo do século XX e início do XXI, criar o perfil psicológico de um trabalhador – corrija-se para *colaborador* – que está permanentemente em débito com seu empregador, mesmo após a rescisão contratual. Esse débito é contraído historicamente pelo simples fato de o empregador *ter acolhido e ajudado o trabalhador*, por meio do fornecimento de trabalho e pagamento do salário.

Esse perfil psicológico idealizado encontra-se presente no pensamento, principalmente, de trabalhadores que não conseguem se ver como titulares da complexa gama de direitos fundamentais adquiridos historicamente pela humanidade.

São esses trabalhadores que mais facilmente se sujeitam a ambientes de trabalho assediadores e que encontram grande

---

[324] MOREIRA, 2004, p. 381-382.

dificuldade de levar à Justiça a violação de seus direitos, como se houvesse, no seu mais profundo íntimo, a estranha sensação de débito em relação ao empregador infrator.

3.4.2 Receio de informações desabonadoras e listas sujas

Situação que cria enormes obstáculos ao ingresso do trabalhador em juízo é o temor de uma possível conduta revanchista do reclamado, ex-empregador, de repassar informações desabonadoras do trabalhador a outras empresas, dificultando ou mesmo impedindo a obtenção de novo emprego.

São recorrentes situações em que o ex-empregador faz referências difamatórias de ex-empregados a empresas que potencialmente poderiam contratá-los,[325] ou, deliberadamente, anotam na CTPS existência de reclamação trabalhista, com o objetivo de estigmatizá-los frente ao mercado de trabalho.[326]

---

[325] EMENTA: DANOS MORAIS. INFORMAÇÕES DESABONADORAS SOBRE EX-EMPREGADO. RESPONSABILIDADE PÓS-CONTRATUAL. INDENIZAÇÃO. Os deveres anexos de conduta, pautados na cláusula geral de boa-fé objetiva que normatiza e vincula todo o sistema jurídico, especialmente o obrigacional, persistem na fase pós-contratual e obrigam as partes envolvidas no contrato. A conduta das partes deve se fundar em valores como confiança, colaboração, honestidade, lealdade e legalidade. Se depois de encerrado o contrato de trabalho o ex-empregador presta informações desabonadoras sobre ex-empregado, ao ser questionado sobre a sua conduta por potencial empregador, atenta contra a honra, dignidade e boa fama do trabalhador, além de dificultar a sua reinserção no mercado de trabalho. A conduta tem o potencial de acarretar danos morais e materiais, o que autoriza a responsabilização civil do causador dos danos e a fixação de indenização capaz de compensar pela ofensa, além de imprimir caráter pedagógico á indenização. Recurso do autor a que se dá provimento parcial para majorar o valor da indenização por danos morais. BRASIL, TRT-PR-13950-2013-003-09-00-7-ACO-27512-2015 – 2A. TURMA, Relator: MARLENE TERESINHA FUVERKI SUGUIMATSU, Publicado no DEJT em 25.09.2015. Disponível em: www.trt9.jus.br. Acesso em: 30 jul. 2019.

[326] EMENTA 1: DANO MORAL. ANOTAÇÃO DESABONADORA NA CTPS. REGISTRO DE AÇÃO TRABALHISTA MOVIDA PELO EMPREGADO. A anotação pela empresa na CTPS do trabalhador mencionando que fora lançada por determinação judicial, gera um estigma frente ao mercado de trabalho, portanto, traduzindo-se em prática discriminatória com danos à imagem e à moral do (ex)empregado, que enseja a compensação pecuniária (inciso V do art. 5º da CR/88 e art. 186 do CC). (BRASIL, TRT-17, 0000552-03.2018.5.17.0012 RO, 3ª T, Rel. Ana Paula Tauceda Branco, jul. 18 mar. 2019, publ. 26 mar. 2019). EMENTA 2: DANO MORAL. CARACTERIZAÇÃO. RETIFICAÇÃO DE ANOTAÇÃO DA CTPS NOTICIANDO RECLAMAÇÃO TRABALHISTA. LANÇAMENTO DE MÁ-FÉ COM INTUITO DE PREJUDICAR. EQUIPARAÇÃO À LISTA NEGRA. Caracteriza dano moral a retificação da CTPS da reclamante noticiando desnecessariamente decorrer de reclamação

Outra prática que gera temor ao trabalhador de cobrar seus direitos em justiça é ter seu nome incluído nas denominadas *listas negras* que são elaboradas por grupos constituídos com a finalidade de "recrutamento e seleção de funcionários para empresas diversas", com o objetivo de impedir o acesso ao mercado de trabalho dos trabalhadores que ajuizaram ação trabalhista.[327]

Inscreve-se, ainda, dentre as hipóteses que desestimulam o empregado de ingressar em juízo para buscar seus direitos é a própria vigência do contrato de trabalho. É comum o empregado, mesmo ciente da violação de seus direitos pelo empregador, deixar prescrever a respectiva pretensão, sabedor de que, caso os reclame, sofrerá graves represálias, muito provavelmente, a perda do emprego.[328]

---

trabalhista. Sentença mantida. BRASIL, TRT-8, RO 000745-77.2012.5.08.0012, 4ª T, Rel. Pastora do Socorro Teixeira Leal, julg. 28.09.2012. Disponível em: www.trt8.jus.br. Acesso em: 30 jul. 2019.

[327] EMENTA: INSERÇÃO DE NOME DO TRABALHADOR EM "LISTA NEGRA" – DANO MORAL CONFIGURADO – Reputa-se que a existência das denominadas "listas negras" em grupos empresariais dedicados ao processo de recrutamento e seleção de funcionários para empresas diversas, implica em dano ao trabalhador que tem seu nome nela incluído. A simples elaboração e propagação de tais listas constitui ato ilícito, posto que se constitui prática discriminatória repudiada no ordenamento jurídico pátrio. Portanto, não há que se falar na ausência de ato ilícito pelas reclamadas, e nem na inexistência de dano ao trabalhador. Sentença condenatória mantida. BRASIL, TRT-PR-01187-2009-091-09-00-8-ACO-38261-2011 – 5A. TURMA, Relator: NAIR MARIA RAMOS GUBERT, Publicado no DEJT em 23-09-2011. Disponível em: www.trt9.jus.br. Acesso em: 30 jul. 2019.

[328] EMENTA: DISPENSA DISCRIMINATÓRIA. RESCISÃO IMOTIVADA APÓS AJUIZAMENTO DE AÇÃO TRABALHISTA. A prova indiciária, a cada dia mais importante no contexto processual, compreende todo e qualquer rastro, vestígio ou circunstância relacionada com um fato devidamente comprovado, suscetível de levar, por inferência, ao conhecimento de outro fato até então obscuro. A inferência indiciária é um raciocínio lógico-formal, apoiado em operação mental, que, em elos, permite encontrar vínculo, semelhança, diferença, causalidade, sucessão ou coexistência entre os fatos que circundam a controvérsia. In casu, a dispensa do empregado logo após o ajuizamento de reclamatória trabalhista, aponta para a existência de abuso de direito por parte da empresa, que não se desincumbiu do ônus de comprovar suas alegações acerca da regularidade da rescisão contratual. No presente caso, ficou claro que o Autor foi dispensado, na figura jurídica "imotivada", todavia, a real motivação para a rescisão foi a retaliação ao fato de o trabalhador ter proposto reclamatória contra a empregadora, numa atitude da ré de abuso de direito (art. 187 do CC) e discriminatória, a partir do que surgiu para a Ré (art. 927, *caput*, do CC) o dever de indenizar o Autor pelos danos sofridos. BRASIL. TRT-3, (00188-2013-054-03-00-4 RO), 1ª T, Rel. Luiz Otavio Linhares Renault, Julg. 20.10.2016, Publ. 21.10.2016.

CAPÍTULO 4

ALTERNATIVAS AO ACESSO EFETIVO À JUSTIÇA DO TRABALHO EM FACE DA LEI Nº 13.467/2017

4.1 Gratuidade da justiça e assistência judiciária gratuita: uma visão constitucional

Nos sistemas ocidentais em geral, as custas e demais despesas processuais são atribuídas ao vencido.[329]

No sistema processual brasileiro o ônus da sucumbência é uma tradição desde as Ordenações Filipinas, incumbindo à parte vencida o pagamento das custas.[330]

Pode-se dizer que também veio das Ordenações Filipinas a primeira lei vigente no Brasil isentando pessoas pobres de pagamento de custas processuais.[331]

---

[329] Mauro Cappelletti e Bryant Garth indicam alguns países que impõem os ônus da sucumbência ao vencido: Austrália, Áustria, Bélgica, Canadá, Inglaterra, França, Alemanha, Holanda e Suécia. Notam os autores que alguns países como Colômbia, Itália, Espanha e Uruguai, embora adotem a regra da sucumbência, conferem ao juiz ampla discrição para distribuir as despesas entre as partes (CAPPELLETTI; GARTH, 2002, p. 17).

[330] Do Título LXVII do Livro III constava: "Da condenação das custas (1). Quando o Juiz der sentença final, em qualquer caso, de qualquer qualidade que seja, sempre condenará em custas, ao menos do processo, assi ao réo, que fôr vencido (2), como ao autor, quando o réo fôr absoluto, sem poder delas relevar cada huma das partes, postoque lhe pareça, que cada huma delas teve justa causa para litigar, salvo entre as pessoas, em que por bem das Ordenações não há custas. E das custas pessoas poderão ser escusas, se tiverem justa causa de litigar (3)" (Ordenações Filipinas. Livros II e III. Lisboa. Fundação Calouste Gulbenkian. Edição fac-símile, 1870, p. 670).

[331] Previa o Parágrafo 43 do Título XXIV do Livro I: E quanto ao pagamento dos feitos dos presos pobres, que na Casa da Supplicação per nova aução se tartare, ou per appellação, ou

Registre-se, contudo, que as primeiras regras produzidas efetivamente no Brasil isentando pessoas pobres do pagamento de causas processuais foram a Lei nº 261, de 3 de dezembro de 1841 e o Regulamento nº 120, de 31 de janeiro de 1842.[332]

Influenciado pelo aceso debate que era travado em solo europeu nos anos de 1870, Nabuco de Araújo, então presidente do Instituto dos Advogados do Rio de Janeiro, criou um conselho para prestar "assistência judiciária aos indigentes nas causas cíveis e criminais, dando consultas e encarregando a defesa dos seus direitos a algum dos membros do Conselho ou Instituto", o que se expandiu, em seguida, para outros estados da federação.[333]

A esse contexto histórico, principalmente ante o movimento "tenentista", pode-se creditar a previsão no art. 113, 32, da Constituição de 1934, do direito aos necessitados da *assistência judiciária*, que compreendia duas ordens de providências: "a isenção de emolumentos, custas, taxas e selos' e a imposição à União e aos Estados, de criarem 'órgãos especiais' para assisti-los".[334]

Percebia-se, à época, que tanto o ônus financeiro do processo – em especial, as custas –, quanto à assessoria jurídica, eram as principais barreiras ao acesso à Justiça das pessoas necessitadas; imprescindível que a ordem jurídica criasse mecanismos para superá-las.

Ressalte-se, portanto, que, pela primeira vez em que a expressão *assistência judiciária* apareceu em texto constitucional brasileiro, referiu-se "a duas dimensões distintas, se bem que complementares do fenômeno" – gratuidade e assessoria jurídica –,[335]

---

aggravo a ela vierem, se depois de finalmente serem desembargadores, os ditos presos, ou outrem por ells não tirarem suas sentenças até dous mezes, contados do dia da publicação, por dizerem, que são tão pobres, que não tem per onde pagar o salario aos Scrivães: mandamus ao Chanceller da Casa, que fazendo ells certo de sua pobrez, mande contar os feitos; e tudo o que se achar per conta, que os dittos presos deem aos Scrivães de seu salario, e ao Procurador dos pobres (se por ells procurou), lhes mande pagar ametade de seus salaries do dinheiro da Chancellaria da dita Casa (1). E per seus mandados fará o Recebedor da Chancellaria os pagamentos perante o Scrivão della, para lhe serem levados em conta, e para a outra ametade lhes ficará seu direito resguardado para a haverem dos dittos pobres, depois que tiverem per onde pagar" (Ordenações Filipinas. Livro I. Lisboa. Fundação Calouste Gulbenkian. Edição fac-simile, 1870, p. 344).

[332] MESSITTE, *Assistência judiciária no Brasil: uma pequena história*.
[333] ZANON, 1990, p. 12.
[334] MOREIRA, 1992.
[335] MOREIRA, 1992.

o que reapresentava significativa amplitude ao acesso à Justiça, principalmente para a época.

A Constituição de 1937, que revogara a de 34, representou um retrocesso no tocante ao acesso à Justiça, pois nada dispôs sobre esse direito.

O CPC/1939, sob a influência dos códigos oitocentistas, separou conceitualmente as duas dimensões da assistência judiciária previstas na Constituição de 1934.

A isenção das custas, honorários advocatícios e periciais, além das demais despesas do processo, o CPC/1939 denominou de *justiça gratuita*,[336] enquanto que *assistência judiciária* significou o patrocínio da causa.[337] À época do CPC/1939, ante a omissão da Constituição de 1937, inexistia qualquer relevância para a efetividade do acesso à Justiça, a distinção conceitual e terminológica realizada pelo legislador, pois, de qualquer forma, o acesso à Justiça, em última análise, dar-se-ia, por força da lei ordinária.

Alterou-se, esse enfoque, quando a Constituição de 1946 passou, novamente, a prever no art. 141, §35 que o "Poder Público, na forma que a lei estabelecer, concederá assistência judiciária aos necessitados".

Se, nos termos do CPC/1939, *assistência judiciária* correspondia apenas a assessoria jurídica ou patrocínio da causa, a conclusão inevitável era de que a garantia prevista na Constituição de 1946, não se estendia à isenção de custas e demais despesas processuais.

Ou seja, por força de uma interpretação restritiva da norma constitucional, e ante a disciplina legal já existente do CPC/1939, não se reconhecia como efeito da assistência judiciária gratuita, a isenção das custas e demais despesas processuais.

A alteração do tratamento da matéria veio por meio da Lei nº 1.060/1950, mas para ampliar novamente o conceito de *assistência judiciária* que passou a compreender isenção de taxas judiciárias, selos, emolumentos, custas, despesas com publicações,

---

[336] Disponível em: http://www.planalto.gov.br/ccivil_03/decreto-lei/1937-1946/Del1608.htm. Acesso em: 31 jan. 2019.

[337] Art. 106. "§2º Em caso de assistência judiciária ou de nomeação do advogado pelo juiz, será dispensada a outorga de mandato do assistido, não podendo, porém, o patrono, sem prévia autorização escrita do assistido, praticar os atos ressalvados no artigo 106".

indenizações devidas às testemunhas, honorários advocatícios e periciais.

A utilização dessas expressões como sinônimas, contudo, tornou-se praxe forense, embora parte da doutrina tenha se esforçado para conservar a terminologia do CPC/1939, atribuindo à Lei nº 1.060/1950 o demérito de gerar confusão conceitual.[338]

O CPC/1973 – alternando a sistemática do CPC/1939 – manteve o critério da Lei nº 1.060/1950, utilizando as expressões *justiça gratuita*[339] e *assistência judiciária*,[340] com o mesmo sentido.

No âmbito do processo do trabalho, os conceitos se confundiam, sobretudo quando da vigência da Lei nº 1.060/1950 que, de acordo com o art. 14 da Lei nº 5.584/1970, previa que na Justiça do Trabalho a *assistência judiciária* referida pela Lei nº 1.060/1950, deveria ser prestada pelo sindicato da categoria profissional a que pertencesse

---

[338] Artemio Zanon escreveu "A respeito do novo diploma legal – Lei nº 1.060 –, observam Moraes e Silva: 'Essa lei, que derrogou alguns artigos do Código de Processo Civil de 1939 e acrescentou novas prescrições às existentes, muito embora tivesse representado um passo adiante na evolução do sistema, confundiu, contudo, os conceitos técnico-jurídicos de justiça gratuita e assistência judiciária" (ZANON, 1990, p. 17-23). José Roberto de Castro, por sua vez, afirmava: "Os militantes do foro judicial, quase que como regra, empregam as expressões 'ASSISTÊNCIA JUDICIÁRIA' e 'JUSTIÇA GRATUITA' como sinônimas. É uma praxe forense que é admitida por todos: advogados, juízes, promotores e serventuários. O emprego das expressões como sinônimas, entretanto, não está correto, embora tal atitude, por si só, não acarrete prejuízos para o interessado" (CASTRO, 1987, p. 25). De acordo com Augusto Marcacini: "A palavra *assistência* tem o sentido de auxílio, ajuda. *Assistir* significa auxiliar, acompanhar, estar presente. *Assistência* nos traz a idéia de uma atividade que está sendo desempenhada, de uma prestação positiva. E, neste sentido, por assistência judiciária deve ser entendida a atividade de patrocínio da causa, em juízo, por profissional habilitado. A gratuidade processual é uma concessão do Estado, mediante a qual este *deixa de exigir* o recolhimento das custas e das despesas, tanto as que lhe são devidas como as que constituem crédito de terceiros. A isenção de custas não pode ser incluída no conceito de *assistência*, pois não há a prestação de um serviço, nem desempenho de qualquer atividade; trata-se de uma postura passiva assumida pelo Estado" (MARCACINI, 2003, p. 33).

[339] "Art. 19. Salvo as disposições concernentes à justiça gratuita, cabe às partes prover as despesas dos atos que realizam ou requerem no processo, antecipando-lhes o pagamento desde o início até sentença final; e bem ainda, na execução, até a plena satisfação do direito declarado pela sentença".
"Art. 687. O edital será afixado no local do costume e publicado, em resumo, com antecedência mínima de 5 (cinco) dias, pelo menos uma vez em jornal de ampla circulação local.
§1º A publicação do edital será feita no órgão oficial, quando o credor for beneficiário da justiça gratuita".

[340] "Art. 232. São requisitos da citação por edital: [...] §2º A publicação do edital será feita apenas no órgão oficial quando a parte for beneficiária da Assistência Judiciária"; "Art. 475-A. Quando a sentença não determinar o valor devido, procede-se à sua liquidação. [...] §3º Poderá o juiz valer-se do contador do juízo, quando a memória apresentada pelo credor aparentemente exceder os limites da decisão exequenda e, ainda, nos casos de assistência judiciária".

o trabalhador. O art. 14 da Lei nº 5.584/1970, a propósito, utilizava a expressão *assistência judiciária* tanto no sentido de "patrocínio de causa" como no de "gratuidade".

A despeito de importante doutrina processual trabalhista se esforçar parar diferenciar os conteúdos das expressões *assistência judiciária* e *justiça gratuita*,[341] a jurisprudência majoritária considerava-as sinônimas.[342]

Mesmo após a vigência da Lei nº 10.537/2002, que acrescentou o §3º ao art. 790 da CLT e atribuiu à expressão *justiça gratuita* o sentido de isenção das custas processuais e demais despesas processuais, prosseguiu-se a jurisprudência trabalhista empregando-as com o mesmo sentido.

A mudança mais importante veio com a Constituição de 1988. De acordo com o art. 5º, inciso LXXIV "o Estado prestará assistência jurídica integral e gratuita aos que comprovarem insuficiência de recursos".

Parece inequívoco que a Constituição de 1988 sinalizou para um outro patamar de tutela de acesso à Justiça para a pessoa que comprove insuficiência de recursos. Não se trata apenas da isenção de

---

[341] Vide por todos Manoel Antônio Teixeira Filho: "Desde logo, é necessário advertir que, em rigor, a assistência judiciária gratuita não se confunde com justiça gratuita. A primeira consiste na designação, à parte necessitada, de advogado para promover, gratuitamente, a defesa dos seus direitos e interesses em juízo; a segunda nada mais é do que a dispensa do pagamento de despesas processuais, que compreendem não apenas custas, emolumentos, publicações em jornal oficial, mas os próprios honorários de advogado" (TEIXEIRA FILHO, 2009, p, 634).

[342] EMENTA: ASSISTÊNCIA JUDICIÁRIA GRATUITA. CUSTAS. HONORÁRIOS DE PERITO. O artigo 4º da Lei nº 1.060-50 expressamente possibilita a concessão dos benefícios da assistência judiciária, desde que a parte faça simples afirmação de que não está em condições de pagar as custas do processo e os honorários de advogado, sem prejuízo próprio ou de sua família. O referido dispositivo legal impõe a presunção de veracidade às declarações firmadas nesse sentido. (Orientação Jurisprudencial 3041 da SDI-I, do E. TST). Ressalta-se que o beneficiário da assistência judiciária está isento também de pagar honorários de perito, mesmo vencido no objeto da perícia. A Lei nº 1.060-50 é clara ao estabelecer que tal assistência abrange a isenção dos honorários periciais (art. 3º, inciso V). Sentença que se reforma para deferir a assistência judiciária gratuita, dispensando a autora do pagamento dos honorários periciais. BRASIL, TRT-PR-00050-2001-513-09-00-4-ACO-09879-2004, RELATOR: SERGIO MURILO RODRIGUES LEMOS, Publicado no DJPR em 28-05-2004 (Disponível em: www.trt9.jus.br. Acesso em: 01 fev. 2019); EMENTA: ASSISTÊNCIA JUDICIÁRIA. ISENÇÃO DE EMOLUMENTOS PARA AUTENTICAÇÃO DE CÓPIAS NECESSÁRIAS À HABILITAÇÃO DOS HONORÁRIOS ASSISTENCIAIS. Sendo os honorários assistenciais direito garantido ao beneficiário da assistência judiciária gratuita, os emolumentos necessários à habilitação de tal crédito não podem ser cobrados da parte ou de seus patronos, não podendo ser negado o direito à autenticação de cópias. Provido. BRASIL, TRT-RS-AP-0039500-46.2006.5.04.0028, 6ª T., julg. 28.10.2009, Rel. Rosane Serafini Casa Nova (Disponível em: www.trt4.jus.br. Acesso em: 01 fev. 2019).

custas, nem, tampouco, da criação de órgãos estatais para patrocinar as causas judiciais. Amplia-se a tutela também para necessidades extrajudiciais, como assessoria jurídica "em todo o campo dos atos jurídicos", ou seja, em qualquer esfera, administrativa ou judicial, ou mesmo uma mera consultoria ou aconselhamento.[343]

Moacyr Amaral dos Santos, ao comentar o art. 5º, LXXIV, da Constituição de 1988, afirma que da "amplitude conceitual da locução – *assistência jurídica* – emerge o dever de o Estado prestar assistência judiciária integral e gratuita aos desprovidos de recursos, ou seja, aos necessitados". *Assistência judiciária*, segundo o mesmo autor, é o "instituto constitucional que assegura aos necessitados, como tais havidos os economicamente fracos, valer-se dos serviços judiciários sem ônus de natureza pecuniária", e que mais do que um benefício, "trata-se de um direito: direito dos necessitados à justiça gratuita".[344]

No mesmo sentido, leciona o eminente processualista fluminense que a "mudança do adjetivo qualificador da 'assistência' – de *judiciário* para *jurídico* –, reforçada pelo acréscimo do 'integral', importa notável ampliação do universo que se quer cobrir", defendendo que os "necessitados fazem jus agora à *dispensa de pagamentos* e *à prestação de serviços* não apenas na esfera *judicial*, mas em todo o campo dos atos jurídicos".[345]

O CPC/2015, revogando os arts. 2º, 3º, 4º, 6º, 7º, 11, 12 e 17 da Lei nº 1.060/1950, retomou, no entanto, a lógica do CPC/1939, estabelecendo distinção cirúrgica entre as expressões *justiça gratuita* (ou gratuidade da justiça como preferiu o legislador de 2015) e *assistência judiciária gratuita*. A essa conclusão, chega-se ao analisar os dispositivos da Seção IV (Da Gratuidade da Justiça) do Capítulo II (Dos Deveres das Partes e de seus Procuradores) do Título I (Das Partes e dos Procuradores) do Livro III (Dos Sujeitos do Processo) comparativamente aos do Título VII (Da Defensoria Pública) do mesmo Livro III.

De fato, o art. 98 da referida Seção IV reza que terá direito a gratuidade da Justiça a "pessoa natural ou jurídica, brasileira ou

---

[343] MOREIRA, 1992.
[344] SANTOS, 1990, p. 312.
[345] MOREIRA, 1992.

estrangeira, com insuficiência de recursos para pagar as custas, as despesas processuais e os honorários advocatícios".

O §4º do art. 99, da mesma Seção, utiliza a expressão "assistência" (subentendendo-se o vocábulo "judiciária") para designar "patrocínio de causa", para esclarecer que mesmo que o patrocínio da causa se dê por advogado particular, não impede a concessão da gratuidade da justiça, ou seja, a isenção de custas, despesas processuais e honorários advocatícios.[346]

Outra regra que demonstra o cuidado do legislador do CPC/2015 de distinguir os conceitos de *gratuidade da justiça* e *assistência jurídica (e não apenas judiciária neste caso)* é a do §3º do art. 186, segundo o qual as entidades que, em razão de convênios firmados com a Defensoria Pública, prestarem *assistência jurídica gratuita*, ou seja, além do patrocínio das causas, também acompanhamento em procedimentos administrativos, e, ainda, consultas, pareceres, dentre outras orientações relativa à defesa de direitos.

A Lei nº 13.467/2017, que alterou a redação do §3º do art. 790, manteve a expressão *justiça gratuita* com o sentido de "isenção de custas", nada dispondo sobre a assistência judiciária gratuita, disciplinada pela Lei nº 5.584/70.

Imprescindível que a interpretação das expressões *assistência judiciária* e *justiça gratuita* decorra de uma análise sistêmica do ordenamento jurídico, a partir do art. 5º, inciso LXXIV da Constituição, que estabelece que a *assistência jurídica integral e gratuita* corresponde tanto à isenção de custas, despesas processuais e honorários de sucumbência, quanto ao patrocínio da causa e assessoria jurídica.

Assistência jurídica integral e gratuita, no atual estágio do Direito brasileiro, corresponde a *um conceito único e aberto*, carregado de normatividade que carece, quanto ao seu conteúdo, de mediação de norma infraconstitucional para sua máxima efetividade.

O espaço reservado para a lei ordinária, na hipótese, é apenas de estabelecer o alcance da norma, ou seja, os critérios para se identificar os beneficiários da norma constitucional.

Buscando a máxima efetividade dos incisos XXXI e LXXIV do art. 5º da Constituição, devem ser interpretados os arts. 790,

---

[346] Art. 99, §4º: "A assistência do requerente por advogado particular não impede a concessão da gratuidade da justiça".

790-A, 790-B e respectivos parágrafos, com as redações dadas pela Lei nº 13.467/2017.

4.2 Gratuidade: interpretação dos §§3º e 4º do art. 790 da CLT e aplicação supletiva do art. 99, §§2º e 3º do CPC

Três questões são de fundamental importância no tocante à interpretação e aplicação dos §§3º e 4º do art. 790 da CLT.

A primeira refere-se à compreensão da dicção legal "gratuidade", tratada no tópico precedente.

A segunda trata-se da conformidade dos §§3º e 4º do art. 790 da CLT com a Constituição.

A terceira cuida da aplicação subsidiária ao processo do trabalho do art. 99 e respectivos parágrafos do CPC.

Pois bem.

A primeira questão, apreciada no item anterior, corresponde à classificação de *assistência jurídica gratuita, assistência judiciária gratuita* e *justiça gratuita*, cuja normatividade está prevista na Constituição, possuem significados distintos, mas com uma característica comum: a gratuidade.

A *assistência jurídica gratuita* é o gênero e significa patrocínio das causas, acompanhamento em procedimentos administrativos, consultas, pareceres, dentre outras orientações relativa à defesa de direitos, de forma gratuita. Percebe-se, portanto, que a *assistência jurídica gratuita* possui um sentido mais amplo, compreendendo também a *assistência judiciária gratuita* que corresponde apenas ao patrocínio gratuito das causas judiciais.

A *justiça gratuita*, por sua vez, compreende, especificamente, a isenção de custas, emolumentos, honorários periciais, honorários advocatícios e outras despesas processuais.

A *gratuidade*, portanto, é elemento comum dos três conceitos.

Essa classificação é importante, inclusive, para sanar a aparente dubiedade da redação do §1º do art. 790 da CLT.[347] Com efeito,

---
[347] A redação deste dispositivo foi dada pela Lei nº 10.537/2002.

reza o §1º do art. 790 que "Tratando-se de empregado que não tenha obtido o *benefício da justiça gratuita, ou isenção de custas*, o sindicato que houver intervindo no processo responderá solidariamente pelo pagamento das custas devidas".

Percebe-se que como o preceito utiliza a conjunção alternativa "ou" entre as expressões "benefício da justiça gratuita" e "isenção de custas", considera, numa primeira leitura, tratar-se de institutos distintos, pois remete à ideia de alternância ou escolha, o que permitiria a conclusão de que a parte poderia obter o benefício da justiça gratuita, mas não a isenção de custas, o que significaria manifesta inconstitucionalidade por contrariar o inciso LXXIV do art. 5º.

Assim, com o intuito de compatibilizar o §1º do art. 790 da CLT com o inciso LXXIV do art. 5º da Constituição, deve-se compreender que a referência à "isenção de custas" como reforço ao conceito de "justiça gratuita".

A segunda questão cuida da constitucionalidade do §3º do art. 790 da CLT – ao fixar o teto salarial de 40% do limite máximo dos benefícios do RGPS para a concessão da justiça gratuita de ofício –, sob o argumento de que afrontaria ao inciso XXXV, do art. 5º da Constituição, por dificultar o acesso à Justiça daqueles que auferissem salário superior e não dispusessem dos meios para custear o processo sem prejuízo da subsistência.

Necessário, contudo, interpretar o §3º em consonância com o §4º do mesmo artigo, segundo o qual "O benefício da justiça gratuita será concedido à parte que comprovar insuficiência de recursos para pagamento das custas do processo".

Reitere-se, antes de mais nada, que o acesso à Justiça é tanto princípio – por se caracterizar como norma jurídica –, quanto direito fundamental – por possuir pretensão dirigida contra o Estado de garantia de direitos, sobretudo os fundamentais.

Inegável, entretanto, que o inciso LXXIV, do art. 5º da Constituição não impõe ao Estado a obrigação de prestar assistência jurídica integral e gratuita a todo e qualquer cidadão, mas exclusivamente àqueles que "comprovarem insuficiência de recursos".

A interpretação literal e isolada do §3º do art. 790 levaria, sem sombra de dúvidas, à conclusão de contrariedade deste preceito com o inciso LXXIV, pois limitaria a concessão dos benefícios da justiça gratuita apenas àqueles que auferissem salário até 40% do limite máximo dos benefícios do RGPS.

A interpretação sistemática-teleológica e constitucional da referida regra, contudo, não leva à sua inconstitucionalidade.

Saliente-se, de início, que antes da vigência da Lei nº 13.467/2017, havia apenas um critério para efeito de atribuição da justiça gratuita no processo trabalhista: o critério da *presunção da necessidade da gratuidade*: bastava ao trabalhador, ou seu advogado, declarar a hipossuficiência, sem necessidade de comprová-la. Tratava-se da aplicação da redação anterior do §3º[348] do art. 790 da CLT, como também da OJ nº 304[349] da SDI-I e da Súmula nº 463, I,[350] ambas do TST.

A Lei nº 13.467/2017 alterou o critério, e incluiu um outro critério, combinando-o com o anterior.

De acordo com a interpretação sistemática dos §3º[351] e §4º[352] do mesmo art. 790 da CLT, foram combinados dois critérios para a concessão da justiça gratuita: o da *presunção da necessidade da gratuidade* e o da *comprovação da necessidade da gratuidade*, da seguinte forma:

– aos trabalhadores que aufiram salário até 40% do limite máximo dos benefícios do RGPS, basta a declaração de hipossuficiência, ou sequer esta, pois o juiz poderá conceder a gratuidade de ofício;

---

[348] A redação anterior do §3º do art. 790 da CLT rezava: §3º É facultado aos juízes, órgãos julgadores e presidentes dos tribunais do trabalho de qualquer instância conceder, a requerimento ou de ofício, o benefício da justiça gratuita, inclusive quanto a traslados e instrumentos, àqueles que perceberem salário igual ou inferior ao dobro do mínimo legal, *ou declararem, sob as penas da lei, que não estão em condições de pagar as custas do processo sem prejuízo do sustento próprio ou de sua família* (grifos nossos).

[349] OJ 304 da SDI-1 do TST: "HONORÁRIOS ADVOCATÍCIOS. ASSISTÊNCIA JUDICIÁRIA. DECLARAÇÃO DE POBREZA. COMPROVAÇÃO. Atendidos os requisitos da Lei 5.584/70 (art. 14, §2º), para a concessão da assistência judiciária, basta a simples afirmação do declarante ou de seu advogado, na petição inicial, para se considerar configurada a sua situação econômica (art. 4º, §1º, da Lei 7.510/86, que deu nova redação à Lei 1.060/50)". Cancelada em decorrência da sua aglutinação ao item I da Súmula nº 463 do TST. Disponível em: www.tst.jus.br. Acesso em: 12 jul. 2019.

[350] Súmula nº 463, I, do TST: "I – A partir de 26.06.2017, para a concessão da assistência judiciária gratuita à pessoa natural, basta a declaração de hipossuficiência econômica firmada pela parte ou por seu advogado, desde que munido de procuração com poderes específicos para esse fim (art. 105 do CPC de 2015)".

[351] Art. 790, §3º da CLT: "É facultado aos juízes, órgãos julgadores e presidentes dos tribunais do trabalho de qualquer instância conceder, a requerimento ou de ofício, o benefício da justiça gratuita, inclusive quanto a traslados e instrumentos, àqueles que perceberem salário igual ou inferior a 40% (quarenta por cento) do limite máximo dos benefícios do Regime Geral de Previdência Social".

[352] Art. 790, §4º da CLT: §4º: "O benefício da justiça gratuita será concedido à parte que comprovar insuficiência de recursos para o pagamento das custas do processo".

– aos trabalhadores que recebem salário superior a 40% do limite máximo dos benefícios do RGPS, o trabalhador deverá necessariamente requerer – pois não autorizada pela lei a concessão do benefício de ofício – e, também, comprovar a insuficiência de recursos para o pagamento das despesas do processo.

Nesse sentido, não há inconstitucionalidade, pois o próprio inciso LXXIV do art. 5º da Constituição estabelece que a assistência jurídica será prestada "aos que comprovarem insuficiência de recursos", independentemente de qualquer restrição.

Assim, o teto de 40% do limite máximo dos benefícios do RGPS não visa impedir aqueles que recebem salário superior de se beneficiarem da justiça gratuita, mas, apenas, que comprovem a necessidade do benefício.[353]

Frise-se que o requerimento e a comprovação da necessidade da gratuidade podem ocorrer em qualquer momento do processo, pois, como já se pontuou, a insuficiência de recursos da parte pode ser superveniente ao ajuizamento da ação, de forma que não pode obstá-la de estar em juízo, sob pena de ofensa ao seu direito fundamental de acesso à Justiça.

---

[353] Nesse sentido a seguinte ementa: "JUSTIÇA GRATUITA. INOVAÇÕES TRAZIDAS PELA LEI Nº 13.467/2017. INTERPRETAÇÃO EM CONSONÂNCIA COM O TEXTO CONSTITUCIONAL. A partir da vigência da Lei nº 13.467/2017, nos termos do art. 790, §§3º e 4º, da CLT, a concessão do benefício da justiça gratuita, na seara laboral, teria sido limitada apenas àqueles que recebessem até 40% do teto do RGPS e, ainda, lograssem comprovar sua hipossuficiência, haja vista ter o supramencionado dispositivo legal excluído a menção à possibilidade de mera declaração de insuficiência de condições econômicas. Portanto, dois seriam os requisitos para a concessão do benefício: salário limitado a 40% do teto do RGPS e a comprovação da hipossuficiência econômica. Em interpretação constitucional do ordenamento pátrio, harmonizando o artigo celetista com os demais dispositivos legais aplicáveis, conclui-se que a Reforma Trabalhista não estipulou uma renda máxima para a concessão do benefício da justiça gratuita, mas somente alterou um parâmetro que anteriormente já estava fixado na CLT. Certo é, portanto, que nada impede ao julgador que conceda o benefício àqueles que percebam salário superior a 40% do limite máximo do RGPS, tratando-se tal parâmetro tão somente de uma presunção legal relativa de hipossuficiência, a ser dirimida na distribuição dos ônus probatórios. A inovação trazida na referida lei se prestou a aprimorar o direito constitucionalmente garantido do acesso à justiça, não a dificultá-lo, sob pena de flagrante inconstitucionalidade. É dever do julgador emprestar efetividade e concretude, no Processo do Trabalho, ao princípio constitucional que assegura assistência jurídica integral e gratuita aos que comprovarem insuficiência de recursos financeiros (Constituição Federal/88, artigo 5º, inciso LXXIV). Nessa ordem de ideias, a declaração juntada pelo autor em que afirma a hipossuficiência econômica para arcar com os custos do processo autoriza a concessão dos benefícios da justiça gratuita" (BRASIL, TRT3-0010019-34.2019.5.03.0182 (RO), 4ª T, Rel. Paula Olibeira Cantelli, julg. 19.06.2019, DEJT de 26.06.2019. Disponível em: www.trt3.jus.br. Acesso em: 11 jul. 2019).

Quanto à prova da insuficiência de recursos, devem ser admitidas todas as lícitas, tanto documental (ex.: prova de desemprego; faturas de luz, água, cartão de crédito; pensão alimentícia; dentre outras), quanto testemunhal, devendo-se, ainda, observar o contraditório e a contraprova, em razão do comando do art. 5º, LV, da Constituição.

A terceira questão refere-se à aplicação subsidiária ao processo do trabalho do art. 99, §3º, do CPC que assim dispõe: "Presume-se verdadeira a alegação de insuficiência deduzida exclusivamente por pessoa natural".

Evidentemente que a questão controvertida é aquela relativa aos trabalhadores que recebem salário superior a 40% do limite máximo do RGPS.

Se aplicável de forma subsidiária o §3º do art. 99 do CPC, nada teria sido mudado pela Lei nº 13.467/2017 em tema de justiça gratuita, pois a declaração do trabalhador, ou de seu advogado, de que não disporia de meios para suportar as despesas do processo sem prejuízo de sustento próprio e dos dependentes, continuaria válida, mesmo revogada a norma que a autorizara anteriormente.

Identificam-se três correntes acerca dessa questão, observando-se, entre elas, pequenas nuances, embora, ainda, pontos convergentes.

A primeira, no sentido de que, embora tenha havido alteração da redação do §4º do art. 790 da CLT, o sentido da norma permanece o mesmo.

Dentre os adeptos da primeira corrente, encontra-se Carlos Henrique Bezerra Leite quando reconhece que houve a alteração do preceito, ao afirmar que a "exigência de comprovação constitui retrocesso social e obstáculo do acesso à Justiça (do Trabalho) para o demandante em situação de precariedade econômica". Bezerra Leita entende, no entanto, que a interpretação conforme a Constituição é a de que "a simples declaração de hipossuficiência econômica gera a presunção *juris tantum* em favor do declarante".[354]

Também se filia a primeira corrente, Mauro Schiavi, para quem "a declaração de pobreza firmada pelo próprio empregado,

---

[354] LEITE, 2018, p. 567.

sob as 'consequências da lei' é suficiente para comprovar a insuficiência econômica do empregado e o deferimento dos benefícios da justiça gratuita". Adverte o autor, contudo, que caso "haja impugnação, o Juiz do Trabalho poderá exigir do trabalhador outros documentos, como a juntada pela CTPS, declaração de imposto de renda etc.". Schiavi defende a aplicação subsidiária ao processo do art. do §3º do art. 99 do CPC.[355]

Saliente-se a existência de decisões reconhecendo a aplicação subsidiária do §3º do art. 99 do CPC ao processo do trabalho, após a vigência da Lei nº 13.467/2017.[356]

Argumenta-se na jurisprudência, em prol da aplicação subsidiária do §3º do art. 99 do CPC, que "não há na CLT critério ou método para comprovação da necessidade econômica que sustenta o pedido de justiça gratuita", o que autorizaria a utilização subsidiária do art. 99, §3º, do CPC no processo do trabalho.[357]

---

[355] SCHIAVI, 2018, p. 408.

[356] EMENTAS: "GRATUIDADE DA JUSTIÇA. CONCESSÃO. REQUISITOS. O art. 790, §3º, da CLT, com a redação dada pela Lei nº 13.467/2017, preceitua que "É facultado aos juízes, órgãos julgadores e presidentes dos tribunais do trabalho de qualquer instância conceder, a requerimento ou de ofício, o benefício da justiça gratuita, inclusive quanto a traslados e instrumentos, àqueles que perceberem salário igual ou inferior a 40% (quarenta por cento) do limite máximo dos benefícios do Regime Geral de Previdência Social". Já o §4º do mesmo dispositivo dispõe que "O benefício da justiça gratuita será concedido à parte que comprovar insuficiência de recursos para o pagamento das custas do processo". Noutro giro, o art. 99, §2º, do CPC, de aplicação supletiva ao processo do trabalho, preceitua que "O juiz somente poderá indeferir o pedido se houver nos autos elementos que evidenciem a falta dos pressupostos legais para a concessão de gratuidade [...]", estabelecendo, ainda, no §3º do mesmo dispositivo que "Presume-se verdadeira a alegação de insuficiência deduzida exclusivamente por pessoa natural". E não há colisão entre os preceitos transcritos, impondo-se o reconhecimento de que a declaração de insuficiência de recursos feita pela pessoa física goza de presunção relativa de veracidade em decorrência de previsão legal, que somente deverá ser afastada pela produção de prova em sentido contrário pela parte adversa, invertendo-se, destarte, o ônus da prova" (BRASIL, TRT-5– Processo 0000889-44.2017.5.05.0017, Origem PJE, Relator(a) Juiz(a) Convocado(a) Ana Lucia Bezerra Silva, Quarta Turma, DJ 25 jan. 2019. Disponível em: www.trt5.jus.br. Acesso em: 12 jul. 2019);

[357] "JUSTIÇA GRATUITA. REGULAMENTAÇÃO DA REFORMA TRABALHISTA. COMPROVAÇÃO DO ESTADO DE NECESSIDADE. DECLARAÇÃO. SUFICIÊNCIA. APLICAÇÃO SUBSIDIÁRIA E SUPLETIVA DO CÓDIGO DE PROCESSO CIVIL. *Não há na CLT critério ou método para comprovação da necessidade econômica que sustenta o pedido de justiça gratuita.* Tal omissão atrai, *ex lege*, a incidência supletiva ou subsidiária do Código de Processo Civil, em cujo artigo 99, §3º, expressamente se encontra o preceito de que *"Presume-se verdadeira a alegação de insuficiência deduzida exclusivamente por pessoa natural".* Tal presunção, de natureza relativa, ou *juris tantum*, não elidida por prova ou indício em contrário, prevalece. Recurso a que se dá provimento, para destrancar-se o Ordinário" (BRASIL, TRT-2, 1000484-26.2018.5.02.0312 (AIRO), 15ª T, Rel. Marcos Neves Fava, Publ. 01 mar. 2019. Disponível em: www.trt2.jus.br. Acesso em: 12 jul. 2019).

A segunda corrente, capitaneada por Maurício Godinho Delgado e Gabriela Neves Delgado, reconhece a necessidade da comprovação da hipossuficiência, em razão do comando do §4º do art. 790 da CLT, mas que essa comprovação pode se feita, "em princípio, pela declaração de próprio punho da pessoa natural do autor da ação, bem como pela declaração de seu procurador no processo (art. 105, *in fine*, CPC-2015), desde que autorizado por 'cláusula específica' contida no instrumento de mandato (procuração) – Súmula nº 463, I, TST". Advertem os autores, todavia, que "tais declarações podem não bastar, caso exista nos autos prova em sentido contrário, juntada pela parte adversa ou não". Defendem a aplicação subsidiária do §2º, parte final, do art. 99 do CPC, no sentido de que antes de indeferir o pedido de justiça gratuita, deverá o juiz "determinar à parte a comprovação do preenchimento dos referidos pressupostos".[358]

A terceira corrente, perfilhada por Manoel Antonio Teixeira Filho, argumenta que

> a nova redação dada ao art. 790, §3º, da CLT, eliminou a possibilidade de a gratuidade da justiça ser concedida com base em declaração subscrita pelo próprio interessado de que não dispõe de recursos financeiros para suportar as despesas processuais sem sacrifício pessoal ou familiar.

Leciona, ainda, Teixeira Filho que se "dúvida havia quanto a isso, ela é dissipada pelo §4º, da mesma norma legal que se refere à *comprovação*, pela parte interessada, de insuficiência de recursos financeiros".[359]

Em prol de sua tese, Teixeira Filho ainda utiliza o recurso da interpretação autêntica-histórica – escopo regulador do legislador que motivou a alteração normativa –, citando a Justificativa apresentada pelo Deputado Rogério Marinho, relator do PL nº 6.787/2016 que deu origem à Lei nº 13.467/2019, segundo o qual: "A redação sugerida aos §§3º e 4º do art. 790 da CLT visa justamente a dar efetividade ao

---

[358] DELGADO; DELGADO, 2017, p. 324-325. Ainda no sentido de que a declaração de próprio punho do trabalhador de sua hipossuficiência é suficiente para a concessão da justiça gratuita: SCHIAVI, 2017, p. 406.
[359] TEIXEIRA FILHO, 2018, p. 13-16.

princípio da gratuidade, transcrevendo os termos da Constituição no §4º, enquanto o §3º *exclui a presunção de insuficiência de recursos, admitida na parte final da redação atual*".[360]

Teixeira Filho, por outro lado, entende compatível com processo do trabalho a integralidade do art. 99 e respectivos parágrafos do CPC, exceto o §3º.

Também adepto da terceira corrente, Gustavo Filipe Barbosa Garcia afirma, ante a alteração do §4º do art. 790 da CLT pela Lei nº 13.467/2017, "*passa a ser necessária a efetiva demonstração da insuficiência de recursos para pagar as custas processuais, não sendo mais suficiente a mera declaração de hipossuficiência econômica no processo do trabalho*".[361]

Uma questão central nessa discussão é o da existência de omissão da lei processual trabalhista sobre os critérios para a concessão da justiça gratuita que autorize a aplicação subsidiária ou supletiva do CPC, ou seja, o alcance dos arts. 769 da CLT[362] e do art. 15 do CPC.[363]

O primeiro aspecto que já se encontra superado é o de que o art. 769 da CLT não foi revogado pelo art. 15 do CPC, conforme se observa do art. 1º da IN 39/2016 do TST, segundo a qual "Aplicação o Código de Processo Civil, subsidiária e supletivamente, ao Processo do Trabalho, em caso de omissão e desde que haja compatibilidade com as normas e princípios do Direito Processual do Trabalho, na forma dos arts. 769 e 889 da CLT e do art. 15 da Lei 13.105, de 17.03.2015".

Aplica-se o CPC, conforme disciplina o art. 15 desse diploma legal, ao processo do trabalho, desse modo, tanto para suprir uma lacuna ou omissão absoluta da CLT (subsidiariedade), quanto para

---

[360] TEIXEIRA FILHO, 2018, p. 13-16.
[361] GARCIA, 2018, p. 302.
[362] Reza o art. 769 da CLT: "Art. 769. *Nos casos omissos*, o direito processual civil será fonte subsidiária do direito processual do trabalho, exceto naquilo em que for incompatível com as normas deste Título".
[363] Estatui o art. 15 do CPC: "Art. 15. Na ausência de normas que regulem processos eleitorais, trabalhistas ou administrativos, as disposições deste Código lhes serão aplicadas supletiva e subsidiariamente". Inexiste incompatibilidade entre os arts. 769 da CLT e 15 do CPC, conforme assentou o TST, por meio da IN 39/2016, art. 1º (Disponível em: https://juslaboris.tst.jus.br/bitstream/handle/20.500.12178/81692/2016_res0203_in0039_compilado.pdf?sequence=4&isAllowed=y. Acesso em: 26 jul. 2019.

completar a norma processual trabalhista que apresente uma lacuna ou omissão parcial (supletividade).[364]

Mesmo assim, pontua-se na IN 39/2016, desde que compatível com as normas e princípios de Direito Processual do Trabalho, conforme prevê o art. 769 da CLT.

Para Edilton Meireles, a lacuna ou omissão absoluta se daria se a CLT não dispusesse sobre determinado "sistema ou complexo normativo que regula determinada matéria", enquanto a lacuna ou omissão parcial ocorreria, conquanto presente regra na CLT, disciplinando determinada situação ou instituto, "mas cuja disciplina não se revela completa, atraindo, assim, a aplicação supletiva de outras normas".[365]

Jorge Pinheiro Castelo, por seu turno, defende ampla aplicação da função supletiva do CPC no processo trabalhista. Salienta, o autor, que de acordo com o seu art. 15, o diploma processual "encerra o contexto de norma de sobre direito ou norma básica (de introdução) do sistema processual brasileiro, que congrega a teoria geral do processo de modo a permitir o livre trânsito de ideias, conceitos e técnicas entre os diversos ramos do direito processual".[366]

De acordo, ainda, com Castelo a aplicação supletiva objetiva "corrigir falhas existentes no sistema ordinário, de forma a completar e aprimorar, no caso, o sistema processual trabalhista: cobrindo as falhas nele existentes no que diz a tutela de direitos, garantindo a efetividade dos princípios constitucionais do acesso a ordem jurídica justa".[367]

Manoel Antonio Teixeira Filho, de forma restritiva, advoga para uma observância rigorosa do "requisito da compatibilidade", como também, o da "omissão" e, em determinadas circunstâncias o da "necessidade", afirmando que a aplicação irrestrita do art. 15 do CPC pode "converter-se, na prática, em um mecanismo de destruição não só do escudo representado pelo art. 769, da CLT, mas de toda a fortaleza do processo do trabalho, pois quanto mais as disposições daquele estatuto processual civil forem aplicadas

---

[364] MEIRELES, 2014, p. 129-137.
[365] MEIRELES, 2014, p. 129-137.
[366] CASTELO, 2015, p. 981-1002.
[367] CASTELO, 2015, p. 981-1002.

ao processo especializado, tanto mais o sistema deste estará sob risco de esgarçamento, de perda de sua identidade ideológica, de transfiguração e, em última análise, de obliteração".[368]

Sob outra perspectiva, Mauro Schiavi observa a existência de duas correntes doutrinárias opostas sobre a aplicação subsidiária e supletiva do CPC ao processo do trabalho.

A primeira, denominada *restritiva*, defende a aplicação subsidiária do CPC ao processo do trabalho, quando houver "omissão da legislação processual trabalhista". Schiavi salienta que essa corrente tem por fundamento "o princípio do devido processo legal, no sentido de não surpreender o jurisdicionado com outras regras processuais, bem como na necessidade de preservação do princípio da segurança jurídica".[369]

A segunda, chamada de *evolutiva*, propugna pela aplicação subsidiária do CPC ao processo do trabalho nas hipóteses em que se verificarem "as lacunas ontológicas e axiológicas" da CLT. Assim, de acordo com essa vertente, as normas do CPC seriam aplicadas ao processo do trabalho, mesmo que houvesse regra celetista disciplinando determinada relação ou ato jurídico, mas a norma processual civil conferisse "maior efetividade da jurisdição trabalhista". Schiavi esclarece que corrente possui alicerce "nos princípios constitucionais da efetividade, duração razoável do processo e acesso real e efetivo do trabalhador à Justiça do Trabalho, bem como no caráter instrumental do processo".[370]

Em conclusão, Schiavi defende a aplicação do direito processual civil ao processo do trabalho nas seguintes hipóteses:

a) omissão da CLT (lacunas normativas, ontológicas e axiológicas); compatibilidade das normas do Processo Civil com os princípios do Direito Processual do Trabalho;

b) *ainda que não omissa a CLT*, quando as normas do Processo Civil forem *mais efetivas* que as da CLT e compatíveis com os princípios do Processo do Trabalho.

c) ao aplicar o Código de Processo Civil ao processo do trabalho, deve o Juiz avaliar a *justiça* e a *efetividade* que a regra civilista

---

[368] TEIXEIRA FILHO, 2016, p. 7-13.
[369] SCHIAVI, 2018, p. 167.
[370] SCHIAVI, 2018, p. 167.

propiciará ao processo trabalhista, bem como *adaptá-la às contingências do processo trabalhista*.[371]

Observa-se uma massiva adesão à corrente *evolutiva* (*sistemática* ou *ampliativa*) sobretudo após o advento da Lei nº 13.467/2017, com declarado propósito de minimizar, ou mesmo, inviabilizar a aplicação das alterações implementadas pela referida lei ao processo do trabalho.

Há de se ter muita atenção às teses que procuram esquivar a aplicação da lei ordinária sem respaldo constitucional, em especial, o §4º do art. 790 da CLT.

Não se deve colocar o problema em termos de antagonismo excludente entre os princípios da segurança jurídica e efetividade jurisdicional, mas sim de complementaridade.

Destaque-se que o princípio da segurança jurídica pode ser inferido de diversos dispositivos da Constituição brasileira, tais como o da legalidade (art. 5º, II), inviolabilidade do direito adquirido, da coisa julgada e do ato jurídico perfeito (art. 5º, XXXVI), legalidade e anterioridade em matéria penal (art. 5º, XXXIX) e irretroatividade da lei penal desfavorável (art. 5º, XL), contraditório e ampla defesa (art. 5º, LIV e LV), dentre outros, e corresponde, portanto, a norma de interpretação e aplicação do Direito.

O princípio da segurança jurídica, desse modo, propaga seu conteúdo axiológico para todo o sistema jurídico brasileiro. Trata de subprincípio concretizador do princípio fundamental e estruturante do Estado de Direito, que objetiva impedir que maiorias ocasionais possam impor um "governo de leis", enquanto expressão da vontade política de um grupo ocasionalmente alçado ao poder, tendo como resultado o despotismo e a uma gama de iniquidades.[372]

A segurança jurídica vincula-se, também, à noção de dignidade da pessoa humana, pois se identifica com uma das mais relevantes aspirações do ser humano, que é o de ter garantida "uma certa estabilidade das relações jurídicas e da própria ordem jurídica como tal", de maneira que possa organizar, programar e realizar seus projetos de vida. A dignidade, portanto, não estará

---

[371] SCHIAVI, 2018, p. 180. Destacou-se em itálico.
[372] SARLET, *A eficácia do Direito Fundamental à segurança jurídica: dignidade da pessoa humana, direitos fundamentais e proibição de retrocesso social no Direito Constitucional brasileiro*.

sendo suficientemente respeitada e protegida em lugares em que as "pessoas estejam sendo atingidas por um tal nível de instabilidade jurídica, que não estejam mais em condições de, com um mínimo de segurança e tranquilidade, confiar nas instituições sociais e estatais (incluindo o Direito) e numa certa estabilidade das suas próprias posições jurídicas".[373]

Como princípio, a segurança jurídica reveste-se de essencial função hermenêutica, no sentido de que ao se interpretar e aplicar as demais normas constitucionais e infraconstitucionais, deve se pautar nos valores que lhe são imanentes, em especial, o da proteção da confiança.

Por ser princípio, a segurança jurídica deverá ser aplicada na maior medida possível, de acordo com as possibilidades jurídicas e reais existentes, de forma que poderá ser observada em diferentes graus.[374] Se, entretanto, o princípio da segurança jurídica entrar em colisão com outros – por exemplo, o princípio da efetividade –, deve-se ponderar pela aplicação daquele de maior peso: "o intérprete irá aferir o peso que cada princípio deverá desempenhar na hipótese, mediante concessões recíprocas, e preservando o máximo de cada um, na medida do possível".[375]

Por outro lado, enquanto direito fundamental, a segurança jurídica é direito subjetivo atribuído a cada indivíduo, caracterizado por uma miríade de faculdades que são exercidas principalmente contra os poderes públicos e que podem ser cobradas judicialmente se desrespeitadas. O titular do direito subjetivo também possui o direito de impugnar os atos do poder público que contrariem a segurança jurídica. Trata-se de direito que possui conteúdo bem limitado e preciso, de exigir dos poderes públicos a tutela da confiança.

Dessa maneira, a segurança jurídica, enquanto direito fundamental, possui natureza prestacional, no sentido de autorizar que a pessoa possa exigir do Estado uma prestação relativa à tutela da confiança "na estabilidade de suas posições jurídicas e do próprio ordenamento, o que tem levado ao reconhecimento,

---

[373] SARLET, *A eficácia do Direito Fundamental à segurança jurídica: dignidade da pessoa humana, direitos fundamentais e proibição de retrocesso social no Direito Constitucional brasileiro.*
[374] ALEXY, 1997, p. 86-89.
[375] BARROSO, 2006, p. 352.

para além da salvaguarda dos direitos adquiridos, até mesmo de um certo grau de proteção das assim denominadas expectativas de direitos, tal como da necessidade de estabelecer regras de transição razoáveis, nos casos de uma alteração de determinados regimes jurídicos".[376]

O impasse relativo à aplicação subsidiária e supletiva do CPC ao processo do trabalho, após o advento da Lei nº 13.467/2017 – e o debate entre as correntes *restritiva* e *evolutiva* – deve necessariamente ser resolvida com o envio da controvérsia às normas constitucionais.

Em outras palavras, a aplicação de determinada regra do CPC ao processo do trabalho, mesmo existindo regra explícita na CLT disciplinando o mesmo ato jurídico, não se revolve por meio de uma *perspectiva horizontal*, pincelando o intérprete, dos cestos de leis ordinárias dispostas em cada um dos referidos diplomas, aquela que lhe parecer mais justa ao caso apreciado. Necessário que a solução hermenêutica seja encontrada a partir de uma análise verticalizada – em direção ao ápice do sistema –, mediante a investigação da validade da regra processual e sua compatibilidade com os normas constitucionais.

Mesmo a aplicação da função supletiva do CPC, autorizada pelo art. 15, não teria a força de tornar letra morta regra processual celetista válida.

Uma regra processual celetista válida, não conflitante com a Constituição, não pode ser preterida por outra do CPC, que disciplina exatamente o mesmo fato, sob pena de violação ao princípio fundamental do Estado Democrático de Direito (art. 1º, *caput*), pois, em última análise, o que se busca é a efetividade da Constituição, com segurança jurídica.

Pois bem. Essa análise, contudo, deve ser complementada pela compreensão da abrangência das expressões legais "casos omissos" e "ausências de normas" – omissão ou lacuna absoluta e omissão e lacuna parcial – e a consequente aplicação da função supletiva prevista no art. 15 do CPC ao processo do trabalho em tema de "justiça gratuita".

---

[376] SARLET, *A eficácia do Direito Fundamental à segurança jurídica: dignidade da pessoa humana, direitos fundamentais e proibição de retrocesso social no Direito Constitucional brasileiro.*

A doutrina reconhece três principais espécies de omissões ou lacunas legislativas: *normativa, ontológica* e *axiológica*.³⁷⁷ Analise-se a aplicação da justiça gratuita no processo do trabalho sob essas lentes.

A lacuna normativa se verifica quando não existe norma sobre "determinado caso". O instituto da "justiça gratuita" é disciplinado pela CLT, conforme se observa dos arts. 790, e §§, 790-A, 790-B e §§, 791-A, §4º, 819, §2º, 844, §2º e 899, §10, inexistindo, portanto, lacuna normativa.

A lacuna *ontológica* ocorre quando, embora existente, a norma é insuficiente para disciplinar determinada situação, seja pela sua inadequação, seja pela sua inflexibilidade, não se mostrando apta a alcançar a totalidade das possíveis situações geradas pela relação jurídica regulada. O instituto da "justiça gratuita" é um interessante exemplo dessa hipótese. Embora a CLT possua disciplina jurídica é, inequivocamente, insuficiente. Basta citar, exemplificativamente, as circunstâncias de o juiz, ter ou não, de determinar à parte a comprovação do preenchimento dos pressupostos da justiça gratuita, antes de indeferir o pedido (não prevista na CLT, mas tratada no art. 99, §2º, do CPC); ou, ainda, se o benefício se estende a litisconsorte ou a sucessor do beneficiário (não disciplinada pela CLT, mas prevista no art. 99, §6º, do CPC); situações, portanto, não tratadas pela CLT, mas pelo CPC. Incide a hipótese prevista no art. 15 do CPC, no sentido de que esse diploma será aplicado "supletivamente" ao processo do trabalho em caso de ausência de normas.

Constata-se, por fim, a lacuna *axiológica* quando se denota dissintonia entre a norma e a justiça. Sob esse aspecto, caso, em tese, a CLT e o CPC possuam norma disciplinando integralmente o mesmo instituto, aplicar-se-ia o CPC, apenas, no caso de a norma do

---

³⁷⁷ Maria Helena Diniz, após apresentar diversas classificações de lacuna, de acordo com vasta doutrina (Zitelmann, Norberto Bobbio, Karl Larenz, Werner Goldschimdt, Amadeo Conte, Paul Foriers, Ulrich Klug, Zygmunt Ziembinski e Emilio Betti), a partir da concepção dinâmica do direito e do conceito diversificado de sistema jurídico – compreendido por subsistemas de normas, de fatos e de valores –, e, ainda, verificada a ruptura isonômica na aplicação da norma, sugere classificação a partir de três principais espécies de lacunas: "1ª normativa, quando se tiver ausência de norma sobre determinado caso; 2ª) ontológica, se houver norma, mas ela não corresponder aos fatos sociais, quando, p. ex., o grande desenvolvimento das relações sociais, o progresso técnico acarretarem o ancilosamento da norma positiva; e 3ª) axiológica, no caso de ausência de norma justa, ou seja, quando existe um preceito normativo, mas, se for aplicado, sua solução será insatisfatória ou injusta" (DINIZ, 2000, p. 83-95).

direito processual civil ser mais justa. Evidentemente que a análise da "justiça" da norma infraconstitucional ocorre por força do seu envio à Constituição e, posterior, reenvio à unidade sistemática processual, a fim de se avaliar se aquela é compatível com os valores constitucionalmente normatizados. Na hipótese do instituto da "justiça gratuita", a questão que se coloca é a alteração legislativa promovida pela Lei nº 13.467/2017, ao suprimir do §3º do art. 790 da CLT, a expressão "*declararem, sob as penas da lei*, que não estão em condições de pagar as custas do processo sem prejuízo de sustento próprio u de sua família", e incluir o §4º no mesmo artigo dispondo que "o benefício da justiça gratuita será concedido à parte que *comprovar insuficiência de recursos para o pagamento das custas do processo*".

Frise-se, desde logo, que os significados das palavras *declarar* e *comprovar* são diferentes. Enquanto *declarar* significa "dar a conhecer, manifestar, pronunciar, expor, dizer", *comprovar* tem o sentido de "concorrer para provar, ajuntar novas provas a, confirmar, corroborar".[378]

Reitere-se a observação feita por Luís Roberto Barroso de que toda "interpretação jurídica deve partir do texto da norma, da revelação do conteúdo semântico das palavras".[379]

Conquanto o método gramatical não deva ser único, e sequer o principal instrumento do intérprete, o significado das palavras não pode ser contrariado, tampouco, ignorado no trabalho hermenêutico.

Pela interpretação gramatical dos §§3º e 4º do art. 790 da CLT, portanto, não basta apenas ao requerente *dar a conhecer* ou *dizer* que não possui recursos, sendo necessário, ainda, que *concorra para provar* ou *ajunte novas provas*.

A interpretação histórica-autêntica, por seu turno, corrobora, no caso, a gramatical, pois, como acima visto, a Justificativa apresentada pelo Deputado Relator do projeto que culminou com a Reforma, a finalidade do legislador era excluir a presunção de insuficiência de recursos na generalidade dos processos, admitida na parte final da redação anterior.

---

[378] FERREIRA, 2010, p. 544 e 643.
[379] BARROSO, 2006, p. 127.

A interpretação sistemática-teleológica, por fim, identifica a compatibilidade entre o dispositivo interpretado – §4º do art. 790 da CLT – com o vértice valorativo do sistema – inciso LXXIV do art. 5º da Constituição.

É importante compreender que pela lógica sistemática que envolve o instituto da justiça gratuita no ordenamento jurídico brasileiro, a prestação da assistência jurídica e integral pelo Estado não se dá de forma geral e irrestrita, mas apenas àqueles que "*comprovem* insuficiência de recursos", inclusive no âmbito da Justiça do Trabalho.

Destaque-se, ainda, que a relevância do §3º do art. 99, no contexto sistemático do CPC, encontra-se também ante o teor do art. 290 do mesmo diploma, segundo o qual "Será cancelada a distribuição do feito se a parte, intimada na pessoa de seu advogado, não realizar o pagamento das custas e despesas de ingresso em 15 (quinze) dias".

Dessa forma, necessária a regra do §3º do art. 99, a fim de que se possa, ao menos, distribuir a ação, sem o recolhimento prévio das custas, no caso do autor hipossuficiente, hipótese que não existe no processo do trabalho, eis que inaplicável por manifestamente incompatível com os princípios próprios desse ramo, a regra do art. 290.

Saliente-se, por fim, que mesmo no âmbito da jurisprudência do STJ, a regra do §3º do art. 99 deve ser conformada ao art. 5º do inciso LXXIV, da Constituição, de acordo com a seguinte decisão:

> Com efeito, não obstante a possibilidade de concessão da gratuidade a qualquer tempo e grau de jurisdição (art. 99, I, CPC), *não se pode desconsiderar a previsão do art. 5º, inciso LXXIV*, da Constituição Federal, de concessão da gratuidade da justiça aos que comprovadamente não possuírem recursos para custar a ação.
> Desta forma, *a autorização legal não exime o postulante da devida demonstração de sua impossibilidade de custeio da demanda.*
> Assim, incumbiria à autora demonstrar sua vulnerabilidade econômica, a permitir a aferição da necessidade da justiça gratuita, ônus do qual não se desincumbiu, inviabilizando a concessão do benefício Neste sentido, *não há como se aferir a capacidade econômica da autora apenas pela declaração de hipossuficiência* (f. 27).
> Quanto à extinção, se observa que mesmo após não lograr êxito em Segunda Instância e ser intimada para providenciar o recolhimento das

custas (f. 252), a autora se manteve inerte, o que ensejaria o cancelamento da distribuição, nos termos do art. 290 2 do CPC.[380]

Significa que mesmo no contexto do processo civil, a mera declaração de hipossuficiência, quando impugnada, é insuficiente para a concessão dos benefícios da justiça gratuita, havendo necessidade de comprovação por parte do interessado.

Mesmo assim, o STJ também firmou entendimento de que o pedido de justiça gratuita "pode ser indeferido quando o magistrado tiver fundadas razões para crer que o requerente não se encontra no estado de miserabilidade declarado".[381]

A CLT e o CPC, de qualquer forma, possuem regras antagônicas e incompatíveis, nesse particular, o que impede a aplicação subsidiária do §3º do art. 99 do CPC ao processo do trabalho, mesmo em caráter supletivo.

A diferença encontra-se no fato de que para o processo civil a "alegação de insuficiência deduzida exclusivamente por pessoa natural" possui presunção de veracidade, ou seja, é suficiente o *dizer* do requerente. Para o processo do trabalho, entretanto, ante a alteração introduzida pela Lei nº 13.467/2017, além do *dizer* é necessário que o requerente também concorra *para provar*.

Não é segredo que o aspecto político dessa alteração legislativa decorreu de excessos de declarações, inclusive, sob as penas da lei, que não refletiam a verdade econômica financeira do beneficiário da gratuidade. Situações incompatíveis com o princípio da isonomia: por tratar da mesma maneira aquele que possuía e o que não possuía recursos; e com o próprio princípio da gratuidade da jurisdição: de acordo com o inciso LXXIV do art. 5º da Constituição, a gratuidade é direito apenas daqueles que *comprovarem* ausência de recursos.

Se a norma do §4º do art. 790 da CLT não é inconstitucional, nem polissêmica, não há como se negar sua aplicação, sob pena de afronta ao princípio da legalidade e do Estado Democrático de Direito.

---

[380] BRASIL, STJ-AREsp 1554664, Decisão Monocrática, Rel. Min. Ricardo Villas Bôas Cueva, Publ. 25/11/2019. Disponível em: www.stj.jus.br. Acesso em: 31 jan. 2020. Grifos nossos.

[381] BRASIL, STJ-AREsp 12581269/RS, Rel. Ministro Luís Felipe Salomão, Quarta Turma, julgado em 20/09/2018, DJe 26/09/2018. Disponível em: www.stj.jus.br. Acesso em: 31 jan. 2020.

Ante o teor dos §§3º e 4º do art. 790 da CLT a mera declaração, mesmo de próprio punho do trabalhador de sua própria hipossuficiência só gerará presunção de veracidade se não for impugnada pela parte contrária. Nesse caso, portanto, a presunção de veracidade da declaração se daria em razão do art. 411, inciso III do CPC – ausência de impugnação; e não do §3º do art. 99, do mesmo diploma legal.

A comprovação da ausência de recursos trata-se, em princípio, de dever do requerente. Havendo impugnação da declaração de hipossuficiência do requerente, abre-se a possibilidade de aplicação do §2º do art. 99 do CPC, de aplicação supletiva, ante a lacuna ontológica da CLT, no particular. Assim, o indeferimento do pedido de justiça gratuita só deve ocorrer após o juiz conceder prazo razoável à parte para a comprovação de sua insuficiência de recursos.

Em conclusão dessa questão, para os empregados que aufiram, ou tenham auferido, salário superior a 40% do valor máximo dos benefícios do RGPS, a declaração no sentido de que não possui recursos para custear o processo sem prejuízo de subsistência, só gerará presunção de veracidade se não impugnada pela parte adversa; caso contrário, a parte interessada deverá comprovar a hipossuficiência por meio de qualquer prova admitida em direito (contracheque, CTPS, declaração de imposto de renda, despesas com escola de dependentes, plano de saúde, dentre outros), observando-se o contraditório. O Juiz sempre deverá, antes de apreciar o pedido, determinar ao requerente, em prazo razoável, a comprovação do preenchimento dos requisitos legais.

Para os empregados que aufiram, ou tenham auferido, salário igual ou inferior a quarenta vezes o valor máximo dos benefícios do RGPS, reitere-se, desnecessária até mesmo a declaração de hipossuficiência, pois, neste caso, a impossibilidade de custear as despesas do processo sem prejuízo da subsistência gera presunção absoluta, por força do §3º do art. 790 da CLT combinado com o art. 5º, inciso LXXIV, da Constituição.

4.3 Ainda sobre a gratuidade da justiça no processo do trabalho: impactos sobre a atividade jurisdicional

Salienta Ricardo Luis Lorenzetti que a sociedade contemporânea é uma "sociedade de dois terços", formada por uma "reduzida minoria opulenta, uma maioria acomodada que se beneficia de políticas liberais e fiscalmente restritivas, e outro grupo, igualmente numeroso, que vai sendo progressivamente posto de lado, encaminhado ao 'quarto mundo': são as faces obscuras do progresso tecnológico".[382]

As pessoas que formam esse "outro grupo", à margem das vantagens relativas à inclusão, sobretudo proteção social (saúde, previdência, segurança etc.), entre os longos períodos de desocupação, sujeitam-se, no mais das vezes, ao trabalho precário, seja por meio da terceirização, trabalho intermitente, ou mesmo o trabalho informal.

A precariedade do trabalho, além das crises econômicas e certas atividades empresariais temerárias, levam a uma grande inadimplência trabalhista. A única alternativa do trabalhador de receber seus créditos alimentares é a ação perante a Justiça do Trabalho. O valor da causa é pequeno, ante ao baixo salário recebido e o curto tempo do contrato.

São trabalhadores que necessitam de uma prestação jurisdicional muito célere, seja porque buscam salário, único meio de que dispõem para a subsistência, seja para evitar que o devedor desapareça com todos os bens.

De acordo com os dados da PNAD, em 2018, a renda média mensal de 60% dos trabalhadores brasileiros – o que corresponde a 54 milhões de pessoas com CTPS anotada ou na informalidade – foi de R$928,00, observadas as diferenças regionais.[383]

Segundo o mesmo estudo, para o mesmo ano, a renda média mensal de todos os trabalhadores ocupados foi estimada em R$2.234,00.[384]

Ainda em 2018, a renda mensal de 55,3% da população era inferior a R$1.892,65; a renda mensal de 30,3% da população variava entre R$1.892,65 e R$8.159,37; e a de 14,4% era superior a R$8.159,37.[385]

---

[382] LORENZETTI, 1998, p. 86.

[383] Disponível em: https://agenciadenoticias.ibge.gov.br/media/com_mediaibge/arquivos/81c9b2749a7b8e5b67f9a7361f839a3d.pdf. Acesso em: 30 jan. 2020.

[384] Disponível em: https://agenciadenoticias.ibge.gov.br/media/com_mediaibge/arquivos/81c9b2749a7b8e5b67f9a7361f839a3d.pdf. Acesso em: 30 jan. 2020.

[385] Disponível em: https://valor.globo.com/brasil/noticia/2019/10/29/classes-a-e-b-voltam-a-crescer-e-atingem-144-da-populacao.ghtml. Acesso em: 30 jan. 2020.

Para se ter uma ideia: em 2018, 40% do maior valor pago pelo RGPS era de R$2.258,32; em 2019, de R$2.335,78; em 2020, de R$2.440,42.[386] Ou seja, a renda média mensal do trabalhador brasileiro está abaixo do limite previsto no §3º do art. 790 da CLT, o que permitiria uma conclusão imprecisa de que, na média, todos os trabalhadores brasileiros fariam jus à justiça gratuita, por receberem menos do que o referido parâmetro. A realidade, contudo, demonstra que a grande maioria dos trabalhadores aufere – quando não está desempregada – renda inferior a 40% do maior valor pago pelo RGPS, mas que uma minoria importante recebe salário superior, às vezes, muito superior.

A taxa de desemprego no Brasil, nos últimos três anos, a propósito, oscila em 12 e 14%, atingindo cerca de 12,2 milhões de pessoas de uma população ativa de, aproximadamente, 105 milhões.[387]

No entanto, o acesso massificado e igualitário à Justiça do Trabalho dos "dois terços da sociedade" – reduzida minoria opulenta e da maioria acomodada que se beneficia de políticas liberais e fiscalmente restritivas – cria o problema da saturação do sistema judicial em detrimento do trabalhador pobre que vê prejudicada a celeridade de que necessita.

A concessão dos benefícios da justiça gratuita aos trabalhadores que auferem mais do que 40% do maior valor do RGPS e que são dispensados de comprovar sua condição de hipossuficiência, desequilibra o sistema e impacta negativamente na prestação jurisdicional trabalhista. São processos, em geral, complexos, que envolvem quantias significativas, patrocinados por advogados bem preparados, que consomem a jurisdição trabalhista desproporcionalmente à necessidade social dos interessados. Por isso, a importância de comprovarem – e não apenas declararem – a insuficiência de recursos, como forma de preservar o sistema, preferencialmente, em benefício dos mais necessitados.

---

[386] Disponível em: https://www.inss.gov.br/servicos-do-inss/calculo-da-guia-da-previdencia-social-gps/tabela-de-contribuicao-mensal/tabela-de-contribuicao-historico/. Acesso em: 30 jan. 2020.

[387] Disponível em: https://agenciadenoticias.ibge.gov.br/media/com_mediaibge/arquivos/81c9b2749a7b8e5b67f9a7361f839a3d.pdf. Acesso em: 30 jan. 2020.

Frise-se, por fim, que reconhecer o mesmo efeito da declaração de hipossuficiência dada pelo trabalhador desempregado que auferiu, no seu último emprego, menos do que 40% do maior valor do benefício pago pelo RGPS, que aquela prestada pelo trabalhador com contrato vigente e salário significativamente superior ao limite apontado, além de gerar desequilíbrio na jurisdição como um todo, fere o princípio da isonomia, pois trata igualmente realidades totalmente distintas.

O custo da máquina judiciária seria igualmente, mas não isonomicamente, dividido entre ambos.

4.4 Arquivamento pela ausência do reclamante à audiência: custas judiciais e a (in)constitucionalidade dos §§2º e 3º do art. 844 da CLT

Outro tema que tem suscitado caloroso debate nas Cortes Trabalhistas e também no STF é o da constitucionalidade dos §§2º[388] e 3º[389] do art. 844 da CLT com redação promovida pela Lei nº 13.467/2017.

Trata a hipótese da extinção do processo sem julgamento do mérito – e consequente arquivamento dos autos –, em virtude da ausência injustificada do autor da ação à audiência una ou à audiência inicial e, em decorrência, a atribuição ao trabalhador do encargo do pagamento das custas processuais, mesmo que beneficiário da justiça gratuita (§2º); e condicionando o ajuizamento de nova ação ao pagamento das custas relativas ao processo extinto (§3º).

Na Justificativa do PLC nº 6.787/2016, convertido na Lei nº 13.467/2017, argumentou-se que o "tratamento dado ao tema pela CLT incentiva o descaso da parte reclamante com o processo, sabedora de que poderá ajuizar a ação mesmo se arquivada em mais

---

[388] Dispõe o §2º do art. 844 da CLT: "§2º Na hipótese de ausência do reclamante, este será condenado ao pagamento das custas calculadas na forma do art. 789 desta Consolidação, ainda que beneficiário da justiça gratuita, salvo se comprovar, no prazo de quinze dias, que a ausência ocorreu por motivo legalmente justificável".

[389] Reza o §3º do art. 844 da CLT: "§3º O pagamento das custas a que se refere o §2º é condição para a propositura de nova demanda".

duas oportunidades", e, ainda, que esse descaso "gera ônus para o Estado, que movimenta a estrutura do Judiciário para a realização dos atos próprios do processo, gera custos para a outra parte que comparece à audiência na data marcada, e caracteriza um claro tratamento não isonômico entre as partes".[390]

A PGR pugnou pela inconstitucionalidade da expressão "ainda que beneficiário da justiça gratuita" prevista no §2º do art. 844 da CLT, perante o STF (ADI nº 5.766), alegando, em síntese, que viola direito fundamental garantido pelo art. 5º, inciso LXXIV, da Constituição, como também tratados de direitos humanos firmados pelo Brasil. Aduz a PGR que, como sanção, a medida é inadequada, "seja por ausência de taxatividade da conduta como passível de sanção processual, seja pela intensidade da punição, a ponto de aniquilar a garantia constitucional da assistência judiciária gratuita aos necessitados de recursos". Argumenta que a "ausência injustificada a audiência" não está tipificada como conduta passível de sanção penal – conforme art. 793-B da CLT –, de modo que a finalidade punitiva do §3º, "assume caráter de desvio de finalidade legislativa". Ainda quanto ao caráter punitivo, assevera que o art. 732 da CLT já prevê a sanção para aquele que, por duas vezes seguidas, der causa a arquivamento de demanda. Na petição inicial, a PGR, ainda, sustenta violação ao princípio da isonomia previsto no art. 5º, *caput*, da Constituição, em relação aos trabalhadores que podem pagar as custas, já que, diferentemente do trabalhador desprovido de recurso, poderiam ajuizar nova ação. Ainda, afirma que as regras impugnadas "violam o direito a jurisdição, em sua essência, como instrumento de tutela de direitos econômicos do ser humano trabalhador, indispensáveis à sua sobrevivência e à da família, inclusive como pressuposto para exercício das liberdades civis e políticas". Por fim, aduz que a gratuidade judiciária ao trabalhador pobre é garantia inerente ao mínimo existencial.[391]

É importante observar que a PGR não postulou a inconstitucionalidade do §3º do art. 844 da CLT, pressupondo que a declaração

---

[390] Disponível em: https://www.camara.leg.br/proposicoesWeb/prop_mostrarintegra?codteor=1544961. Acesso em: 16 jul. 2019.
[391] Disponível em: http://www.PGR.mp.br/pgr/documentos/ADI5766reformatrabalhista.pdf. Acesso em: 17 jul. 2019.

da inconstitucionalidade da expressão "ainda que beneficiária da justiça gratuita" do §2º, é o único fator que enseja a incompatibilidade com o inciso LXXIV do art. 5º da Constituição. Assim, uma vez declarada a inconstitucionalidade da referida expressão, não haveria qualquer vício no §3º, pois condicionaria o pagamento das custas a que se refere o §2º apenas aos reclamantes que não fossem beneficiários da justiça gratuita.

Os tribunais do trabalho, entretanto, têm enfrentado além da constitucionalidade do §2º, também a do §3º do art. 844 da CLT.

Há duas correntes jurisprudenciais antagônicas nas cortes trabalhistas acerca da constitucionalidade dos referidos dispositivos legais.

A primeira propugna pela constitucionalidade dos dois preceitos, sob o fundamento de que *"vincula-se ao uso indevido do judiciário – ausência injustificada – garantindo-se, sempre, prazo para a devida comprovação de motivação para a ausência"*, ainda que *"a Constituição Federal garante a gratuidade da justiça aos necessitados, não a sua utilização indevida e sem seriedade"*, e que *a condenação do trabalhador ao pagamento das custas, possui "natureza punitiva, pelo descumprimento na obrigação de justificar a sua ausência, mesmo tendo movimentado toda a máquina do judiciário, além da outra parte trazida no outro polo da ação, com os ônus consequentes"*.[392]

Também se argumenta em prol da constitucionalidade dos §§2º e 3º do art. 844 da CLT, a *"ponderação do princípio do acesso à justiça (art. 5º, XXXV, CRFB) com o princípio da solidariedade (art. 3º, I, CRFB) e o princípio da boa-fé processual (art. 5º, CPC), prevalecendo estes, tendo em conta que faltar à audiência injustificadamente nunca foi direito de quaisquer das partes"*.[393]

---

[392] EMENTA: CUSTAS PROCESSUAIS. ARQUIVAMENTO DA AÇÃO AJUIZADA APÓS A VIGÊNCIA DA LEI Nº 13.467/2017. Não se vislumbra inconstitucionalidade no art. 844, §2º, da CLT, porquanto a cominação ao pagamento de custas, mesmo quando se tratar de beneficiário da justiça gratuita, vincula-se ao uso indevido do judiciário – ausência injustificada – garantindo-se, sempre, prazo para a devida comprovação de motivação para a ausência. Destaca-se que a Constituição Federal garante a gratuidade da justiça aos necessitados, não a sua utilização indevida e sem seriedade. A condenação assume natureza punitiva, pelo descumprimento na obrigação de justificar a sua ausência, mesmo tendo movimentado toda a máquina do judiciário, além da outra parte trazida no outro polo da ação, com os ônus consequentes. Condenação em custas processuais mantida. BRASIL, TRT-2, 1002838-91.2017.5.02.0204, 13ª T, Rel. Paulo José Ribeiro Mota, Publ. 18 jul. 2018. Disponível em: www.trt1.jus.br. Acesso em: 11 jul. 2019.

[393] EMENTA: "NÃO COMPARECIMENTO INJUSTIFICADO À AUDIÊNCIA INICIAL PELO AUTOR. CONDENAÇÃO AO PAGAMENTO DE CUSTAS. ART. 844, §2º, DA CLT INSERIDO PELA LEI Nº 13.467/2017. No caso de não comparecimento legalmente justificável à audiência inicial, além do arquivamento da ação, é cabível a condenação do

Favorável à constitucionalidade dos §2º do art. 844 da CLT, votou o Ministro Luiz Roberto Barroso no julgamento – ainda não concluído – da ADI nº 5.766/DF, pelo plenário do STF, na sessão de 10.05.2018 para assentar as seguintes teses, relativas ao §2º do art. 844: "O direito à gratuidade de justiça pode ser regulado de forma a desincentivar a litigância abusiva, inclusive por meio da cobrança de custas"; "É legítima a cobrança de custas judiciais, em razão da ausência do reclamante à audiência, mediante prévia intimação pessoal para que tenha a oportunidade de justificar o não comparecimento".[394]

A corrente jurisprudencial contrária advoga a inconstitucionalidade da expressão "ainda que beneficiário da justiça gratuita" que consta do §2º, pois haveria afronta direta ao princípio do acesso à Justiça previsto no art. 5º, LXXIV, da Constituição a condenação ao pagamento de custas daquele que tem direito à justiça gratuita. Também defende, essa segunda corrente, a inconstitucionalidade integral do §3º, sob o fundamento de que viola direta e frontalmente "aos princípios constitucionais da isonomia (art. 5º, *caput*, da CR), da inafastabilidade da jurisdição (art. 5º, XXXV, da CR) e da concessão de justiça gratuita àqueles que dela necessitarem (art. 5º, LXXIV, da CR)".[395]

---

autor da demanda em custas, independentemente de ser beneficiário da justiça gratuita. Trata-se de ponderação de valores, pelo legislador, entre o princípio do acesso à justiça (art. 5º, XXXV, CRFB) e, de outro lado, os princípios da solidariedade (art. 3º, I, CRFB) e da boa-fé processual (art. 5º, CPC), prevalecendo estes, tendo em conta que faltar à audiência injustificadamente nunca foi direito de quaisquer das partes" (BRASIL, TRT-12, 0000794-27.2018.5.12.0003, 6ª Câmara, Rel. Lilia Leonor Abreu, julg. e publ. 08 jul. 2019. Disponível em: www.trt12.jus.br. Acesso em: 13 jul. 2019).

[394] BRASIL, STF, ADI 5766, Rel. Min. Roberto Barroso, tendo a sessão de 10 maio 2018 sido suspensa, em razão de vista do Min. Luiz Fux. Disponível em: www.stf.jus.br. Acesso em: 16 jul. 2019.

[395] 1 – Súmula 72 do TRT-3: Arguição de Inconstitucionalidade. Pagamento de custas. Beneficiário de justiça gratuita. §§2º e 3º do art. 844 da CLT (Lei nº 13.467/2017). São inconstitucionais a expressão "ainda que beneficiário da justiça gratuita", constante do §2º, e a íntegra do §3º, ambos dispositivos do art. 844 da CLT, na redação dada pela Lei nº 13.467/2017, por violação direta e frontal aos princípios constitucionais da isonomia (art. 5º, *caput*, da CR), da inafastabilidade da jurisdição (art. 5º, XXXV, da CR) e da concessão de justiça gratuita àqueles que dela necessitarem (art. 5º, LXXIV, da CR). (RA 145/2018, disponibilização: DEJT/TRT3/Cad. Jud. 19, 20 e 21/09/2018). Disponível em: www.trt3.jus.br. Acesso em: 11 jul. 2019. 2 – EMENTA: INCONSTITUCIONALIDADE DOS PARÁGRAFOS 2º E 3º DO ARTIGO 844 DA CLT. O comando que atribui à parte reclamante, ainda que beneficiária da justiça gratuita, o ônus de pagamento das custas como condição para a propositura de nova demanda, repercute como violação aos princípios da assistência judiciária integral e gratuita e do acesso ao judiciário, traduzidos nos incisos e LXXIV e XXXV da Constituição Federal. Declara-se a inconstitucionalidade do parágrafo 2º do artigo 844 da CLT quanto à expressão ainda que beneficiário da justiça

A favor da tese da inconstitucionalidade do §2º do art. 844 da CLT, votou o Ministro Luiz Edson Fachin no julgamento da *ADI nº 5.766/DF*, já referido, argumentando, em síntese, que os mencionados preceitos afrontam o direito à gratuidade da Justiça e, consequentemente, o próprio direito ao acesso à Justiça, que, por sua vez, não admitem "restrições relacionadas à conduta do trabalhador em outro processo trabalhista, sob pena de esvaziamento de seu âmbito de proteção constitucional". O Ministro Fachin, ainda, pondera que "as limitações impostas pela Lei nº 13.467/2017 contrariam a consecução dos objetivos e desnaturam os fundamentos da Constituição da República de 1988, pois esvaziam direitos fundamentais essenciais dos trabalhadores, exatamente no âmbito das garantias institucionais necessárias para que lhes seja franqueado o acesso à Justiça, propulsor da busca de seus direitos fundamentais sociais, especialmente os trabalhistas".[396]

Bem postas as teses acerca da constitucionalidade e inconstitucionalidade dos §§2º e 3º do art. 844 da CLT, necessário analisá-las.

Conforme expôs a própria Justificativa parlamentar da PLC que deu origem à Lei nº 13.467/2017, a finalidade dos preceitos sob análise foi, intencionalmente, obstar o acesso do trabalhador à Justiça, pressupondo que todo o trabalhador que falta à audiência trabalhista, sem justificativa legal, é deliberadamente desidioso. A referida Justificativa legislativa abstrai a gama de incertezas e inseguranças que ronda as vidas dos trabalhadores que auferem menos do que 40% do valor máximo do RGPS – em 2019, no valor de R$2.335,78 e em 2020 no valor de R$2.440,42 –,[397] ou, ainda, os

---

gratuita, bem como do parágrafo 3º do mesmo dispositivo, quando prevê que o pagamento das custas a que se refere o §2º é condição para a propositura de nova demanda (BRASIL, TRT-4, 0021608-56.2017.5.04.0411 (Pet), Rel. Ana Luiza Heineck Kruse, Tribunal Pleno, julg. 13.12.2018, DEJT 17.12.2018. Disponível em: www.trt4.jus.br. Acesso em: 16 jul. 2019).

[396] Disponível em: www.conjur.com.br/dl/voto-fachin-reforma-trabalhista.pdf . Acesso em: 16 jul. 2019.

[397] A partir de 01 jan. 2018, o valor máximo do benefício pago pelo RGPS era de R$5.645,80, de modo que 40% representava R$2.258,32 (Disponível em: http://portal.esocial.gov.br/institucional/legislacao/portaria-mf-no-15-reajuste-inss-e-salario-familia-2018.pdf. Acesso em 30 jan. 2020). A partir de 01 jan. 2019, passou a ser R$5.839,45, de modo que 40% equivalia a R$2.335,78 (Disponível em: http://www.previdencia.gov.br/2019/01/portaria-oficializa-reajuste-de-343-para-beneficios-acima-do-minimo-em-2019/ http://www.previdencia.gov.br/2019/01/portaria-oficializa-reajuste-de-343-para-beneficios-acima-do-minimo-em-2019/. Acesso em: 16 jul. 2019). A partir de 01.01.2020, o teto passou a ser de R$6.101,06, de forma que 40% representa R$2.440,42 (Disponível em: http://www.previdencia.gov.br/2020/01/portaria-oficializa-reajuste-de-448-para-beneficios-acima-do-minimo-em-2020/. Acesso em: 30 jan. 2020).

desempregados, cujo horizonte existencial é o recebimento da última prestação do seguro-desemprego.

Muitas razões podem levar um trabalhador a não comparecer à audiência trabalhista, desde um serviço ocasional, entrevista de emprego, doença e até a falta de dinheiro para pagar a passagem do transporte público. Outros motivos podem levar o trabalhador a não justificar a ausência à audiência, tais como desconhecimento do teor da lei, falta de comunicação com o advogado, mudança de cidade, insucesso na obtenção de atestado médico, ou por absoluta impossibilidade de produção da prova: como se comprovaria não possuir dinheiro para pagar a passagem de ônibus? Não se pode esquecer que a parte final do §2º do art. 844 da CLT exige que a comprovação se dê no prazo de quinze dias, "por motivo legalmente justificável".

A Justificativa da PLC nº 6.787/2016 (convertida em Lei nº 13.467/2017), bem demonstra a distância abissal existente entre as intenções do legislador brasileiro e a realidade da esmagadora maioria da população, cuja renda domiciliar *per capita*, em 2018, foi de R$1.373,00,[398] e que, também em 2018, possuía 11,3 milhões de analfabetos, equivalente a 6,8% da população.[399] Com efeito, o legislador da Lei nº 13.467/2017 atribui a uma suposta "litigância descompromissada" do trabalhador o grande volume de ações trabalhistas, olvidando-se por completo da contumaz inadimplência dos empregadores.[400]

Em qual contexto se pode cogitar de um acesso "responsável" à Justiça, para justificar a constitucionalidade de lei que impõe o

---

[398] Disponível em: https://agenciadenoticias.ibge.gov.br/agencia-sala-de-imprensa/2013-agencia-de-noticias/releases/23852-ibge-divulga-o-rendimento-domiciliar-per-capita-2018. Acesso em: 16 jul. 2019.

[399] Disponível em: https://oglobo.globo.com/sociedade/educacao/brasil-ainda-tem-113-milhoes-de-analfabetos-23745356. Acesso em: 17 jul. 2019.

[400] São inúmeros os exemplos: "Os valores de FGTS (Fundo de Garantia do Tempo de Serviço) não depositados tiveram alta de 25% no primeiro trimestre de 2018" (Disponível em: https://www1.folha.uol.com.br/colunas/mercadoaberto/2018/04/inadimplencia-de-empregadores-com-fgts-cresce-25-no-primeiro-trimestre.shtml. Acesso em: 16 jul. 2019); "O número de mortes causadas por acidente de trabalho voltou a crescer no Brasil. Em 2018, pela primeira vez desde 2013, a quantidade de trabalhadores que morreram no serviço ou a caminho dele foi maior do que no ano anterior" (Disponível em: https://eesp.fgv.br/noticia/numero-de-mortes-por-acidente-de-trabalho-volta-crescer-apos-5-anos. Acesso em: 16 jul. 2019).

pagamento de custas judiciais ao trabalhador beneficiário da justiça gratuita e, ainda, condiciona o exercício do direito de ajuizar nova ação ao pagamento das custas do processo anterior?

Evidentemente, o principal efeito de medidas legislativas como essa é refrear a qualquer custo o ajuizamento de ações trabalhistas, com viés manifestamente econômico – seja para minimizar os custos das empresas, seja para reduzir o orçamento e o tamanho da Justiça do Trabalho –, mesmo que essas medidas sejam contrárias à Constituição.

O primeiro argumento jurídico em prol da constitucionalidade do §2º do art. 844 da CLT – de que a condenação do trabalhador ao pagamento das custas processuais visa puni-lo por ter faltado injustificadamente a audiência – apresenta um inequívoco desvio de finalidade.

De fato, a natureza jurídica das *custas judiciais* é a de "taxas devidas ao Estado, em decorrência da prestação do serviço público de justiça".[401] *Custas judiciais*, desse modo, não se confundem com *multa*, esta, sim, com finalidade reparatória da parte prejudicada pela má-fé processual da outra. No entanto, inexiste previsão legal de que a ausência injustificada do reclamante à audiência caracterize, por si só, litigância de má-fé, conforme se observa do art. 793-B da CLT. Inexiste, ademais, previsão legal atribuindo às custas judiciais finalidade punitiva, de modo que insustentável a tese do caráter punitivo das custas, nas hipóteses da ausência injustificada do trabalhador hipossuficiente à audiência.

Ademais, o art. 732 da CLT já estabelece a punição de proibir o trabalhador de reclamar perante a Justiça do Trabalho, pelo prazo de seis meses, quando, por duas vezes seguidas, der causa ao arquivamento da reclamatória. A imposição, ainda, de custas, representaria, indubitavelmente, uma dupla punição exatamente ao trabalhador mais vulnerável.

Outro argumento, de que o arbitramento de custas para o reclamante, injustificadamente ausente à audiência, respeita ao princípio da solidariedade – normativado no art. 3º, I, da Constituição –, encontra óbice na própria noção atual de solidariedade.

---

[401] TEIXEIRA FILHO, 2018, p. 7.

Com efeito, atribuem-se à solidariedade duas dimensões mutuamente condicionantes. A primeira, ético-política, compreendida como comportamento que visa compartilhar e se identificar com as preocupações e necessidades dos outros. A segunda, jurídica, que se traduz no compromisso dos poderes públicos para tornar efetiva a igualdade material.[402]

Ora, o trabalhador que faz jus aos benefícios da justiça gratuita é aquele que não possui condições de pagar as custas, sob pena de lhe faltarem os meios para subsistência digna própria e de seus dependentes.

A solidariedade, enquanto valor, não é antagônico, mas complementar ao princípio do acesso à Justiça, pois aponta para a direção de se isentarem as custas daquele que, se tivesse que pagá-las, provavelmente teria seriamente ameaçada a sua subsistência ou a de seus dependentes. Solidariedade no sentido de preocupar-se com as necessidades do próximo. A ponderação dos valores expressos pelos princípios da solidariedade e do acesso à Justiça não deixa dúvidas sobre a imprescindibilidade de se isentarem as custas do trabalhador beneficiário da justiça gratuita, em qualquer hipótese.

Por fim, o argumento de que a ausência do reclamante à audiência, sem justificativa, autorizaria a cobrança de custas judiciais, mesmo que beneficiário da justiça gratuita, porque se ponderando os princípios de acesso à Justiça e o da boa-fé processual, deve aplicar o da boa-fé processual. Há três problemas nessa tese. O primeiro decorrente do fato de que os princípios da boa-fé processual e do acesso à Justiça não se excluem, mas, ao contrário, se complementam. O segundo, de hermenêutica constitucional, porque o princípio da boa-fé, enquanto norma plasmada em lei ordinária, não se sobrepõe à norma constitucional, mas ao contrário. O terceiro, o de se excluir dessa valoração, o princípio da dignidade da pessoa humana.

O princípio da boa-fé processual, disposto no art. 5º do CPC, é fonte de deveres das partes, principalmente o de colaboração para a busca da verdade. É princípio corolário do devido processo legal – ou processo justo[403] – previsto no art. 5º, LIV, da Constituição, por meio

---

[402] PÉREZ LUÑO, 2007, p. 109.
[403] Luiz Guilherme Marinoni, Sérgio Cruz Arenhart e Daniel Mitiero preferem a expressão "processo justo", ao invés de "devido processo legal", ao fundamento de que, primeiro,

do qual se exerce pretensão à Justiça e à tutela jurídica, como também se almeja assegurar a obtenção de uma *decisão justa*.[404]

No contexto de um processo trabalhista em que o trabalhador não dispõe dos meios materiais para custear o processo, sem prejuízo próprio e de sua família, a condenação de pagar custas judiciais não pode ser considerada uma *decisão justa*. Há, portanto, incongruência na tese que utiliza o princípio da boa-fé para se obter uma *decisão injusta*.

Saliente-se que a extinção do processo sem julgamento do mérito, em razão da ausência injustificada do reclamante à audiência inicial – ou audiência una –, não lhe beneficia, na medida em que não se lhe reconhece qualquer vantagem ou direito, de modo que não é possível se cogitar que o processo tenha sido utilizado para "conseguir objetivo ilegal" (CLT, art. 793-B), o que também afasta o fundamento de má-fé, ou violação da boa-fé processual para justificar a cobrança de custas do trabalhador hipossuficiente que falta à audiência inicial.

O fato de movimentar a máquina judiciária, e não comparecer à audiência, acarretando a extinção do processo sem julgamento do mérito, é de muito menor impacto quanto ao custo, do que de outro trabalhador que formula pretensão em face de ré que é manifestamente ilegítima *ad causam*. Note-se que no primeiro caso o custo é mínimo, de uma única audiência e alguns poucos atos processuais. No segundo, além da audiência, poderá haver ainda oitiva de testemunhas, e mesmo outras provas mais dispendiosas como perícias[405] e, ainda, sentença de mérito de improcedência, como também eventual recurso.

Pela lógica paradoxal e injusta da Lei nº 13.467/2017, no primeiro caso – do art. 844, §§2º e 3º –, o autor mesmo beneficiário da

---

a expressão "devido processo legal", "remete ao contexto cultural do *Estado de Direito* (Rechtsstaat, État Legal), em que o processo era concedido unicamente como um anteparo ao arbítrio estatal, ao passo que hoje o Estado Constitucional (*Verfassungsstaat, État de Droit*) tem por missão colaborar na realização da tutela efetiva dos direitos mediante a organização de um processo justo. Em segundo lugar, porque dá azo a que se procure, por conta da tradição estadunidense em que colhida, uma dimensão substancial à previsão (*substantive due process of law*), quando inexiste necessidade de pensá-la para além de sua dimensão processual no direito brasileiro" (MARINONI; ARENHART; MITIDIERO, 2015, p. 489-490).

[404] MARINONI; ARENHART; MITIDIERO, 2015, p. 491.
[405] Caso o autor não substitua o réu, conforme faculta o art. 338 do CPC.

justiça gratuita será condenado a pagar custas, vedando-lhe, ainda, o ajuizamento de nova ação, sem antes recolhê-las. No segundo, em que o pedido foi rejeitado, o autor beneficiário da justiça gratuita será isento de pagá-las, podendo, ainda, ajuizar nova ação em face de outro réu, sem ter que quitar, antecipadamente, qualquer valor.

Percebe-se, portanto, que a alegação de que o trabalhador movimentou indevidamente a máquina judiciária e, por isso, deve pagar as custas, quando beneficiário da justiça gratuita, é argumento frágil e não isonômico, já que inúmeros outros casos em que há movimentação – pretensamente indevida – da máquina judiciária, não há previsão legal de cobrança de custas a quem deu causa ao processo, se não possui recursos para suportá-las.

Reitere-se que, nos dois casos, a *decisão justa* é aquela que isenta o trabalhador desprovido de recursos de pagar custas, na medida em que uma das características do direito fundamental de acesso à Justiça é a prestação jurisdicional pelo Estado, integral e gratuita, àqueles que comprovarem insuficiência de recursos, independentemente de terem, ou não, direito a uma sentença de mérito favorável.

De acordo com o princípio da supremacia da Constituição, a lei apenas subsiste validamente se não contrariar a Constituição. O princípio da boa-fé processual, enquanto norma resultante de lei ordinária (CPC, art. 6), deve se conformar com o princípio constitucional do acesso à Justiça, e não o contrário. Nesse sentido, validar a norma que prevê a cobrança de custas de trabalhador hipossuficiente, sob o fundamento de que a lei ordinária deve prevalecer em detrimento de norma constitucional, afronta manifestamente o princípio da supremacia da Constituição e, portanto, inconcebível em um Estado Constitucional.

Conforme já salientado no Capítulo 1 desse livro, o acesso à Justiça é direito fundamental da mais alta importância, porque é instrumento indispensável à proteção dos demais direitos, principalmente o da dignidade da pessoa humana. Em outras palavras, sem o acesso à Justiça, restariam esvaziados todos os outros direitos fundamentais, dentre os quais o da dignidade da pessoa humana, por falta de instrumento que lhes garantisse efetividade.

O conceito de dignidade da pessoa humana, conforme a teoria kantiana, centra-se na ideia de que todo o homem existe "como um fim em si mesmo", de modo que nenhum ser humano "pode ser utilizado por quem quer que seja – inclusive Deus –", como meio, mas apenas como um fim.[406]

Em qualquer hipótese argumentativa, deve-se colocar o ser humano como fim em si mesmo, de modo que contraria o princípio da dignidade da pessoa humana retirar do trabalhador os meios necessários à subsistência própria e de seus dependentes, impondo-lhe o pagamento de custas, sob o pretexto de puni-lo, por sua suposta negligência de não justificar a ausência à audiência.

Deve-se reconhecer o direito à jurisdição, e, em especial, à jurisdição trabalhista, como direito fundamental elementar para a eficácia dos demais direitos fundamentais, sobretudo aqueles que garantam o mínimo existencial, ou seja, condições mínimas de existência digna, tais como alimentação, moradia, vestuário, higiene, saúde, dentre outros previstos no art. 7º, IV, da Constituição.

Alguns TRTs declararam a inconstitucionalidade dos §§2º e 3º do art. 844 da CLT, por afrontarem os princípios constitucionais da isonomia, da inafastabilidade da jurisdição, e da concessão de justiça gratuita àqueles que dela necessitarem.

De acordo com as decisões das cortes trabalhistas existe incompatibilidade entre os §2º do art. 844 da CLT e o inciso LXXIV do art. 5º da Constituição, na medida em que, enquanto o primeiro (lei ordinária) *impõe o pagamento de custas a quem não tem recursos para pagá-las*, o segundo (norma constitucional) reconhece o direito a *assistência jurídica integral e gratuita àqueles que não possuem recursos para pagar custas processuais*.[407]

Ainda em prol da inconstitucionalidade do §2º do art. 844 da CLT, os TRTs reconheceram ofensa ao princípio da isonomia. Aduz-se que os arts. 90, 98 a 102 do CPC ao disporem sobre a extinção do processo sem julgamento do mérito, inclusive por desistência da

---

[406] PÉREZ LUÑO, 2007, p. 111.
[407] 1 -BRASIL, TRT-3, 0010676-71.2018.5.03.0000 (ARGI) Tribunal Pleno, Rel. Marco Antonio Paulinelli Carvalho, Julg. 20/09/2018, Public. 24/09/2018, DEJT/TRT3/Cad.Jud, Pag. 584. Disponível em: www.trt3.jus.br. Acesso em: 15 jul. 2019; 2 – BRASIL, TRT-4, 0021608-56.2017.5.04.0411 (Pet), Rel. Ana Luiza Heineck Kruse, Tribunal Pleno, julg. 13/12/2018, DEJT 17/12/2018. Disponível em: www.trt4.jus.br. Acesso em: 16 jul. 2019; 3 – BRASIL, TRT-17, 0000021-21-16.2019.5.17.0000, Tribunal Pleno, Rel. Jailson Pereira da Silva, julg. 10.07.2019, DEJT

ação, não atribui ao demandante desistente beneficiário da justiça gratuita, o ônus de pagar custas e despesas processuais. Sustenta-se que o tratamento diferenciado ao beneficiário da justiça gratuita no processo do trabalho cria diferenciação inconcebível à luz do art. 5º, *caput*, da Constituição. Também sob o fundamento de violação ao princípio da igualdade, haveria tratamento igual a situações diferentes: imposição tanto ao trabalhador que possui recursos financeiros, quanto àquele que não os possui, o ônus de pagar as custas processuais antes de ajuizar nova ação.[408]

Já em relação à inconstitucionalidade do §3º do art. 844 da CLT, as cortes trabalhistas que enfrentaram a questão, julgaram que haveria dupla punição ao reclamante que não comparece à audiência inicial, pois o art. 732 do mesmo diploma legal, já prevê impedimento temporário do direito de demandar perante a Justiça do Trabalho, pelo interregno de seis meses, àquele que, por duas vezes seguidas, der causa ao arquivamento dos autos.[409]

Também a favor da inconstitucionalidade do §3º do art. 844 da CLT, os TRTs entenderam que a vedação ao trabalhador beneficiário da justiça gratuita de ajuizar nova ação antes de pagar as custas do processo extinto, violaria a garantia constitucional de inafastabilidade da jurisdição (art. 5º, inciso XXXV), porque dificultaria e, em alguns casos, até mesmo impediria, o exercício do direito de ação, e, por conseguinte, restrição a concreção e efetividade dos demais direitos fundamentais.[410]

---

[408] 1 – BRASIL, TRT-3, 0010676-71.2018.5.03.0000 (ARGI) Tribunal Pleno, Rel. Marco Antonio Paulinelli Carvalho, Julg. 20/09/2018, Public. 24/09/2018, DEJT/TRT3/Cad.Jud, Pag. 584. Disponível em: www.trt3.jus.br. Acesso em: 15 jul. 2019; 2 – BRASIL, TRT-4, 0021608-56.2017.5.04.0411 (Pet), Rel. Ana Luiza Heineck Kruse, Tribunal Pleno, julg. 13/12/2018, DEJT 17/12/2018. Disponível em: www.trt4.jus.br. Acesso em: 16 jul. 2019; 3 – BRASIL, TRT-17, 0000021-21.16.2019.5.17.0000, Tribunal Pleno, Rel. Jailson Pereira da Silva, julg. 10.07.2019, DEJT.

[409] 1 – BRASIL, TRT-3, 0010676-71.2018.5.03.0000 (ARGI) Tribunal Pleno, Rel. Marco Antonio Paulinelli Carvalho, Julg. 20/09/2018, Public. 24/09/2018, DEJT/TRT3/Cad.Jud, Pag. 584. Disponível em: www.trt3.jus.br. Acesso em: 15 jul. 2019; 2 – BRASIL, TRT-4, 0021608-56.2017.5.04.0411 (Pet), Rel. Ana Luiza Heineck Kruse, Tribunal Pleno, julg. 13/12/2018, DEJT 17/12/2018. Disponível em: www.trt4.jus.br. Acesso em: 16 jul. 2019; 3 – BRASIL, TRT-17, 0000021-21.16.2019.5.17.0000, Tribunal Pleno, Rel. Jailson Pereira da Silva, julg. 10.07.2019, DEJT.

[410] 1 – BRASIL, TRT-3, 0010676-71.2018.5.03.0000 (ARGI) Tribunal Pleno, Rel. Marco Antonio Paulinelli Carvalho, Julg. 20/09/2018, Public. 24/09/2018, DEJT/TRT3/Cad.Jud, Pag. 584. Disponível em: www.trt3.jus.br. Acesso em: 15 jul. 2019; 2 – BRASIL, TRT-4, 0021608-56.2017.5.04.0411 (Pet), Rel. Ana Luiza Heineck Kruse, Tribunal Pleno, julg. 13/12/2018, DEJT 17/12/2018. Disponível em: www.trt4.jus.br. Acesso em: 16 jul. 2019; 3 – BRASIL,

Necessária uma interpretação que assegure a máxima efetividade do direito fundamental de acesso à Justiça, sob pena de, como pontuou o Ministro Luiz Edson Fachin, no julgamento da ADI nº 5.766/DF, "esvaziar-se, por meio de sucessivas restrições, ele próprio e todos os demais direitos por ele assegurados".[411]

Compendiando-se as ideias acima expostas, conclui-se pela inconstitucionalidade da expressão "ainda que beneficiário da justiça gratuita" do §2º do art. 844 da CLT, pelas seguintes razões:

– Afronta ao inciso LXXIV, do art. 5º da Constituição que prevê direito à assistência jurídica integral e gratuita que deverá ser prestada pelo Estado aos que comprovarem insuficiência de recursos.[412]

– Contraria ao princípio da igualdade previsto no art. 5º, *caput*. Com efeito, uma das características básicas da igualdade é a de que se deve procurar compensar as desigualdades sociais e econômicas entre os membros da sociedade por meio da atuação do direito. O preceito em foco agride o princípio da igualdade ao tratar da mesma forma, pessoas economicamente diferentes, não permitindo a compensação da desigualdade existente entre elas, por meio da isenção das custas àqueles que não possuem recursos para pagá-las.

– Viola o princípio da igualdade, plasmado no art. 5º, *caput*, da Constituição. De fato, a regra trabalhista em foco prevê a cobrança de custas de trabalhador beneficiário da justiça gratuita, ao passo que o CPC (arts. 90, 98 a 102), em situação similar, isenta o beneficiário da justiça gratuita do recolhimento das custas. Observa-se, nesse aspecto, tratamento diferente para situações iguais, o que acarreta desigualdade.

TRT-17, 0000021-21.2019.5.17.0000, Tribunal Pleno, Rel. Jailson Pereira da Silva, julg. 10.07.2019, DEJT.

[411] Disponível em: www.conjur.com.br/dl/voto-fachin-reforma-trabalhista.pdf . Acesso em: 16 jul. 2019.

[412] Maurício G. Delgado e Gabriela N. Delgado, no mesmo sentido, asseveram que a condenação ao pagamento de custas processuais a reclamante beneficiário da justiça gratuita que falta, injustificadamente, à audiência inaugural "não se mostra válido, porquanto manifestamente inconstitucional", pois "está protegido por um direito e garantia de natureza e autoridade constitucionais". Concluem os autores que "Nesse quadro, a interpretação lógico-racional, sistemática e teleológica do novo §2º do art. 844 da CLT conduz á conclusão de que o dispositivo atinge, sim, todos os reclamantes injustificadamente faltosos à audiência inaugural, salvo aqueles que o Poder Judiciário declarar serem beneficiários da justiça gratuita (art. 5º, LXXIV, CF)." (DELGADO; DELGADO, 2017, p. 345).

Afronta o princípio da dignidade da pessoa humana, garantido pelo art. 1º, inciso III, da Lei Maior, quando condiciona o exercício do direito de ação pelo trabalhador hipossuficiente, ao recolhimento de custas do processo anterior, extinto sem resolução do mérito. Lembre-se que o direito de ação é o único constitucionalmente reconhecido para buscar a manutenção e/ou reparação de direitos fundamentais violados que encontram na dignidade humana seu fundamento último.

Uma vez declarada inconstitucional a expressão "ainda que beneficiário da justiça gratuita" do §2º, a discussão muda de enfoque, pois não se trata mais de condicionar o ajuizamento de nova ação a quem não possui recursos para quitar as custas.

De qualquer forma, persiste ainda a questão relativa à contrariedade do §3º do art. 844 da CLT ao inciso XXXV do art. 5º que prevê a garantia constitucional de inafastabilidade da jurisdição, quando o reclamante não for beneficiário da justiça gratuita.

A analogia ao CPC é imprescindível.

Com efeito, o 290 do CPC prevê que será cancelada a distribuição do feito se a parte, intimada na pessoa de seu advogado, não realizar o pagamento das custas e despesas de ingresso em 15 (quinze) dias.

Já o art. 486, §2º do mesmo diploma processual possui, inclusive, regra semelhante à do §3º do art. 844 da CLT. Dispõe o *caput* do art. 486 que o "pronunciamento judicial que não resolve o mérito não obsta a que a parte proponha de novo a ação". O §2º, por sua vez, estabelece que a "petição inicial, todavia, não será despachada sem a prova do pagamento ou do depósito das custas e dos honorários de advogado". O CPC de 1973 possuía regra análoga no art. 268.[413]

A jurisprudência do STJ é pacífica quanto à constitucionalidade da regra que fixa prazo para o autor de nova ação recolher as custas do processo anterior extinto sem resolução do mérito.[414]

---

[413] Dispunha o art. 268 do CPC de 1973: "Art. 268. Salvo o disposto no art. 267, V, a extinção do processo não obsta a que o autor intente de novo a ação. A petição inicial, todavia, não será despachada sem a prova do pagamento ou do depósito das custas e dos honorários de advogado".

[414] EMENTA: "AGRAVO REGIMENTAL NO RECURSO ESPECIAL. MERA REITERAÇÃO DAS TESES EXAMINADAS. RENOVAÇÃO DA AÇÃO. CUSTAS E HONORÁRIOS DA

Importante doutrina, por sua vez, não vê inconstitucionalidade na regra geral de se atribuir custas processuais a trabalhador injustificadamente ausente à audiência inicial, excetuando-se o beneficiário da justiça gratuita.[415]

É possível relacionar as seguintes razões para se considerar constitucional o §3º do art. 844 da CLT, quando não for o reclamante beneficiário da justiça gratuita:

– De acordo com o art. 5º, inciso LXXIV, da Constituição, a assistência jurídica deverá ser prestada pelo Estado, gratuitamente, apenas àqueles que comprovarem insuficiência de recursos. Desse modo, não afronta a Constituição a lei ordinária que prevê recolhimento de custas àqueles que dispuserem de recursos.

– A lei ordinária que estabelece a obrigação de pagar custas ao litigante que possui recursos para quitá-las, sem prejuízo de sustento próprio e dos dependentes, não afronta o art. 5º, inciso XXXV, da Lei Maior, visto que não está excluindo da apreciação do Poder Judiciário lesão ou ameaça a direito, mas condicionando essa apreciação ao recolhimento de custas, na medida em que, conforme interpretação a *contrario sensu* do inciso LXXIV do mesmo artigo, é lícito ao Estado cobrar pela prestação jurisdicional daqueles que possuem recursos para pagar.

– Isentar do pagamento das custas processuais, o reclamante que possui recursos para fazê-lo, afrontaria o princípio da isonomia (art. 5º, *caput*, da Constituição). De fato, conforme já salientado, uma das principais características do princípio da igualdade é o de compensar desigualdades entre pessoas economicamente

---

SUCUMBÊNCIA. AÇÃO ANTERIOR. INTIMAÇÃO PARA A COMPROVAÇÃO DO PAGAMENTO. POSSIBILIDADE. SÚMULA 83/STJ. MANUTENÇÃO INTEGRAL DA DECISÃO. 1. A interpretação conferida ao artigo 268 do Código de Processo Civil pelo acórdão recorrido se alinha com a orientação jurisprudencial pacificada no âmbito desta Corte de que, ajuizada nova ação, porquanto a primeira foi extinta sem julgamento de mérito, pode o magistrado intimar o autor para que comprove o pagamento ou deposite as custas e os honorários advocatícios. Precedentes. 2. Agravo regimental não provido. BRASIL, STJ-AgRg no Resp. 1217360 / MT AGRAVO REGIMENTAL NO RECURSO ESPECIAL, 2010/0174973-0, T3, Rel. Min. Ricardo Villas Bôas Cueva, julg. 05.08.2014, DJe 19.08.2014. Disponível em: www.stj.jus.br. Acesso em: 17 jul. 2019.

[415] Transcreve-se a doutrina de Maurício G. Delgado e Gabriela N. Delgado: "Pontue-se que determinar o pagamento das custas pelo trabalhador faltante à audiência inaugural relativa a processo em que figura como reclamante é, sem dúvida, um dispositivo, em si, válido, regra geral" (DELGADO; DELGADO, 2017, p. 345).

diferentes, por meio do tratamento diferente a elas, na medida da respectiva diferença. Não haveria isonomia entre o reclamante beneficiário da justiça gratuita e o reclamante que dispõe de recursos, tanto se ambos fossem condenados a pagar custas, quanto se fossem, igualmente, dispensados de recolhê-las. O custo da máquina judiciária, reitere-se, seria igualmente, mas não isonomicamente, divido entre ambos.

4.5 Honorários advocatícios de sucumbência: interpretação do art. 791-A, *caput*, §§3º e 4º da CLT

O princípio da sucumbência, traduzido na máxima "ao vencido cabe responder pelas despesas do processo",[416] não era admitido, como regra geral,[417] no processo do trabalho até o advento da Lei nº 13.467/2017, em razão do reconhecimento pelo art. 791[418] da CLT da capacidade postulatória (*ius postulandi*) das partes.

A Lei nº 13.467/2017, sem alterar o preceito relativo à capacidade postulatória das partes, consagrado no art. 791 da CLT, incluiu expressamente o princípio da sucumbência no processo trabalhista, como regra geral, por meio do art. 791-A, *caput* e cinco parágrafos.

O *caput*[419] do art. 791-A prevê honorários de sucumbência ao advogado que patrocina a parte vencedora na causa, entre o mínimo de 5% e o máximo de 15%, sobre o valor que resulta da sentença, do proveito econômico obtido ou, não sendo possível mensurá-lo, sobre

---

[416] SANTOS, 1990, p. 307.
[417] Havia exceções como a regra do art. 790-B da CLT que previa sucumbência, em relação aos honorários periciais, da parte vencida no objeto da perícia, salvo se beneficiaria da justiça gratuita. Esse preceito foi alterado na parte final pela Lei nº 13.467/2017, atribuindo também ao beneficiário a justiça gratuita o ônus da sucumbência.
[418] O art. 791 da CLT está redigido da seguinte maneira: "Art. 791 – Os empregados e os empregadores poderão reclamar pessoalmente perante a Justiça do Trabalho e acompanhar as suas reclamações até o final".
[419] Reza o art. 791-A da CLT: "Art. 791-A. Ao advogado, ainda que atue em causa própria, serão devidos honorários de sucumbência, fixados entre o mínimo de 5% (cinco por cento) e o máximo de 15% (quinze por cento) sobre o valor que resultar da liquidação da sentença, do proveito econômico obtido ou, não sendo possível mensurá-lo, sobre o valor atualizado da causa".

o valor atualizado da causa. O mesmo preceito, ainda, reconhece o direito a honorários de sucumbência no caso de advogado vencedor em causa própria.

O §1º dispõe que os "honorários são devidos também nas ações contra a Fazenda Pública e nas ações em que a parte estiver assistida ou substituída pelo sindicato de sua categoria".

O §2º estabelece critérios a serem observados pelo juiz para atribuir o percentual (de 5 a 15%), necessário para a definição do *quantum* correspondente.

O §3º[420] define que em caso de procedência parcial da sentença, "o juízo arbitrará honorários de sucumbência recíproca, vedada a compensação entre os honorários".

O §4º[421] – mais polêmico do artigo – fixa obrigação de o beneficiário da justiça gratuita, caso vencido, pagar honorários de sucumbência, observando-se certas condições ("tenha obtido em juízo, ainda que em outro processo, créditos capazes de suportar a despesas"; "o credor demonstrar que deixou de existir a situação de insuficiência de recursos que justificou a concessão de gratuidade") e consequências ("as obrigações decorrentes de sua sucumbência ficarão sob condição suspensiva de exigibilidade" durante dois anos, extinguindo-se, passado esse prazo, a obrigação).

O §5º assenta serem devidos honorários de sucumbência em reconvenção.

Para a finalidade deste trabalho que é o de enfrentar as polêmicas relativas ao acesso à Justiça decorrentes da aplicação da Lei nº 13.467/2017, importam a análise de duas questões: a) (in)constitucionalidade do §4º e sua incidência nos casos de beneficiários da justiça gratuita; b) o critério previsto no §3º relativo a honorários sucumbência recíproca.

---

[420] O art. 791-A, §3º da CLT dispõe: "§3º Na hipótese de procedência parcial, o juízo arbitrará honorários de sucumbência recíproca, vedada a compensação entre os honorários".

[421] O art. 791-A, §4º da CLT prevê: "§4º Vencido o beneficiário da justiça gratuita, desde que não tenha obtido em juízo, ainda que em outro processo, créditos capazes de suportar a despesa, as obrigações decorrentes de sua sucumbência ficarão sob condição suspensiva de exigibilidade e somente poderão ser executadas se, nos dois anos subsequentes ao trânsito em julgado da decisão que as certificou, o credor demonstrar que deixou de existir a situação de insuficiência de recursos que justificou a concessão de gratuidade, extinguindo-se, passado esse prazo, tais obrigações do beneficiário".

4.5.1 (In)constitucionalidade do §4º do art. 791-A da CLT e sua incidência nos casos de beneficiários da justiça gratuita

A constitucionalidade do art. 791-A, §4º, da CLT também foi questionada pela PGR, perante o STF, por meio da ADI nº 5.766/DF, sob o fundamento de colisão com o art. 5º, inciso LXXIV, da Constituição, "ao impor a beneficiários de justiça gratuita pagamento de despesas processuais de sucumbência, até com empenho de créditos auferidos no mesmo ou em outro processo trabalhista, sem que esteja afastada a condição de pobreza que justificou o benefício". Assevera, a PGR, que o fundamento que motivou a alteração legislativa – inibir o ajuizamento de ações trabalhistas e redução dos custos vinculados à Justiça do Trabalho – carecem de legitimidade constitucional, mormente porque "restringem radicalmente direito fundamental dos cidadãos pobres, de acesso gratuito à Justiça do Trabalho em defesa de direitos laborais", além de gerar efeito perverso de intimidar e restringir "o pleno exercício da demanda trabalhista, pelo trabalhador carecedor de recursos, em proveito exclusivo aos interesses do poder econômico".[422]

Na primeira sessão de julgamento da ADI nº 5.766/DF, em 10.05.2018, o Ministro Luís Roberto Barroso assentou a tese, já referida, de que o direito à gratuidade de justiça não é absoluto e que é legítima a atribuição ao seu beneficiário do pagamento de honorários com a finalidade de desincentivar a litigância abusiva. Ainda sugeriu o Ministro Barroso critérios para a cobrança dos honorários de sucumbência do hipossuficiente, podendo incidir: "(i) sobre verbas não alimentares, a exemplo de indenizações por danos morais, em sua integralidade; e (ii) sobre o percentual de até 30% do valor que exceder ao teto do Regime Geral de Previdência Social, mesmo quando pertinente a verbas remuneratórias".[423]

---

[422] Disponível em: http://www.PGR.mp.br/pgr/documentos/ADI5766reformatrabalhista.pdf. Acesso em: 17 jul. 2019.
[423] BRASIL, STF, ADI 5766, Rel. Min. Roberto Barroso, tendo a sessão de 10 maio 2018 sido suspensa, em razão de vista do Min. Luiz Fux. Disponível em: www.stf.jus.br. Acesso em: 16 jul. 2019.

O Ministro Luiz Edson Fachin, na mesma sessão de julgamento da ADI nº 5.766/DF, asseverou que não há inconstitucionalidade da norma que admite a imputação de responsabilidade ao trabalhador sucumbente, mas, sim, na cobrança dos honorários de sucumbência de beneficiário da gratuidade, "pois admitir a imputação é ato distinto de tornar imediatamente exigível tal obrigação do beneficiário da justiça gratuita", sem que tenha cessado, por meio de declaração oficial, a perda da condição de hipossuficiência econômica.[424]

O cerne da questão não está, portanto, na possibilidade de se estabelecer, como regra geral, o princípio da sucumbência, no processo do trabalho, mas de exigir o pagamento dos honorários de sucumbência de parte beneficiária da justiça gratuita, e sem que esta condição tenha cessado, por meio de declaração oficial do juiz.

É importante frisar, desde logo, que a questão não se limita apenas ao reclamante – embora seja a esmagadora maioria dos casos –, mas também ao reclamado, por força do disposto no art. 98 do CPC, aplicado subsidiariamente ao processo do trabalho conforme Súmula nº 463, II, do TST.[425]

O preceito do §4º do art. 791-A da CLT foi, indubitavelmente, inspirado no §3º do art. 98 do CPC.[426]

Existem, contudo, duas diferenças fundamentais.

A primeira, o prazo para que o credor demonstre a cessação da situação de insuficiência de recursos que justificou a concessão da gratuidade: na CLT é de dois anos, enquanto no CPC, de cinco.

A segunda, na CLT há autorização que se executem os honorários de sucumbência no próprio processo, ou em outro, caso o

---

[424] Disponível em: www.conjur.com.br/dl/voto-fachin-reforma-trabalhista.pdf . Acesso em: 16 jul. 2019.

[425] Prevê a Súmula nº 463, I e II, do TST: ASSISTÊNCIA JUDICIÁRIA GRATUITA. COMPROVAÇÃO. I – A partir de 26.06.2017, para a concessão da assistência judiciária gratuita à pessoa natural, basta a declaração de hipossuficiência econômica firmada pela parte ou por seu advogado, desde que munido de procuração com poderes específicos para esse fim (art. 105 do CPC de 2015); II – *No caso de pessoa jurídica, não basta a mera declaração: é necessária a demonstração cabal de impossibilidade de a parte arcar com as despesas do processo.* (Disponível em: www.tst.jus.br. Acesso em: 18 jul. 2019).

[426] Dispõe o §3º do art. 98 do CPC: "§3º Vencido o beneficiário, as obrigações decorrentes de sua sucumbência ficarão sob condição suspensiva de exigibilidade e somente poderão ser executadas se, nos 5 (cinco) anos subsequentes ao trânsito em julgado da decisão que as certificou, o credor demonstrar que deixou de existir a situação de insuficiência de recursos que justificou a concessão de gratuidade, extinguindo-se, passado esse prazo, tais obrigações do beneficiário".

reclamante, beneficiário da justiça gratuita, tenha obtido créditos capazes de suportar as despesas; no CPC não existe esta previsão.

A arguição de inconstitucionalidade encontra-se precisamente na *aparente* autorização existente no §4º do art. 791-A da CLT – inexistente no §3º do art. 98 do CPC – de se cobrar de trabalhador beneficiário da justiça gratuita honorários de sucumbência, no próprio processo ou em outro que venha a obter crédito, "sem que tenha cessado, por meio de declaração oficial, a perda da condição de hipossuficiência econômica".

Essa interpretação, meramente gramatical, do §4º leva à sua inequívoca inconstitucionalidade, na medida em que, conforme já tantas vezes salientado, é inadmissível impor à pessoa que não possui os meios necessários à subsistência própria e de seus dependentes, os ônus relativos às despesas processuais, sob pena de violação aos direitos fundamentais da dignidade da pessoa humana (art. 1º, inciso III), acesso à Justiça (art. 5º, incisos XXXV e LXXIV), igualdade (art. 5º, *caput*) e assistência jurídica integral e gratuita àqueles que comprovem insuficiência de recursos (art. 5º, LXXIV).

O próprio voto do Relator da ADI nº 5.766/DF, Ministro Luís Roberto Barroso, é pela inconstitucionalidade, parcial, do preceito analisado, interpretado pela sua literalidade, pois julga procedente em parte a ação, reconhecendo a impossibilidade de se cobrarem honorários de sucumbência sobre a integralidade dos créditos remuneratórios do beneficiário da justiça gratuita, mesmo que obtido em outro processo. Tanto é que propõe uma "interpretação conforme a Constituição", para – repita-se – autorizar a cobrança de honorários de sucumbência de hipossuficiente, *"sobre verbas não alimentares"* e "sobre o percentual de até 30% do valor que exceder ao teto do Regime Geral de Previdência Social, *mesmo quando pertinente a verbas remuneratórias"*.

A longa oração caracterizada pela redação do §4º, formada por diversos sintagmas e apostos, além de contrariar a melhor técnica legislativa, principalmente de clareza[427] e concisão, dificulta, nos

---

[427] Observa Carlos Roberto Siqueira Castro: "É mister, contudo, para que o princípio da legalidade tenha efetiva aplicação, tanto para os particulares quanto para os agentes do Poder Público, que os atos normativos de todos os níveis de governo sejam providos de clareza e precisão, a fim de que os destinatários das regras jurídicas, e bem assim os seus executores em todas as instâncias da organização estatal, possam bem conhecer o sentido e o alcance de suas disposições. A inteligibilidade dos preceitos legais constitui elemento ínsito à legalidade. A não ser assim, o

contornos dos significados de cada palavra e da correspondente estrutura gramatical, a obtenção de um consenso hermenêutico.

Também é possível, pela mera literalidade, chegar a outras conclusões, como de se compreender que a execução dos honorários de sucumbência só será possível após "o credor demonstrar que deixou de existir a situação de insuficiência de recursos que justificou a concessão de gratuidade".

Com efeito, a expressão "*créditos capazes de suportar a despesa*" permite dúbia interpretação. Refere-se "ao valor do crédito ser *suficiente* para quitar integralmente os honorários de sucumbência" ou "a *capacidade* do sucumbente de fazer frente à despesa sem prejuízo de sustento próprio e dos dependentes"?

Veja-se que *se* o vocábulo "capazes" é compreendido como sinônimo de "suficientes" vincula-se ao sintagma anterior ("desde que não tenha obtido em juízo, ainda em que em outro processo") e terá um sentido. Se, contudo, for compreendido como "capacidade" ou "aptidão" para pagamento, vincula-se a ideia subsequente de comprovação da cessação da situação de insuficiência de recursos que justificou a concessão de gratuidade; com outro sentido.

Isso apenas demonstra a pobreza e, no caso, a inconveniência da interpretação gramatical, além, evidentemente, de externar a *polissemia* da norma.

A interpretação sistemática-teleológica, contudo, pode fornecer alternativas para se encontrar a *mens legis*, e também uma interpretação conforme a Constituição, ante a *polissemia* apontada.[428]

A ideia de sistema jurídico está relacionada ao sentido profundo integrante do ordenamento jurídico, por meio de suas conexões com outras normas e com os princípios do ordenamento, que

---

entendimento do comando legislativo, especialmente quando se tratar de normas proibitivas ou imperativas, restaria prejudicado, daí podendo resultar graves consequências para aqueles sujeitos à sua observância" (CASTRO, 2003, p. 220). Não se olvida que a "clareza, se existe, não pode ser um *prius*, mas um *posterius* da interpretação; não a premissa, mas o resultado da interpretação", de modo que "a clareza legislativa não pode ser referida a uma enunciação individual, mas ao discurso legislativo globalmente considerado" (PERLINGIERI, 1999, p. 70-72). Refuta-se, por isso, conforme lição de Carlos Maximiliano, o brocardo *in claris cessat interpretation* (MAXIMILIANO, 1991, p. 33).

[428] Relembre-se a lição de Canotilho, mencionada no Capítulo 2 desse livro, no sentido de que no caso de normas polissêmicas, deve prevalecer aquela que lhe dê um sentido conforme a Constituição.

exprimem uma unidade.⁴²⁹ A unidade do sistema, por outro lado, tem o sentido de que o objeto de análise do intérprete deve ser pressuposto e compreendido como um todo em si significativo.⁴³⁰

Embora se reconheça autonomia do processo do trabalho, "por possuir disposições legais e princípios específicos", não desenvolveu "método hermenêutico exclusivo, uma vez que a interpretação, a integração e a aplicação das suas normas não diferem das que são utilizadas pelo processo civil".⁴³¹

Por essa razão, a partir de uma perspectiva pragmática e, diante da estreita conexão entre os dois ramos processuais, sobretudo por força dos arts. 15 do CPC e 769 da CLT, a interpretação, a integração e a aplicação das normas do processo do trabalho podem se realizar por meio do processo civil, desde que não haja incompatibilidade.

Diante da precária e incerta redação do §4º do art. 791-A da CLT, a primeira alternativa metodológica para se buscar a *mens legis* e uma interpretação conforme a Constituição é o processo civil, ante a função supletiva reconhecida pelo art. 15 do CPC, onde existe, como já assinalado, regra semelhante: §3º do art. 98.

A interpretação conforme a Constituição se daria, sobretudo em razão de dois direitos fundamentais: o da *isonomia* (art. 5º, *caput*) e o do *acesso à Justiça* (art. 5º, incisos XXXV e LXXIV).

A isonomia entre dois sujeitos economicamente iguais que buscam um bem jurídico perante o Poder Judiciário e que igualmente não dispõem de recursos para custear os respectivos processos sem prejuízo de sustento próprio e de seus dependentes: o sujeito que litiga nas Justiças Estaduais e Federal e que, portanto, se sujeita às regras do CPC; o sujeito que demanda na Justiça do Trabalho e que, em decorrência, se submete aos dispositivos da CLT.

Afrontaria o princípio da isonomia tratamento legal diverso desses dois sujeitos, mormente, ainda, no caso daquele que demanda na Justiça do Trabalho, cujo crédito, na maioria das vezes, possui natureza salarial, ou seja, alimentar e, portanto, impenhorável.⁴³²

---

⁴²⁹ PERLINGIERI, 1999, p. 58.
⁴³⁰ CANARIS, 1996, p. 15.
⁴³¹ TEIXEIRA FILHO, 2009, p. 107.
⁴³² Art. 833, IV, do CPC.

A possibilidade de o trabalhador beneficiário de justiça gratuita ser obrigado a dispor de parte de seu crédito alimentar para pagar honorários de sucumbência possui inequívoco caráter intimidador à demanda trabalhista e, portanto, em desconformidade com os direitos fundamentais da ação e da assistência jurídica integral e gratuita àqueles que não possuem recursos.

De acordo com o princípio da interpretação conforme a Constituição, deve prevalecer a interpretação do §4º do art. 791-A da CLT que mais se aproxima do §3 do art. 98 do CPC.

Observe-se que não há incompatibilidade entre esses preceitos, mas complementaridade, ante a polissemia do §4º do art. 791-A e a imprescindibilidade de ser interpretado conforme a Constituição.

Apenas uma interpretação gramatical – comparando-se palavra por palavra – é que permitiria concluir pela incompatibilidade entre ambos. Reitere-se, contudo, a interpretação gramatical, sobretudo nos casos de polissemia, é a mais pobre e injusta dos métodos de interpretação, pois permite, como alertado por Gustavo Zagrebelsky, e já citado nesta obra, que maiorias legislativas ocasionais, suprimam direitos fundamentais.[433]

A interpretação sistemática-teleológica conforme a Constituição, por outro lado, exige que se busque o sentido concreto da norma (*mens legis*), por meio do seu envio aos valores plasmados nos arts. 1º, inciso III (dignidade da pessoa humana), 3º, inciso I (solidariedade), 5º, *caput* (isonomia), 5º, incisos XXXV e LXXIV (acesso à Justiça) e, posteriormente, seu reenvio à unidade sistêmica infraconstitucional, a fim de buscar a alternativa hermenêutica mais adequada a esses valores.

Na unidade sistêmica do direito processual, é o §3º do art. 98 do CPC, a norma que melhor cumpre essa função hermenêutica.

Nesse sentido, haveria uma única condição para se exigir do beneficiário da justiça gratuita, caso vencido, o pagamento dos honorários de sucumbência: a demonstração pelo credor, nos dois anos subsequentes ao trânsito em julgado da decisão que as certificou, que deixou de existir situação de insuficiência de recursos que justificou a concessão da gratuidade.

---

[433] ZAGREBELSKY, 2008, p. 102.

Enquanto não houver cessada a condição que justificou a gratuidade, não caberá a exigibilidade dos honorários de sucumbência, que ficará sob condição suspensiva, mesmo que ao trabalhador tenha sido reconhecido crédito trabalhista. Se no referido prazo de dois anos não demonstrar o credor o fim da situação que havia autorizado a concessão da gratuidade, a obrigação estará definitivamente extinta.[434]

Pontue-se, ainda, que o fato de ter sido reconhecido, judicialmente, ao trabalhador beneficiário de gratuidade, crédito trabalhista ou de outra natureza, não lhe retira, por si só, o direito aos benefícios dessa gratuidade. De fato. A condição legal para que o trabalhador deixe de dispor do direito aos benefícios da justiça gratuita é a obtenção de salário superior a 40% do limite máximo dos benefícios do RGPS ou não conseguir provar a insuficiência de recursos caso receba salário superior (CLT, art. 790, §§3º e 4º).

Assim, se persiste a hipossuficiência do trabalhador, mesmo após o reconhecimento judicial de crédito trabalhista – no mais das vezes por salários inadimplidos pelo empregador –, não cabe a utilização deste crédito para pagar obrigações decorrentes de sua sucumbência, sob pena de violação ao próprio §4º do art. 791-A, da CLT e do art. 5º, LXXIV, da Constituição. É que, admitindo-se que a dicção legal "créditos capazes de suportar a despesa" significa "*capacidade* do sucumbente de fazer frente às despesas sem prejuízo de sustento próprio e dos dependentes", e, não sendo o crédito trabalhista suficiente para afastar a hipossuficiência do trabalhador,

---

[434] Em sentido contrário a decisão cuja ementa é a seguinte: "HONORÁRIOS ADVOCATÍCIOS SUCUMBENCIAIS. BENEFICIÁRIO DA JUSTIÇA GRATUITA. CONSTITUCIONALIDADE DO ART. 791-A DA CLT. Ajuizada a reclamatória trabalhista após a vigência da nova redação do artigo 791-A da CLT, dada pela Lei nº 13.467/2017, são devidos os honorários advocatícios pela parte sucumbente no processo. Todavia, tratando-se de beneficiário de justiça gratuita, o efetivo pagamento da verba honorária somente ocorrerá se a parte obtiver em juízo, ainda que em outro processo, créditos capazes de suportar as obrigações decorrentes de sua sucumbência. Caso contrário, estas ficarão sob condição suspensiva de exigibilidade e somente poderão ser executadas se, nos dois anos subsequentes ao trânsito em julgado da decisão que as certificou, o credor demonstrar que deixou de existir a situação de insuficiência de recursos que justificou a concessão de gratuidade, extinguindo-se, passado esse prazo, tal obrigação (§4º do art. 791-A). Neste contexto, considerando que o direito à gratuidade de justiça é condição temporária, ou seja, deve existir enquanto presentes os requisitos que a sustentam, não há falar em inconstitucionalidade na previsão contida no art. 791-A da CLT" (BRASIL, TRT-3, 0011788-16.2018.5.03.0052 (RO), 2ª T, Rel. Maristela Iris S. Malheiros. Julg. 28 maio 2019, DEJT 06/06/2019. Disponível em: www.trt3.jus.br. Acesso em: 11 jul. 2019).

a utilização deste crédito para quitação de honorários de sucumbência afronta o direito fundamental relativo à assistência jurídica integral e gratuita aos que comprovarem insuficiência de recursos, sobretudo daqueles que recebam salário igual ou inferior a 40% do limite máximo dos benefícios do RGPS.

A interpretação do art. 791-A, § 4º, da CLT, balizada pelo princípio da dignidade da pessoa humana, indica a priorização do crédito trabalhista obtido pelo trabalhador hipossuficiente para a satisfação de suas necessidades de subsistência; e não quitação de honorários de sucumbência.

Desse modo, na hipótese de o crédito trabalhista ser insuficiente para retirar do trabalhador a condição de hipossuficiência, a obrigação decorrente da sucumbência permanecerá sob condição suspensiva de exigibilidade pelos dois anos subsequentes ao trânsito em julgado da respectiva decisão, a menos que o credor demonstre que deixou de existir a situação de insuficiência de recursos que justificou a concessão de gratuidade. Passado esse prazo, sem que se comprove a mudança da situação de hipossuficiência, extingue-se a obrigação, conforme preconizado pelo art. 791-A, § 4º, da CLT.

4.5.2 Honorários de sucumbência recíproca: critério do §3º do art. 791-A da CLT

O pedido integralmente acolhido ou rejeitado não suscita questionamentos acerca da aplicação dos honorários de sucumbência. O percentual fixado pelo juiz nos termos do *caput* e §2º do art. 791-A da CLT incidirá sobre o proveito econômico obtido ou, não sendo possível mensurá-lo, sobre o valor atualizado da causa.

O mesmo não ocorre quando da hipótese de procedência parcial.

Nesse caso, a discussão acerca do significado da dicção legal "procedência parcial", cinge-se ao alcance do pronunciamento judicial, seja quando acolhe um pedido e rejeita outro, seja quando, ao julgar um pedido, concede menos do que foi postulado.

Durante o 2ª Jornada de Direito Material e Processual do Trabalho, organizada pela ANAMATRA, em fevereiro de 2018, foi aprovado enunciado 99 que reconheceu a tese de que "o acolhimento do pedido, com quantificação inferior ao postulado, não caracteriza sucumbência parcial, pois a verba postulada restou acolhida" e que a expressão "procedência parcial" referida no §3º do art. 791-A da CLT, refere-se ao "acolhimento de parte dos pedidos formulados na petição inicial".[435]

Manoel Antonio Teixeira Filho, na mesma linha argumentativa, ao comentar o §3º do art. 791-A da CLT, assevera que "procedência parcial' não se liga ao pedido, e sim, à ação", de modo que formulado mais de um pedido, será procedente em parte a sentença que acolheu alguns e rejeitou outros, o que correspondente à *sucumbência recíproca*, adotada pela Lei nº 13.467/2017. Aduz o autor que diferente é a *sucumbência parcial* – não acolhida pela reforma trabalhista – que ocorre quando ao julgar certo pedido, o juiz concede menos do que foi reclamado.[436]

A jurisprudência parece seguir essa mesma orientação conforme se observa de decisões do TRT da 3ª[437] e 4ª Região.[438]

Exemplifique-se.

O reclamante formula três pedidos:

(i) equiparação salarial durante todo o contrato, atribuindo-lhe o valor de R$6.000,00;

---

[435] Disponível em: https://www.anamatra.org.br/imprensa/noticias/26227-enunciados-aprovados-na-2-jornada-de-direito-material-e-processual-do-trabalho-sao-organizados-por-tema. Acesso em: 18 jul. 2019.

[436] TEIXEIRA FILHO, 2018, p. 33.

[437] EMENTA: HONORÁRIOS ADVOCATÍCIOS SUCUMBENCIAIS. PEDIDO DEFERIDO PARCIALMENTE. NÃO CONFIGURAÇÃO DE SUCUMBÊNCIA PARCIAL. No caso de procedência parcial de pedidos, aplica-se o disposto no Enunciado 99 da 2ª Jornada de Direito Material e Processual do Trabalho, in litteris: "SUCUMBÊNCIA RECÍPROCA. O JUÍZO ARBITRARÁ HONORÁRIOS DE SUCUMBÊNCIA RECÍPROCA (ART. 791-A, PAR.3º, DA CLT) APENAS EM CASO DE INDEFERIMENTO TOTAL DO PEDIDO ESPECÍFICO. O ACOLHIMENTO DO PEDIDO, COM QUANTIFICAÇÃO INFERIOR AO POSTULADO, NÃO CARACTERIZA SUCUMBÊNCIA PARCIAL, POIS A VERBA POSTULADA RESTOU ACOLHIDA. QUANDO O LEGISLADOR MENCIONOU "SUCUMBÊNCIA PARCIAL", REFERIU-SE AO ACOLHIMENTO DE PARTE DOS PEDIDOS FORMULADOS NA PETIÇÃO INICIAL" (BRASIL, TRT-3 0011555-60.2017.5.03.0082 (RO), 4ª T, Rel. Paula Oliveira Cantelli, Julg, 27 mar. 2019, Pub. 01 abr. 2019. Disponível em: www.trt3.jus.br. Acesso em: 18 jul. 2019).

[438] EMENTA: HONORÁRIOS ADVOCATÍCIOS. SUCUMBÊNCIA RECÍPROCA. Somente são devidos honorários advocatícios de sucumbência recíproca (art. 791-A, §3º, da CLT) em caso de indeferimento total de pedido específico, pois o deferimento do pedido em quantificação inferior à postulada não caracteriza sucumbência parcial, tendo vista ser procedente pretensão da parte nesta hipótese. BRASIL, TRT-4, 0020355-34-2018.5.04.0561 (RO), 4ª T, Rel. João Paulo Lucena, julg. 20 fev. 2019, Pub. 21 fev. 2019. Disponível em: www.trt4.jus.br. Acesso em: 18 jul. 2019.

(ii) duas horas extras por dia ao longo do contrato, com valor de R$10.000,00;

(iii) adicional de periculosidade também em todos os meses do contrato, com valor de R$3.000,00.

De acordo com o exemplo, o juiz julga os pedidos da seguinte forma:

(i) concede em parte o pedido de equiparação salarial, sob o fundamento de que verificada apenas durante uma parte do contrato, cujo valor da condenação alcança R$3.000,00;

(ii) defere uma hora extra, por dia, ao longo do contrato, ante a prova oral produzida, que corresponde a R$5.000,00;

(iii) rejeita integralmente o pedido de adicional de periculosidade, conforme a prova pericial produzida.

Ante o critério da *sucumbência recíproca*, os honorários de sucumbência (de 5% a 15% a serem fixados pelo juiz) serão calculados da seguinte maneira:

– devidos ao advogado do reclamante, sobre o ganho econômico auferido pelo seu patrocinado: equiparação salarial de R$3.000,00 + horas extras de R$5.000,00 = R$8.000,00;

– devidos ao advogado do reclamado, sobre o valor do pedido em que vencedor integralmente seu cliente: adicional de periculosidade de R$3.000,00.

Se o juiz fixasse em 10%, os honorários devidos ao advogado do reclamante seriam de R$800,00, e aqueles devidos ao advogado do reclamado de R$300,00.

De acordo com a orientação jurisprudencial dominante no TST, os honorários de sucumbência devem incidir sobre o valor líquido da condenação, apurado em liquidação de sentença, nos termos da OJ nº 348 da SDI-1.

4.6 A disciplina dos honorários periciais prevista no art. 790-B, *caput* e §4º da CLT: (in)constitucionalidade e o desvio de finalidade legislativa

Outro significativo debate é aquele relativo à constitucionalidade do art. 790-B, *caput*, e §4º da CLT, com redação dada pela Lei nº 13.467/2017.

O *caput* do art. 790-B assim está redigido: "A responsabilidade pelo pagamento dos honorários periciais é da parte sucumbente na pretensão objeto da perícia, ainda que beneficiária da justiça gratuita".

O §4º, por sua vez, possui a seguinte redação: "Somente no caso em que o beneficiário da justiça gratuita não tenha obtido em juízo créditos capazes de suportar a despesa referida no *caput*, ainda que em outro processo, a União responderá pelo encargo".

A alteração foi significativa, visto que a redação anterior isentava o beneficiário da justiça gratuita do recolhimento desse encargo caso fosse vencido na pretensão relativa ao objeto da perícia.[439]

De acordo com a Justificativa do PLC nº 6.787/2016, de autoria do Deputado Rogério Marinho que gerou a Lei nº 13.467/2017, "o objetivo dessa alteração é o de restringir os pedidos de perícia sem fundamentação", sobretudo porque além "de contribuir para a diminuição no número de ações trabalhistas, a medida representará uma redução nas despesas do Poder Judiciário, que não mais terá que arcar com os honorários periciais".[440]

A Justificativa legislativa apresenta a seguinte argumentação estatística: "a União custeia, a título de honorários periciais, valores entre dez a vinte milhões de reais por ano, para cada um dos vinte e quatro Tribunais Regionais do Trabalho, somente em relação a demandas julgadas improcedentes, ou seja, demandas em que se pleiteou o que não era devido".[441]

Na mesma ADI nº 5.766/DF, a PGR também arguiu a inconstitucionalidade do art. 790-B, *caput* e §4º da CLT. Os fundamentos são, em síntese, os mesmos utilizados para a justificação da inconstitucionalidade do §4º do art. 791-A do mesmo diploma legal: "atribuir ao beneficiário de justiça gratuita o pagamento de horários periciais de sucumbência sempre que obtiver 'créditos capazes de suportar as despesas referidas no *caput*, ainda que em outro

---

[439] Redação revogada do art. 790-B, da CLT: "Art. 790-B. A responsabilidade pelo pagamento dos honorários periciais é da parte sucumbente na pretensão objeto da perícia, *salvo se beneficiária de justiça gratuita*".
[440] Disponível em: https://www.camara.leg.br/proposicoesWeb/prop_mostrarintegra?codteor=1544961. Acesso em: 16 jul. 2019.
[441] Disponível em: https://www.camara.leg.br/proposicoesWeb/prop_mostrarintegra?codteor=1544961. Acesso em: 16 jul. 2019.

processo'", caracteriza violação do art. 5º, inciso LXXIV da Constituição, "ao impor a beneficiários de justiça gratuita pagamento de despesas processuais de sucumbência, até com empenho de crédito auferidos no mesmo ou em outro processo trabalhista, sem que esteja afastada a condição de pobreza que justificou o benefício". Na mesma sequência lógica, a PGR assevera que a premissa de que o beneficiário da justiça gratuita não possui recursos para custear as despesas processuais sem prejuízo de sustento próprio e de seus dependentes, "se ancora nas garantias constitucionais de acesso à jurisdição e do mínimo material necessários à proteção da dignidade humana (CR, arts. 1º, III e 5º, LXXIV)". Conclui a PGR que créditos trabalhistas recebidos por aquele que evidencia tal condição "não se sujeitam a pagamento de custas e despesas processuais, salvo se comprovada perda da condição".[442]

Na certidão de julgamento havida em 10.05.2018, anteriormente citada, assentou-se a tese, defendida pelo Relator da ADI nº 5.766/DF – com o mesmo viés econômico da Justificativa do Deputado Rogério Marinho, que fundamenta a cobrança de honorários periciais de beneficiário de justiça gratuita –, na finalidade de "desincentivar a litigância abusiva", opinando o Ministro Barroso, conforme já citado outras vezes nesse Capítulo, que os honorários recaiam sobre a integralidade de créditos indenizatórios, e sobre o percentual de até 30% do valor que exceder ao teto do RGPS, de verbas remuneratórias, que o hipossuficiente venha a ter em processos trabalhistas.[443]

O Ministro Luiz Edson Fachin, único, além do Relator, a ter votado na sessão de julgamento de 10.05.2018 da ADI nº 5.766/DF, sustentou que "não há inconstitucionalidade no *caput* do art. 790-B da CLT, quando admite a possibilidade de imputação de responsabilidade ao trabalhador sucumbente, pois admitir a imputação é ato distinto de tornar imediatamente exigível tal obrigação do beneficiário da justiça gratuita". A

---

[442] Disponível em: http://www.PGR.mp.br/pgr/documentos/ADI5766reformatrabalhista.pdf. Acesso em: 17 jul. 2019.

[443] Percebe-se, nitidamente, o viés ativista da tese lançada pelo Ministro Barroso, ante a ausência de referência no texto da Lei nº 13.467/2017 de critério similar, sobretudo no tocante ao percentual de 30% (porque não 10%, 15% ou 50%?).

inconstitucionalidade, fundamentou o Ministro Fachin, encontra-se na cobrança de custas e despesas processuais – especificamente honorários periciais –, antes de cessadas "as condições que deu ao trabalhador o direito ao benefício da gratuidade".[444]

Há inequívoco *desvio de poder ou desvio de finalidade legislativa* quando, por meio da Lei nº 13.467/2017, prevê-se cobrança de custas e despesas processuais de beneficiário da justiça gratuita, com o objetivo de "restringir os pedidos de perícia sem fundamentação" e "desincentivar a litigância abusiva". Esse objetivo é incompatível com os direitos fundamentais de acesso à Justiça, notadamente o direito de ação (art. 5º, inciso XXXV da Constituição) e o da gratuidade da justiça (art. 5º, inciso LXXIV da Constituição).

Conforme já analisado no Capítulo 2, o desvio de poder ou desvio de finalidade legislativa caracteriza-se quando o legislador, em sua atividade legiferante, excede os limites impostos pela Constituição. O princípio da razoabilidade ou da proporcionalidade é importante instrumento para a identificação do desvio de finalidade legislativa pois é "parâmetro de valoração dos atos do Poder Público para aferir se eles estão informados pelo valor superior inerente a todo ordenamento jurídico: a justiça".[445]

Importante, mais uma vez, ressaltar a tentativa deliberada do legislador infraconstitucional brasileiro, por meio da Lei nº 13.467/2017, de restringir o acesso do trabalhador à Justiça.

Renove-se o exemplo da Lei nº 9.958/2000, que procurava restringir o acesso à Justiça do trabalhador por meio da obrigatoriedade de submissão de todas as demandas à Comissão de Conciliação Prévia, antes de submetê-la à Justiça do Trabalho. Essa tentativa foi rechaçada pela interpretação conforme a Constituição, dada pelo STF, a unanimidade, no julgamento da ADI nº 2.160/DF.

Oportuna a transcrição de parte da fundamentação do acórdão da lavra da Ministra Cármen Lúcia:

> No que concerne à alegada inconstitucionalidade do art. 625-D, §1º a 4º, introduzidos na Consolidação das Leis do Trabalho pelo artigo 1º da Lei

---

[444] Disponível em: www.conjur.com.br/dl/voto-fachin-reforma-trabalhista.pdf. Acesso em: 16 jul. 2019.
[445] BARROSO, 2006, p. 224.

n. 9.958/2000, reconheço que se faz necessário interpretação conforme a norma para compatibilizá-la com a Constituição, em especial quanto ao direito fundamental ao acesso à Justiça.

Não cabe à legislação infraconstitucional expandir o rol de exceções ao direito de acesso, imediato e irrestrito, à jurisdição previsto na Constituição da República, atualmente adstrito aos casos de negociações coletivas que precedem o ajuizamento de dissídio coletivo e à justiça desportiva. [...]

O condicionamento do acesso à jurisdição ao cumprimento de requisitos alheios àqueles referentes ao direito sobre o qual se litiga, como a obrigatoriedade de tentativa de conciliação prévia por órgão administrativo analisada na espécie, contraria o inc. XXXV do art. 5º da Constituição da República.[446]

Ora, a própria Justificativa do deputado relator do PL que deu origem à lei sob exame reconhece expressamente a intenção deliberada de restringir o acesso à Justiça dos trabalhadores que *não conseguem fundamentar corretamente o pedido de perícia ou que litigam de má-fé.*

Há duas situações distintas para análise.

A primeira envolve a incapacidade, desconhecimento ou inaptidão do trabalhador de identificar se se tratava de trabalho insalubre ou perigoso à sua saúde ou integridade física, ou se a doença adquirida ou diagnosticada durante o contrato decorreu ou foi agravada pelo trabalho prestado ao empregador.

No caso da insalubridade e periculosidade, a caracterização e classificação se darão por meio de perícia, a cargo de Médico do Trabalho ou Engenheiro do Trabalho, conforme art. 195 da CLT.

Mesmo o advogado experiente, ao ajuizar a ação, não pode assegurar, tampouco negar, a existência do nexo entre o trabalho e as hipóteses legais de morbidade e risco, sobretudo diante das incontáveis situações encontradas – ou que ainda podem vir a ser – nas atividades empresariais que oferecerem risco à saúde, higiene e segurança do trabalho.[447]

---

[446] BRASIL, STF, ADI 2160 DF, Tribunal Pleno, Rel. Min. Cármen Lúcia, julg. 01/08/2018, Public. 19 fev. 2019, DJe-033 (Disponível em: www.stf.jus.br. Acesso em: 23 jul. 2019).

[447] Por força dos arts. 162, p. único, 174, 175, §2º, 178, 179, dentre outros, da CLT, o Ministério do Trabalho expediu 37 Normas Regulamentares relativas a higiene, medicina e segurança do trabalho.

Outras vezes, os próprios laudos periciais chegam a resultados diametralmente opostos em relação à mesma realidade concreta.[448] Mesmo a prova emprestada, em tema de perícia, apresenta dificuldades, diante dos princípios do contraditório e da ampla defesa, em razão da necessidade de prova acerca das particularidades de cada caso.[449]

É bastante evidente que não se terá êxito em demonstrar, na petição inicial, a insalubridade, a periculosidade, ou o nexo entre o trabalho e a morbidade. Consegue-se apenas alegar, a partir de uma pressuposição, a existência de fatos que, articulados com a norma (lei, decretos, NRs, dentre outros) podem, em tese, ensejar o direito correspondente.

---

[448] EMENTA 1: "CERCEAMENTO DE PROVA. NULIDADE PROCESSUAL – Viola o direito do contraditório, garantido constitucionalmente, e caracteriza cerceio de prova o indeferimento de nova perícia quando há nos autos dois laudos diametralmente opostos, não havendo segurança jurídica para estabelecer a verdade fática que poderia gerar o direito vindicado. Preliminar que se acata, determinando o retorno dos autos à origem para elaboração de nova perícia esclarecedora dos pontos contraditórios" (BRASIL, TRT-3, 0001600-21.2013.5.03.0025 RO, 4ª T, Rel. Maria Lucia Cardoso Magalhães, julg. 06/09/2016, publ. 19/09/2016. Disponível em: www.trt3.jus.br. Acesso em: 24 jul. 2019). EMENTA 2: "NULIDADE. PROVA ORAL. PERÍCIAS APARENTEMENTE CONTRADITÓRIAS. COMPROVAÇÃO DE SITUAÇÃO FÁTICA. Verifica-se da ata de audiência que foi assegurado eventual direito de as partes produzirem prova relativamente ao conteúdo fático do laudo pericial. Com efeito, existem dois laudos, aparentemente contraditórios, no que diz respeito ao adicional de insalubridade por agente químico, isso porque em um laudo constata-se que o reclamante utilizava creme de proteção essencial para a eliminação da insalubridade e no outro há conclusão em sentido contrário. Diante das referidas conclusões, a reclamada pleiteou a oitiva de testemunhas e depoimento pessoal do reclamante para comprovar a efetiva entrega do creme de proteção, fato indeferido, sendo posteriormente prolatada sentença. Nos termos do exposto, a fim de evitar posterior declaração de nulidade e em respeito ao princípio constitucional do contraditório e ampla defesa, deve-se determinar a remessa dos autos à Vara de Origem para determinar a reabertura da instrução para produção de prova oral exclusivamente em relação ao adicional de insalubridade por agente químico e posterior julgamento do mérito, como entender de direito" (BRASIL, TRT-17, 0000700-61.2011.5.17.0011 RO, 2ª T, Rel. Marcello Maciel Mancilha, julg. 23.08.2012, publ. 30 ago. 2012. Disponível em: www.trtes.jus.br. Acesso em: 24 jul. 2019).

[449] EMENTA: "ADICIONAL DE PERICULOSIDADE. INDEFERIMENTO DE REALIZAÇÃO DE PERÍCIA. CERCEAMENTO AO DIREITO DE DEFESA. NULIDADE DA SENTENÇA. O indeferimento de prova pericial para constatação de periculosidade tipifica cerceamento ao direito de defesa, mesmo diante da existência de laudos produzidos em outros processos, vez que a utilização de prova emprestada somente é possível quando for impossível a realização de vistoria no local de trabalho, vez que esta é necessária para averiguação das particularidades de cada caso. Preliminar que se acolhe para declarar a nulidade da sentença e determinar a reabertura da instrução processual para realização da prova técnica exigida pelo art. 195 da CLT" (BRASIL, TRT-2, 1000463-19.2016.5.02.0054, 3ª T, Rel. Mércia Tomazinho, publ. 24.02.2018. Disponível em: www.trt2.jus.br. Acesso em: 24 jul. 2019).

As pressuposições, de outra banda, são variáveis. Podem-se ter pressuposições com altíssimo grau de sucesso, e outras com possibilidade ínfima de vitória, o que não significa que ensejem pedidos de perícia sem fundamentação.

Não é possível, portanto, na grande maioria das vezes, sem a realização da perícia competente, concluir pela verificação positiva ou negativa da hipótese aventada na petição inicial. O risco é intrínseco à natureza da grande maioria dos pedidos que dependem de prova pericial.

A pessoa que não possui recursos para fazer frente às despesas do processo – dentre as quais, os honorários periciais – teria severamente restringido o seu acesso à Justiça, pois, como não tem certeza do direito, não pode correr o risco de sujeitar os meios necessários à subsistência própria ou de seus dependentes, a eventual e futuro pagamento de despesas processuais.

A lei que impõe ao beneficiário da justiça gratuita custear os honorários periciais, em caso de sucumbência, inclusive com créditos obtidos em outro processo, afronta, por essas razões, o direito fundamental do acesso à Justiça, consagrado pelos incisos XXXV e LXXIV, do art. 5º da Constituição.

A segunda motivação para tal alteração legislativa é a de "desincentivar a litigância abusiva".

Ora, a própria Lei nº 13.467/2017 previu instrumentos de desestímulo e punição à litigância de má-fé, conforme se observa dos arts. 793-A, 793-B e 793-C da CLT.

Por outro lado, conforme leciona Canotilho, o sistema de proteção constitucional dos direitos fundamentais, "não tolera ideias avançadas noutros quadrantes jurídicos como a *perda de direitos fundamentais pela sua utilização abusiva*". Observa o constitucionalista português que "ideia da perda dos direitos fundamentais pode conduzir à 'morte cívica' do cidadão, o que é completamente incompatível" com os sentidos objetivo e subjetivo do catálogo dos direitos, liberdades e garantias consagrados na Constituição.[450]

Mesmo a jurisprudência complacente à litigância de má-fé não autoriza a supressão de direitos fundamentais.

---

[450] CANOTILHO, 2011, p. 461. Negrito no original.

É necessário, a bem da verdade, uma jurisprudência trabalhista mais efetiva e criteriosa acerca da litigância de má-fé.

Com efeito, a jurisprudência trabalhista sempre fez sérias restrições à aplicação da litigância de má-fé em relação aos trabalhadores, sob o fundamento de que o "princípio da inafastabilidade da jurisdição assegura ao cidadão postular em juízo em defesa de direito lesado ou ameaçado devendo a multa por litigância de má-fé ser aplicada em casos excepcionalíssimos, onde constatado, de fato, o intuito de impedir a concretização da vontade na lei manifestada por intermédio das decisões judiciais".[451]

Necessário demonstrar à sociedade que as hipóteses previstas no art. 793-B da CLT[452] possuem enorme conteúdo ético, pois coíbe que permeiem nos processos a mentira e a deturpação, como, ainda, permite que se busque justiça. Regra, portanto, embasada em dois princípios éticos fundamentais: a *verdade* e a *justiça*.

Em conclusão, a inconstitucionalidade da lei que impõe ao beneficiário da justiça gratuita o pagamento de honorários periciais, em caso de sucumbência na respectiva pretensão, pode ser constatada ao se verificar o desvio de finalidade legislativa pela ausência de proporcionalidade entre o ato legislativo – art. 790-B, *caput* e §4º, da CLT – e a norma superior que se encontra plasmada na Constituição – art. 5º, incisos XXXV e LXXIV.

4.7 Ações coletivas de sindicatos e do MPT

A expressão "república democrática", de acordo com Gustavo Zagrebelsky, possui um valor pleno quando se compreende que o que pertence a todos deve ser governado em prol de todos.

---

[451] BRASIL, TST-EDRR-5800-65.2003.5.12.0027, julgamento: 24.09.2008, Rel. Min. Renato de Lacerda Paiva, 2ª T., DEJT 17.10.2008. Disponível em: www.tst.jus.br. Acesso em: 09 jan. 2019.
[452] Reza o art. 793-B da CLT, com redação dada pela Lei nº 13.467/2017:
"Art. 793-B. Considera-se litigante de má-fé aquele que:
I – deduzir pretensão ou defesa contra texto expresso de lei ou fato incontroverso;
II – alterar a verdade dos fatos;
III – usar do processo para conseguir objetivo ilegal;
IV – opuser resistência injustificada ao andamento do processo;
V – proceder de modo temerário em qualquer incidente ou ato do processo;
VI – provocar incidente manifestamente infundado;
VII – interpuser recurso com intuito manifestamente protelatório".

Nesse sentido, portanto, o adjetivo "democrática" complementa o substantivo "república".[453]

De acordo com Zagrebelsky, a república é o gênero, da qual a democracia é espécie. No entanto, a democracia pode voltar-se contra a república, o que ocorrerá quando a maioria tenta se converter em totalidade e, dessa forma, apropriar-se da coisa comum, tornando-a coisa própria, em detrimento da(s) minoria(s). As leis criadas para legitimar essa usurpação contrariam o sentido de república e, desse modo, a Constituição. A justiça constitucional visa proteger a república nem que, para isso, necessite limitar a democracia, pois sua função é impedir que uma parte, mesmo que represente a maioria, se aproprie do que pertence a todos.[454]

A Justiça do Trabalho é um dos ramos do Poder Judiciário, a quem incumbe a justiça constitucional, mormente aquela relativa à efetivação dos direitos sociais.

A Lei nº 13.467/2017 é exemplo gritante de lei ordinária, aprovada por maioria parlamentar ocasional, a toque de caixa, cuja principal finalidade é enfraquecer os mecanismos jurídicos de efetivação dos direitos sociais, dentre os quais, evidentemente, a ação do trabalhador em face da Justiça do Trabalho.

Uma das armas utilizadas pela Reforma Trabalhista para fragilizar a prerrogativa dos trabalhadores de efetivação dos direitos sociais foi a previsão ampla e irrestrita de honorários de sucumbência recíproca.

Registre-se que o receio do trabalhador, mesmo aquele beneficiário da justiça gratuita, de ser condenado a pagar os honorários advocatícios da parte adversa, soma-se à inequívoca dificuldade probatória, reflexo da desigualdade existente na relação de emprego.

Com efeito, o desequilíbrio da relação jurídica havida entre as partes – especificamente durante o vínculo empregatício – é tão grande que impacta diretamente no processo, tornando extremamente difícil ou impossível o exercício do direito à prova pelo trabalhador. O evidente "desequilíbrio da balança", já salientado no Capítulo 1,

---

[453] ZAGREBELSKY, 2008, p. 78.
[454] ZAGREBELSKY, 2008, p. 83-85.

que favorece – regra geral – a empresa que dispõe tanto de conjunto de medidas processuais para elastecer a duração do processo, como de *tempo*, em detrimento da pessoa do trabalhador, que não possui as mesmas armas,[455] sobretudo, de *tempo*, para obter os meios necessários à sua subsistência e de seus dependentes, desproporcional e incompatível ao *tempo* para aguardar o resultado definitivo do processo.

A justiça constitucional em relação aos direitos violados durante o contrato de trabalho apenas poderá ser realizada se as demandas chegarem à Justiça do Trabalho.

É necessário, portanto, reequilibrar a balança entre o demandante e o demandado.

Ante a tentativa de fragilização da iniciativa individual de submeter ao Poder Judiciário a violação de direitos, revestem-se de enorme importância as ações coletivas, tanto para a defesa de interesses difusos, coletivos, mas principalmente para a defesa de interesses ou direitos individuais homogêneos, de acordo com o art. 81, III, da Lei nº 8.078/1990 (Código de Defesa do Consumidor), cuja aplicação subsidiária ao processo do trabalho é amplamente admitida pela jurisprudência do TST,[456] inclusive por força do art. 8º, inciso III da Constituição, que assegura aos sindicatos a possibilidade de substituição processual ampla e irrestrita para agir no interesse de toda a categoria.[457]

Os honorários advocatícios, no caso de sindicato que atua como substituto processual, são devidos, em razão da sucumbência, por força da Súmula nº 219, III, do TST[458] e, mais ainda, do art. 791-A, da CLT.

Os sindicatos, em especial os profissionais, que já tinham a legitimidade para a defesa dos interesses dos trabalhadores fortemente questionada, em razão da unicidade sindical e da perpetuação de lideranças sindicais viciadas e corruptas, foram

---

[455] NALINI, 1994, p. 20.
[456] BRASIL, TST-RR-54.26.2010.5.24.000, 6ª T., Rel. Min. Augusto César Leite de Carvalho, julg. 12.12.2018, DEJT 14.12.2018. Disponível em: www.tst.jus.br. Acesso em: 10 jan. 2019.
[457] BRASIL, TST-AIRR-814-77.2010.5.20.0002, 8ª T., Rel. Min. Márcio Eurico Vitral Amaro, julg. 28.11.2018, DEJT 30.11.2018. Disponível em: www.tst.jus.br. Acesso em: 10 jan. 2019.
[458] Súmula nº 219, III, do TST: "São devidos os honorários advocatícios nas causas em que o ente sindical figure como substituto processual e nas lides que não derivem da relação de emprego".

severamente enfraquecidos pela Lei nº 13.467/2017, ao tornar facultativa a contribuição sindical, o que indica enfraquecimento do que já era ineficiente.

O papel do MPT, pelas razões expostas, sobretudo na defesa de interesses ou direitos individuais homogêneos dos trabalhadores, mostra-se crucial para a efetivação dos direitos sociais.

É bem verdade que a legitimidade do MPT para a defesa de interesses ou direitos individuais homogêneos dos trabalhadores, foi questionada outrora, sob o fundamento de que a "metaindividualidade exsurge apenas na forma empregada para a defesa em juízo" e que "Embora de origem comum, trata-se de direitos materialmente divisíveis, razão pela qual a reparação decorrente da lesão sofrida pelo titular do direito subjetivo é sempre apurável individualmente".[459]

Existe, ainda, em prol da ilegitimidade, o argumento de que o art. 83, III, da Lei Complementar nº 75/1993 prevê legitimidade ao MPT apenas para a defesa de interesses coletivos.[460]

O primeiro argumento em prol da legitimidade do MPT para a defesa de interesses e direitos individuais homogêneos dos trabalhadores, encontra-se no art. 127 da Constituição, segundo o qual o "Ministério Público é instituição permanente, essencial à função jurisdicional do Estado, incumbindo-lhe a defesa da ordem jurídica, do regime democrático e *dos interesses sociais e individuais indisponíveis*".

O segundo reside ainda na Constituição, que no art. 129, incisos III e IX, prevê que são funções institucionais do Ministério Público " III – promover o inquérito civil e a ação civil pública, para a proteção do patrimônio público e social, do meio ambiente e de outros interesses difusos e coletivos", sem prejuízo de "IX – *exercer outras funções* que lhe forem conferidas, desde que compatíveis com sua finalidade, sendo-lhe vedada a representação judicial e a consultoria de entidades públicas".

---

[459] BRASIL, TST-RR 596135-24.1999.5.01.5555, Subseção I Especializada em Dissídios Individuais. Rel. Juiz Convocado: Georgenor de Souza Franco Filho. Julg. 30.09.2002. DJ 25.10.2002. Disponível em: www.tst.jus.br. Acesso em: 11 jan. 2019.
[460] BRITO FILHO, 2006, p. 61.

O inciso IX do art. 129 da Constituição, portanto, deixa espaço para que a lei complementar e/ou a lei ordinária atribuam outras funções ao Ministério Público além da proteção de interesses difusos e coletivos.

Os arts. 81, inciso III e 82, inciso I que se encontram no Título III do Código de Defesa do Consumidor, conforme já frisado, reconhecem ao Ministério Público legitimidade para a defesa coletiva de interesses ou direitos individuais homogêneos, assim entendidos os decorrentes de origem comum.

Pois bem. O art. 21 da Lei nº 7.347/1985, que disciplina a ação civil pública, dispõe que se aplicam "à defesa dos direitos e interesses difusos, coletivos e individuais, no que for cabível, os dispositivos do Título III da lei que instituiu o Código de Defesa do Consumidor".

Ora, por força desses dispositivos, a ampla e pacífica jurisprudência do STJ reconhece ao Ministério Público legitimidade para promover a proteção dos interesses ou direitos individuais homogêneos, observando-se:

> [...] 6. A origem comum, que caracteriza o interesse individual homogêneo, refere-se a um específico fato ou peculiar direito que é universal às inúmeras relações jurídicas individuais, a partir dos quais haverá conexão processual entre os interesses, caracterizada pela identidade de causa de pedir próxima ou remota.
> 7. A divisibilidade e a presença de notas singulares são também características fundamentais dos interesses individuais homogêneos, *as quais não os desqualificam como interesses coletivos em sentido amplo* ou impedem sua tutela em ação civil coletiva de consumo, pois são matérias examinadas nas ações individuais de cumprimento.[...][461]

Consubstanciando esse entendimento, o STJ publicou a Súmula nº 601, em 14.02.2018, segundo a qual "Ministério Público tem legitimidade ativa para atuar na defesa de direitos difusos, coletivos e individuais homogêneos dos consumidores, ainda que decorrentes da prestação de serviço público".

Observe que o STJ avança ainda mais ao reconhecer a legitimidade do Ministério Público para "propor Ação Civil Pública

---

[461] BRASIL, STJ-REsp 1599142 / SP, T3, Rel. Min. Nancy Andrighi, julg. 25.09.2018, Dje 01.10.2018. Disponível em: www.stj.jus.br. Disponível em: 11 jan. 2019.

visando à defesa de direitos individuais homogêneos, ainda que disponíveis e divisíveis, quando a presença de relevância social objetiva do bem jurídico tutelado a dignidade da pessoa humana, a qualidade ambiental, a saúde, a educação".[462]

A Lei Complementar nº 73, art. 83, ao estabelecer a competência do MPT deve ser interpretada à luz dos arts. 127 e 129 da Constituição, de modo que os interesses individuais homogêneos dos trabalhadores quando corresponderem a "interesses sociais e individuais indisponíveis" correspondem a interesses coletivos em sentido amplo.

Nas ações coletivas ajuizadas pelo MPT, no entanto, são incabíveis honorários de sucumbência, por força do art. 18 da Lei nº 7.347/1985, seja quando vencido, exceto se comprovada má-fé, seja quando vencedor, em virtude do princípio da simetria.[463]

4.8 Tutela de urgência para antecipação da prova documental pelo empregador e a interrupção da prescrição trabalhista

Ante a omissão absoluta da CLT, induvidosa a aplicação subsidiária do CPC ao processo do trabalho em relação às tutelas de urgência, por força do art. 769 da Consolidação e também do art. 15 do diploma processual citado.

De acordo com o CPC/1973, "a exibição de documento poderia se dar em ação principal satisfativa, caso o autor objetivasse apenas conhecê-lo ou para conhecer seu conteúdo ou verificar o estado de sua conservação"; como também "em ação cautelar, com finalidade probatória, caso se pretendesse produzir prova em processo futuro".[464]

No caso de ação cautelar, deveria ser sempre preparatória, ante a redação do art. 844, II, devendo o autor, ainda, demonstrar um interesse comum no conteúdo do documento.[465]

---

[462] BRASIL, STJ-AgInt no REsp 1719174 / MG, T2, Min. Mauro Campbell Marques, julg. 04.12.2018, publ. DJe 11.12.2018. Disponível em: www.stj.jus.br. Acesso em: 11 jan. 2019.
[463] BRASIL, STJ-REsp 1723590 / RJ, T2, Rel. Min. Herman Benjamin, julg. 08 maio 2018, Publ. DJe 26.11.2018. Disponível em: www.stj.jus.br. Acesso em: 11 jan. 2018.
[464] BARACAT, 2018, p. 146.
[465] SILVA, 2009, p. 373.

Observe-se que "a medida cautelar de produção antecipada de provas, de acordo com o art. 846 do CPC/1973, não se prestava, a rigor, à apresentação de documentos, mas, sim, para o interrogatório da parte, inquisição de testemunhas e exame pericial".[466]

A jurisprudência trabalhista procedia essa distinção ao admitir a "cautelar de exibição de documentos", a fim de permitir que o trabalhador tivesse acesso aos documentos antes de propor a ação.[467]

Essa, no entanto, não era uma medida comum antes do advento da Lei nº 13.467/2017, pois, conforme já frisado, em razão da ausência de sucumbência, o reclamante – normalmente o advogado – não se preocupava, na grande maioria das vezes, de verificar previamente ao ajuizamento da ação, a solidez dos argumentos que embasavam os pedidos.

O advento da sucumbência no processo trabalhista, contudo, tornou necessária, mesmo imprescindível em muitos casos, o acesso do reclamante aos documentos antes do ajuizamento da ação.

A eliminação pelo Novo CPC de capítulo referente aos "procedimentos cautelares específicos" – como ocorria no CPC/1973, Livro III, Título Único, Capítulo II – acarretou certo impasse de se detectar a maneira adequada de se pleitear a apresentação de documentos que objetivasse a realização de prova em outro processo.[468]

---

[466] BARACAT, 2018, p. 147.

[467] EXIBIÇÃO DE DOCUMENTOS – AÇÃO CAUTELAR. A ação cautelar para exibição de documentos trata-se de medida que tem por objetivo conhecer determinado documento que está em poder de outrem, o qual não pode ser obtido de outro modo. Por se tratar de procedimento cautelar preparatório ao ajuizamento de ação principal, somente se justifica se presentes os requisitos do *"fumus boni iuris"* (fumaça do bom direito) e do *"periculum in mora"* (perigo na demora). In casu, ausente tais requisitos, a presente medida revela-se desnecessária e inadequada para o fim proposto. BRASIL. TRT-MG-0001142-28.2014.5.03.0135 RO. 4ª T., Relator Julio Bernardo do Carmo. Publicado DJ 21 jan. 2015 (Disponível em: www.trt3.jus.br. Acesso em: 28 jul. 2020).

[468] Essa inicial dificuldade foi salientada em julgado do STJ, conforme a seguinte passagem: "2. A partir da vigência do Código de Processo Civil de 2015, que não reproduziu, em seu teor, o Livro III, afeto ao Processo Cautelar, então previsto no diploma processual de 1973, adveio intenso debate no âmbito acadêmico e doutrinário, seguido da prolação de decisões díspares nas instâncias ordinárias, quanto à subsistência da ação autônoma de exibição de documentos, de natureza satisfativa (e eventualmente preparatória), sobretudo diante dos novos institutos processuais que instrumentalizam o direito material à prova, entre eles, no que importa à discussão em análise, a "produção antecipada de provas" (arts. 381 e seguintes) e a "exibição incidental de documentos e coisa" (arts 496 e seguintes)" (BRASIL, STJ-REsp 1803251/SC, 2018/0235823-3, 3ª T., Rel. Min. Marco Aurélio Bellizze, julg. 22/10/2019, DJe 08/11/2019). Disponível em: www.stj.jus.br. Acesso em: 30 jul. 2020.

Essa dificuldade, contudo, foi superada pela interpretação do art. 381 – que dispõe sobre produção antecipada de prova – combinado com os arts. 396 e 397, todos do CPC/2015. De fato, esses dispositivos "resolvem a totalidade dos casos em que não haja urgência, mormente aqueles em que o prazo prescricional está muito longe de se esgotar e a tutela jurisdicional não é necessária para que o trabalhador obtenha os meios necessários à subsistência do trabalhador".[469]

Há, entretanto, situações em que a prescrição já se encontra em curso, havendo enorme urgência e grave perigo de dano no caso de não se apresentar a pretensão no prazo legal. Qual é a medida judicial adequada?

Necessário, desde logo, diferenciar as duas espécies de tutela de urgência previstas no art. 300 do CPC/2015: a *tutela antecipada* e a *tutela cautelar*.

Esclarece Luiz Guilherme Marinoni que *tutela antecipada* é o bem jurídico que se almeja com o pedido final, mas que se obtém antecipadamente, enquanto a *tutela cautelar* é "instrumento para assegurar a viabilidade da obtenção da tutela do direito ou para assegurar uma situação jurídica tutelável, conforme o caso".[470]

Salienta, ainda, Marinoni que é primordial para a distinção que, em se tratando de tutela antecipada, exista apenas uma tutela, isto é, não se cogita de "uma tutela antecipada autônoma em relação à tutela final". Desse modo, não se verifica "uma ação que almeja a tutela antecipada e outra ação que busca a tutela final". A tutela cautelar, de outra banda, não se confunde com a tutela do direito, de forma que a "tutela cautelar e a 'tutela principal' dependem de ações específicas".[471]

O CPC/2015, de forma induvidosa, "retirou a medida relativa à 'Produção Antecipada da Prova' do âmbito cautelar – como era previsto no CPC/1973 –, para tratá-la apenas na Seção (II) do Capítulo que trata das provas em geral (XII), que, por sua vez, se encontra no Título que disciplina o Procedimento Comum (I)".[472]

---

[469] BARACAT, 2018, p. 138.
[470] MARINONI, 2018, p. 252.
[471] MARINONI, 2018, p. 72-73.
[472] BARACAT, 2018, p. 139.

Constata-se das hipóteses disciplinadas pelo art. 381 do CPC/2015, que "o cabimento da produção antecipada de prova, poderá se dar tanto em processo cautelar, quanto em sede de antecipação de tutela, o que dependerá, a rigor, dos requisitos próprios de cada uma das tutelas de urgência".[473]

Observa Humberto Theodoro Júnior que o objetivo da tutela cautelar antecedente "é conservar bens, pessoas ou provas, que possa sofrer alguma lesão ou perigo de lesão em razão da longa duração da marcha processual".[474] Trata-se de ação autônoma que se exaure com a apresentação dos documentos indicados, ante a "existência de um direito material à prova, autônomo em si – que não se confunde com os fatos que ela se destina a demonstrar, tampouco com as consequências jurídicas daí advindas a subsidiar (ou não) outra pretensão". Por isso, "não se exige o requisito da urgência, tampouco o caráter preparatório a uma ação dita principal, possuindo caráter exclusivamente satisfativo, tal como a jurisprudência e a doutrina nacional há muito reconheciam na postulação de tal ação sob a égide do CPC/1973".[475]

Existe, no domínio do processo do trabalho, contudo, situação que torna irrecusável a opção pela tutela antecipada: a impossibilidade de se interromper a prescrição de outra forma que não seja pelo "ajuizamento de reclamatória trabalhista": o art. 11, §3º do da CLT, com redação dada pela Lei nº 13.467/2017, retirou a alternativa de se interromper a prescrição mediante procedimento cautelar de protesto ou de qualquer outra forma,[476] ao estabelecer que a "interrupção da prescrição *somente* ocorrerá pelo ajuizamento de reclamação trabalhista".[477]

Verifica-se, dessa maneira, a relevância de se investigar a produção de prova, sobretudo a documental, no âmbito da tutela antecipada.

De fato, muitas vezes, não há como o trabalhador e/ou seu advogado, identificarem a lesão de um direito sem a prévia consulta dos documentos relativos ao contrato de trabalho que se encontram com o ex-empregador.

---

[473] BARACAT, 2018, p. 146.
[474] THEODORO JÚNIOR, 2019, p. 397.
[475] BRASIL, STJ-REsp 1803251/SC, 2018/0235823-3, 3ª T., Rel. Min. Marco Aurélio Bellizze, julg. 22/10/2019, DJe 08/11/2019). Disponível em: www.stj.jus.br. Acesso em: 30 jul. 2020.
[476] O art. 202 do Código Civil prevê que a interrupção da prescrição somente pode ocorrer uma vez, por meio de, dentre diversas hipóteses, por protesto judicial (incisos I e II).
[477] BARACAT, 2018, p. 147.

De enorme relevância, por essa razão, a primeira parte do art. 303, *caput* do CPC/2015: "Nos casos em que a urgência for contemporânea à propositura da ação".

A *urgência*, prevista na lei, resulta não apenas da dificuldade de se conhecerem os documentos indispensáveis à verificação da lesão do direito e, por conseguinte, a feitura da petição inicial, mas, tão importante quanto, do fluxo inexorável do prazo prescricional.[478]

Encontra-se, exatamente nessa situação, "o perigo de dano previsto tanto no art. 300 quanto no art. 303 do CPC/2015 que autoriza a tutela antecipada para apresentação de documentos".[479]

A consequência mais importante de se requerer "a produção antecipada de prova em sede de antecipação de tutela – e não de tutela cautelar – está na interrupção do prazo prescricional".[480]

4.8.1 Fundamentos para a antecipação da tutela de exibição de documentos pelo empregador

De acordo com o art. 300 do CPC, para a antecipação da tutela, quando "a urgência for contemporânea à propositura da ação", suficiente ao reclamante designar o "pedido de tutela final, com a exposição da lide, do direito que se busca realizar e do perigo de dano ou do risco do resultado útil do processo".

Esclarece Humberto Theodoro Júnior que o perigo de dano ou risco "nasce de dados concretos, seguros, objeto de prova suficiente para autorizar o juízo de grande probabilidade em torno do risco de prejuízo grave", objetivando-se "combater os riscos de injustiça ou de dano derivados da espera pela finalização do curso normal do processo".[481]

Relevante salientar que não prevê a regra citada a comprovação ou evidência da *probabilidade do direito*, mas, apenas, do perigo de dano, conforme se observa da redação do art. 303 do CPC/2015 "que não repete a exigência da *demonstração da probabilidade do direito* como faz o art. 300".

---

[478] BARACAT, 2018, p. 150.
[479] BARACAT, 2018, p. 150.
[480] BARACAT, 2018, p. 150.
[481] THEODORO JÚNIOR, 2019, p. 388.

Luiz Guilherme Marinoni advoga, entretanto, que mesmo a probabilidade do direito pode ser aferida – e não expressamente demonstrada – do contexto dos fatos apresentados.[482]

O trabalhador, por força de lei, durante o contrato de trabalho, assina recibos salariais ou de férias (CLT, arts. 135, 439, 464, 477), registros de ponto (CLT, art. 74, §2º), termos de responsabilidade (CLT, art. 75-E, p. único), acordo de compensação (CLT, art. 59, §5º), dentre outros documentos, que permanecem com o empregador após a rescisão contratual, essenciais para se verificar, por exemplo, labor extraordinário, existência de compensação de jornada, regular concessão de férias.

Outros documentos, ainda, o empregador possui obrigação de confeccionar e conservar e que podem ser relevantes para a identificação de direitos do trabalhador e, eventualmente, sua violação, em especial o PCMSO, PPRA e PPP: imprescindíveis para se averiguar as funções e os riscos ambientais e, consequentemente, existência de labor insalubre e/ou perigoso, e nexo com doença da qual tenha sido acometido o obreiro, como também recibos salariais de colegas de trabalho que exerciam idêntica função, mas se desconheciam os respectivos salários, de forma a verificar eventual discriminação salarial.

Pois bem. O acesso pelo trabalhador dos documentos constituídos por força de lei e do próprio contrato de trabalho "é essencial para que possa ter acesso ao seu direito e, por conseguinte, acesso à Justiça", ou seja, "o acesso aos documentos – como corolário do acesso ao direito – é conexo ao direito fundamental de acesso à Justiça".[483]

A antecipação da tutela para apresentação de documentos se justifica ante o perigo de dano resultante da ausência de elementos que permitam ao trabalhador verificar a probabilidade de direito material e, ainda, a fluência do prazo prescricional.

Imprescindível, por isso, que o trabalhador, ao requerer a antecipação da tutela, adote as seguintes providências: 1 – formule

---

[482] Luiz Guilherme Marinoni entende indispensável, mesmo se tratando de tutela antecipada precedente à presença da probabilidade do direito, que "será aferida a partir da consideração dos referidos elementos que devem constar da petição inicial, que, muito embora apontem para o conteúdo da discussão a ser travada para o alcance da tutela final, têm em si o direito que deve ser demonstrado como provável" (MARINONI, 2018, p. 229).
[483] BARACAT, 2018, p. 151.

pedido de tutela final, a partir da exposição da lide, justificando o perigo de dano em razão da necessidade de acesso aos documentos, a fim de se filtrarem os direitos violados para a exata dimensão do risco processual a ser enfrentado, sobretudo ante sucumbência prevista nos arts. 790-B e 791-A da CLT; 2 – requeira a interrupção da prescrição, seja bienal, seja a quinquenal.

4.8.2 Interrupção da prescrição trabalhista: urgência contemporânea à propositura da ação

A hipótese mais clara de "urgência contemporânea à propositura da ação, de que trata o art. 303 do CPC/2015", é o de estancar o fluxo da prescrição, em virtude da "impossibilidade momentânea de elaboração da petição inicial, por falta de informações, mormente relacionadas a documentos que se encontram exclusivamente em poder do empregador".[484]

Observa-se, dessa maneira, o fundamento do pedido de antecipação da tutela para que o empregador apresente os documentos indispensáveis para a confecção da peça exordial, autorizado, ainda, pelo art. 381, inciso III do CPC/2015, segundo o qual "prévio conhecimento dos fatos possa justificar ou evitar o ajuizamento da ação".

Imprescindível que o trabalhador, além de requerer a apresentação de documentos para a antecipação da tutela, postule a interrupção da prescrição, aponte, na mesma petição, o pedido de tutela final, com a apresentação da lide, indicação do direito que se busca e do perigo do dano, como também "a declaração no sentido de que aditará oportunamente a petição inicial, conforme reza do art. 303, §5º do CPC/2015".[485]

Indispensável, insista-se, que ao pleitear a interrupção da prescrição, o obreiro indique precisamente as respectivas pretensões, a fim de que se cumpra a condição do art. 11, §3 da CLT, de que o ajuizamento da ação trabalhista interrompa a prescrição em relação aos *pedidos idênticos*.[486]

---

[484] BARACAT, 2018, p. 151.
[485] BARACAT, 2018, p. 152.
[486] BARACAT, 2018, p. 152.

Note-se que a interrupção da prescrição inutiliza o prazo prescricional já avançado, de maneira que, findada a interrupção, a prescrição reinicia-se pela totalidade.[487]

Tome-se, como exemplo, uma questão de discriminação salarial, suposta pelo trabalhador, em um contrato que tenha perdurado de 01.03.2011 a 10.01.2018. O trabalhador procura o advogado *no final de dezembro 2019*, munido do TRCT, recibos salariais e apenas o nome do paradigma. Constata-se o risco de dano iminente em virtude da proximidade do decurso do biênio previsto no art. 7º, XXIX, da Constituição.

A opção pela ação cautelar – mesmo que proposta de imediato – poderia não impedir que a prescrição bienal se consumasse, visto que o trâmite processual, sobretudo o tempo necessário para a apreciação do pedido liminar pelo magistrado, como, ainda, inesperado embaraço de citação do reclamado, decurso do prazo em dias úteis, possível medida procrastinatória do réu, recesso forense, dentre outras dificuldades que podem surgir nesse intercurso, o dano ao trabalhador se consumaria por completo em *10.01.2020,* sem que fosse possível a consulta do documento e ajuizamento da ação principal.

Seria temerário ao trabalhador deduzir o pedido de equiparação salarial, desde logo, "sem conhecer exatamente a realidade salarial do paradigma, ou a data de sua contratação ou do efetivo exercício da função equiparada, e, após a contestação e apresentação dos documentos, desistir ou mesmo renunciar ao pedido", ante a possibilidade de ser condenado por honorários de sucumbência, caso vencido. Lembre-se que após a apresentação da contestação, a desistência apenas acarretará a extinção do processo sem exame do mérito se houver o consentimento do réu (CPC/2015, art. 485, §4º), o que permite, em caso de discordância, a improcedência do pedido e a consequente sucumbência. Ademais, tanto a desistência, quanto a renúncia, não afastam a possibilidade, em tese, de condenação em honorários de sucumbência, de acordo com o art. 90 do CPC/2015.

Diante da fungibilidade prevista no art. 305, p. único, do CPC/2015, entretanto, deve-se receber a petição formulada em ação

---

[487] CÂMARA LEAL, 1959, p. 172.

cautelar, como tutela antecipada, desde que se indique o pedido de tutela final, como também a exposição da lide, e, ainda, o direito material que almeja, além, é claro, da demonstração do perigo do dano, como também requerimento de interrupção da prescrição.

No exemplo acima referido, em que o contrato fora extinto em 10.01.2018 e o trabalhador procurou o advogado em dezembro de 2019 com uma demanda de equiparação salarial, sem saber, ao certo, o salário do paradigma, nem, tampouco, a data de sua contratação ou o início da função equiparada, a alternativa juridicamente mais segura seria a propositura imediata da ação, com pedido de antecipação de tutela para apresentação de documentos referentes ao paradigma e ao próprio paragonado, expressa formulação do pedido de equiparação salarial com o paradigma indicado; requerimento de interrupção da prescrição a partir do ajuizamento da ação em relação ao pedido formulado e, também, pedido de que após a apresentação dos documentos, no prazo legal ou judicial, proceder-se-á, ou não, o aditamento da petição inicial.[488]

4.8.3 Requisitos da petição inicial e aditamento do pedido de tutela final

"Os requisitos da petição inicial que postula a antecipação de tutela para exibição de documentos e almeja a interrupção da prescrição estão indicados no art. 303 e 397 do CPC/2015".[489]

O art. 303 do referido diploma legal estabelece que "a petição inicial pode limitar-se ao requerimento da tutela antecipada e à indicação do pedido de tutela final, além da exposição da lide, do direito que se busca realizar e do perigo de dano ou do risco ao resultado útil do processo".[490]

A descrição da lide trabalhista deve ser apresentada por meio da "indicação precisa da vigência do contrato, do real empregador e, eventualmente, responsáveis solidários ou subsidiários, a(s) função(ões) exercida(s), o salário percebido e horário trabalhado, como

---

[488] BARACAT, 2018, p. 154.
[489] BARACAT, 2018, p. 155.
[490] BARACAT, 2018, p. 155.

também os direitos que se supõem violados, dentre outros aspectos relevantes para o convencimento do juiz".[491]

Necessário, ainda, que o reclamante, atendendo o disposto no art. 397, incisos I, II e III, contextualize os fatos narrados, individualize, tão completa quanto possível, a documentação que requer a apresentação; demonstre a finalidade da prova, relacionando os fatos expostos com os documentos requeridos; e indique as circunstâncias que autorizam a conclusão de que o documento se encontra em poder da parte contrária.[492]

Desnecessário, ainda, que o pedido venha acompanhado de valor (CLT, art. 840, §1º), exatamente por carecer de fundamentação suficiente, o que deverá ocorrer apenas quando da formulação do aditamento, e, mesmo assim, desde que não se trate de pedido genérico (CPC/2015, art. 324, §1º). Mesmo assim, o valor atribuído ao pedido deverá ser estimado, conforme prevê a IN nº 41/2018 do TST.[493]

Indispensável, entretanto, mesmo que de forma provisória, a indicação do valor da causa, para efeito de atribuição de custas processuais (CLT, art. 789), sob pena de arbitramento pelo juiz.

"O pedido formulado na petição de antecipação de tutela deverá, ou não, ser renovado por meio do aditamento, no prazo de 15 (quinze) dias ou em outro prazo maior que o juiz fixar (CPC/2015, art. 303, §1º, inciso I)".[494]

Caso o trabalhador, depois de verificar a documentação apresentada, concluir pela inexistência de afronta de seus direitos, terá a "faculdade de deixar escoar *in albis* o prazo de 15 (quinze) dias ou outro que o juiz lhe tenha concedido, ou se manifestar expressamente no sentido de que não pretende prosseguir com o processo". Em qualquer um dos casos, "o processo será extinto sem julgamento do mérito nos termos do §2º do art. 303, com o arbitramento de custas nos termos do art. 789 e seguintes da CLT",[495] desde que o trabalhador não seja beneficiário de justiça gratuita,

---

[491] BARACAT, 2018, p. 155.
[492] BARACAT, 2018, p. 155.
[493] Prevê o art. 12, §2º da IN 41/2018 do TST: "§2º Pra fim do que dispõe o art. 840, §§1º e 2º, da CLT, o valor da causa será estimado, observando-se, no que couber, o disposto nos arts. 291 a 293 do Código de Processo Civil" (Disponível em: www.tst.jus.br. Acesso em: 30 jul. 2020).
[494] BARACAT, 2018, p. 155.
[495] BARACAT, 2018, p. 155.

hipótese em que as custas deverão ser dispensadas, conforme prevê o art. 790, §4º, da CLT.

Em caso de extinção do processo sem julgamento do mérito, não caberia condenação em honorários de sucumbência por não ter havido *proveito econômico* de nenhuma das partes. Uma vez que o proveito econômico é pressuposto para o cabimento dos honorários de sucumbência no processo do trabalho, e sua não caracterização afasta a aplicação do art. 791-A da CLT.[496]

Se o trabalhador, por outro lado, confirmar apenas parte dos pedidos inicialmente formulados, caberá ao juiz extinguir o processo sem julgamento do mérito em relação aos pedidos não confirmados, e prossegui-lo no tocante àqueles ratificados tempestivamente.[497]

Outra situação possível é a do autor verificar a violação de direitos em relação aos quais não havia formulado pedidos. Nesse caso, conquanto possível o processamento dos novos pedidos, a prescrição, caso arguida pelo réu, deverá ser pronunciada observando-se a data do aditamento, e não do ajuizamento daquela que requereu a antecipação da tutela.[498]

O juiz, quando concede a antecipação de tutela, deve, desde logo, fixar os meios executivos adequados para a efetivação da decisão, caso não seja cumprida espontaneamente pelo ex-empregador, nos termos do art. 297 do CPC, dentre as quais, no caso de exibição de documentos, sobressaem-se a multa, busca e apreensão e a presunção de veracidade dos fatos que se pretende provar (CPC, art. 400).[499]

4.9 Produção de prova testemunhal durante a pandemia do Covid-19

Conforme já salientado no Capítulo 1, o direito fundamental de acesso à Justiça não se concretiza apenas com a prerrogativa que se tem de submeter ao Poder Judiciário lesão ou ameaça a direito, mas, também, de obter prestação jurisdicional adequada, efetiva e

---

[496] BARACAT, 2018, p. 155.
[497] BARACAT, 2018, p. 155.
[498] BARACAT, 2018, p. 156.
[499] BARACAT, 2018, p. 156.

tempestiva mediante um processo justo, por meio do qual se garanta o direito à assistência jurídica integral e gratuita aos que comprovem insuficiência de recursos, como, ainda, a duração razoável do processo e os meios que garantam a celeridade de sua tramitação.

O CNJ ante a declaração da OMS, em 11.03.2020, que confirmou a situação de pandemia em razão do Covid-19, como também das autoridades públicas médicas e sanitárias, de existência de transmissão comunitária do vírus em solo brasileiro, e, ainda, diante da necessidade de preservar a saúde de magistrados, agentes públicos, advogados e usuários em geral, expediu a Resolução 313 de 19.03.2020, suspendendo, nos fóruns de todo o país, o atendimento presencial de partes, advogados e interessados (art. 3º), como também os prazos processuais (art. 5º). Ressalvou-se a realização de alguns atos processuais, de modo presencial e/ou virtual, com a finalidade de "garantir o acesso à justiça neste período emergencial".[500]

Em 20.04.2020, adveio a Resolução nº 314, do mesmo órgão, mantendo a vedação de atos presenciais, mas autorizando a retomada, a partir de 04.05.2020, dos prazos dos processos judiciais e administrativos que tramitassem por meio eletrônico (art. 3º).[501] A mesma normativa, ainda, ressalvou que na hipótese de "absoluta impossibilidade técnica ou prática" para a realização de determinado ato processual, "apontada por qualquer dos envolvidos no ato, devidamente justificada nos autos", o ato deveria ser adiado "após decisão fundamentada do magistrado" (art. 3º, §2º). Em relação às "audiências em primeiro grau de jurisdição", estabeleceu-se a diretriz que deveriam se dar por "videoconferência", desde que consideradas "as dificuldades de intimação de partes e testemunhas", e a efetiva possibilidade de participação, "vedada a atribuição de responsabilidade aos advogados e procuradores em providenciarem o comparecimento de partes e testemunhas a qualquer localidade fora de prédios oficiais do Poder Judiciário para participação em atos virtuais".[502]

Em consequência da relativização de regras de isolamento social em alguns estados federados e municípios, como também

---

[500] Disponível em: www.cnj.jus.br. Acesso em: 01 ago. 2020.
[501] "exceto aqueles em trâmite no Supremo Tribunal Federal e no âmbito de jurisdição".
[502] Disponível em: www.cnj.jus.br. Acesso em: 01 ago. 2020.

"a necessidade de se estabelecer planejamento de retorno gradual às atividades presenciais", onde fosse "possível e de acordo com critérios estabelecidos por autoridades médicas e sanitárias", o CNJ promulgou a Resolução nº 322, estabelecendo 15.06.2020, como data inicial para o restabelecimento das atividades presenciais. O novo regramento atribuiu aos presidentes dos tribunais a autorização para estabelecer o gradual retorno das atividades presenciais, após consulta às autoridades sanitárias e médicas competentes, como também ao Ministério Público, à OAB e à Defensoria Pública. No tocante às audiências, previu-se que deveriam ser realizadas "sempre que possível, por videoconferência, preferencialmente pelo sistema Webex/CISCO", enquanto às audiências presenciais, poderiam ser designadas, observando-se "distanciamento adequado e limite máximo de pessoas no mesmo ambiente de acordo com suas dimensões, preferencialmente em ambientes amplos, arejados, com janelas e portas abertas".[503]

Uma das graves consequências da pandemia do Covid-19 foi a severa restrição ao acesso à Justiça de milhões de trabalhadores, em especial, em razão da grande resistência de parte da advocacia brasileira de realizar audiências por videoconferência, sobretudo aquelas destinadas a oitiva de testemunhas, o que significou a suspensão de inúmeros atos processuais e, por conseguinte, grave prejuízo à celeridade processual.

Em que pese a expressa previsão legal autorizando a realização de audiências e inquirição de testemunhas por meio de videoconferência (CPC, arts. 236, §3º, 385, §3º, 453, §1º e 461, §2º) e, ainda, do regramento emitido pelo CNJ, suscitaram-se debates no âmbito do primeiro grau de jurisdição, em especial, sobre dois pontos centrais: a licitude de uma ou todas as partes do processo se recusarem a realizar audiências por videoconferência, sem a necessidade de comprovar dificuldade ou impossibilidade técnica, e a licitude de o magistrado aplicar sanções às partes ou testemunhas que se recusassem a participar da audiência por videoconferência.

Por isso, o CNJ foi chamado, mais de uma vez, em curto espaço de tempo, para se manifestar (a). Embora a jurisprudência

---

[503] Disponível em: www.cnj.jus.br. Acesso em: 01 ago. 2020.

do CNJ tenha contribuído para, em período de grave crise, garantir tanto o acesso à Justiça, quanto a ampla defesa e o contraditório de muitos trabalhadores e empregadores, mostrou-se insuficiente para garantir o acesso daqueles que não dispunham de recursos técnicos para realizar audiências por videoconferência, o que torna indispensável analisar outras formas de produção de prova oral, sobretudo, testemunhal, especificamente a declaração escrita (b).

4.9.1 Audiências por videoconferência: jurisprudência do CNJ

A primeira manifestação do Plenário do CNJ ocorreu na 17ª Sessão Virtual Extraordinária do dia 29.05.2020, quando o órgão decidiu sobre pedido de providências apresentado pela OAB/AL tendo como uma das finalidades *"promover alterações pontuais na Resolução nº 314 ou outra que venha a substituí-la"*, no sentido de estabelecer *"norma expressa prevendo que eventuais justificativas de impossibilidade de prática de ato processual apresentadas pelos advogados devem ser incondicionalmente acolhidas em nome da boa-fé"*.

Embora não tenha sido conhecido o pedido relativo à alteração da Resolução nº 314, ficou assentado expressamente no item 4 da Ementa do voto do Conselheiro Luiz Fernando Tomasi Keppen que *"Situações pontuais de advogados que venham a ser impedidos de desenvolver suas atividades regulares ou de participar de audiências via videoconferência devem ser justificadas pelo interessado e avaliadas pelo magistrado nos autos do processo judicial"*.[504]

Relevante consignar, por ocasião do referido julgamento, o voto vencido do Conselheiro Marcos Vinícius Jardim Rodrigues, no sentido de que bastaria a alegação do advogado sobre a impossibilidade do cumprimento de atos processuais, *"independentemente de qualquer prova"*, para que fossem suspensos na data do protocolo da petição.

Na 18ª Sessão Plenária, em 01.06.2020, apreciou-se pedido formulado pela OAB/BA em procedimento de controle administrativo onde

---

[504] BRASIL, CNJ, PP 0002722-36.2020.2.00.0000, Plenário, Rel. Cons. Luiz Fernando Tomasi Keppen, julg. 29 maio 2020. Disponível em: www.cnj.jus.br. Acesso em: 01 ago. 2020.

se discutia a possibilidade de o magistrado indeferir requerimento de adiamento de audiência por videoconferência, formulado pela parte, sob o argumento de que não apresentada fundamentação adequada e, ainda, de aplicar sanções "processuais às partes em caso de não comparecimento no dia e hora designados para audiência virtual ou de interrupção de acesso, em virtude de problemas técnicos". No julgamento, foi vitorioso o entendimento relatado pelo Conselheiro André Luiz Guimarães Godinho, de que deveria o magistrado suspender "a realização de audiências por videoconferências quando houver nos autos manifestação em sentido contrário de *qualquer das partes ou de ambas, independentemente de juízo de valor quanto à fundamentação apresentada*", e, ainda, de se "abster de aplicar qualquer penalidade processual às partes que não comparecerem às assentadas virtuais ou nelas tiverem o acesso interrompido, por questões técnicas".[505]

Necessário consignar, ainda, a divergência vencida, apresentada pelo Conselheiro Emmanoel Pereira na direção de que "em se tratando de *suspensão de audiência*, o pedido apresentado por *uma das partes, que não representa a concordância da parte adversa, haverá de ser submetido à avaliação do magistrado*, na forma do artigo 3º, §2º, da Resolução nº 314/2020".

Na 22ª Sessão Virtual Extraordinária, de 10.06.2020, o Plenário do CNJ, ao se manifestar sobre pedido de providências apresentado pela OAB/AL, em acórdão da lavra do Conselheiro Emmanoel Pereira, modificou o entendimento vitorioso na Sessão 18ª, passando a prevalecer o juízo de que a suspensão da audiência quando requerida por apenas uma das partes, mesmo que por razões técnicas, mas discordando a outra, "depende da avaliação do magistrado responsável pela condução do processo", na forma do art. 3º, §2º, da Resolução 314, "a fim de se evitar eventual prejuízo à parte adversa". Pontuou-se, no julgamento, entretanto, que havendo convergência das partes, manifestada expressamente ao juiz da causa, a audiência deverá ser necessariamente suspensa, independentemente de justificativa.

O Conselheiro Emmanoel Pereira ponderou em sua decisão:

---

[505] BRASIL, CNJ, PCA 0003753-91.2020.2.00.0000, Plenário, Rel. Cons. André Luiz Guimarães Godinho, julg. 01.06.2020. Disponível em: www.cnj.jus.br. Acesso em: 01 ago. 2020.

E essa sistemática é adequada porque evita prejuízos à prestação jurisdicional e ao acesso à justiça (afastando-se a preclusão para a prática de atos não realizados porque não era possível sua realização), como também por evitar que pedidos indiscriminados de suspensão de prazos, em quaisquer casos, sejam eventualmente utilizados como medida protelatória por uma das partes a quem o andamento do processo não seja interessante.[506]

Esse entendimento prevaleceu em julgamentos de casos similares, na 23ª Sessão (12.06.2020),[507] 37ª Sessão (15.07.2020)[508] e 42ª Sessão (27.07.2020).[509]

Em síntese, pode-se afirmar que no âmbito das audiências por videoconferência, durante a pandemia do Covid-19, a jurisprudência do CNJ se consolidou no seguinte sentido:

– a audiência deverá ser suspensa pelo magistrado em caso de requerimento conjunto das partes expressando essa intenção;

– se apenas uma das partes manifestar interesse no adiamento da audiência, mesmo que em virtude de impossibilidade técnica, indispensável requerimento devidamente fundamentado dirigido ao juiz da causa;

– uma vez concluindo o magistrado que a justificativa da parte que requer o adiamento é infundado, poderá designar audiência, por se tratar "de medida destinada à proteção dos direitos e prerrogativas do próprio advogado, no exercício da defesa dos interesses da parte que representa, a ser preservados mesmo na situação emergencial vivenciada no País, em face da Pandemia pelo Covid-19".

Constata-se, dessa maneira, que o juízo para a realização da audiência por videoconferência deve se dar *a posteriori*; inadmissível um juízo *a priori* – negativa por negativa, sem comprovação de impossibilidade técnica – por afrontar o direito fundamental de acesso à Justiça da contraparte.

---

[506] BRASIL, CNJ, PCA 0003753-91.2020.2.00.0000, Plenário, Rel. Cons. Emmanoel Pereira, julg. 01.06.2020. Disponível em: www.cnj.jus.br. Acesso em: 01 ago. 2020.

[507] BRASIL, CNJ, PCA 0003533-93.2020.2.00.0000, Plenário, Rel. Cons. Henrique de Almeida Ávila, julg. 12.06.2020. Disponível em: www.cnj.jus.br. Acesso em: 01 ago. 2020.

[508] BRASIL, CNJ, PP 0004576-65.2020.2.00.0000, Plenário, Rel. Cons. Maria Cristiana Ziouva, julg. 15 jul. 2020. Disponível em: www.cnj.jus.br. Acesso em: 01 ago. 2020.

[509] BRASIL, CNJ, PP 0005251-28.2020.2.00.0000, Plenário, Rel. Cons. Tania Regina Silva Reckziegel, julg. 27 jul. 2020. Disponível em: www.cnj.jus.br. Acesso em: 01 ago. 2020.

A jurisprudência consolidada pelo CNJ atende, de forma adequada, sem dúvida, o direito fundamental de acesso à Justiça, especificamente nos casos em que as partes concordam e possuem recursos técnicos para a realização da audiência por videoconferência e, naqueles em que, embora não haja consenso, a parte que pretende o adiamento não comprova a impossibilidade técnica.

Não apresenta, contudo, solução para o acesso à Justiça dos casos em que, ao menos, uma das partes não dispõe das ferramentas necessárias para a realização da audiência por videoconferência.

Necessário, portanto, enfrentar a questão relativa ao valor probatório da declaração testemunhal escrita, sobretudo colhida por meio de ata notarial, sendo oportuna, para esse debate, a análise do direito comparado.

4.9.2 O valor probatório da declaração testemunhal escrita: falta de acesso à internet e análise do direito comparado

4.9.2.1 A ausência de acesso à internet para realização de audiência por videoconferência

Quantos brasileiros possuem acesso à internet? E dos que possuem, quais têm acesso a banda larga suficiente para enviar e receber vídeo no Cisco Webex?[510]

De acordo com a *Pnad Contínua TIC* de 2018, uma em cada quatro pessoas no Brasil não tinha internet, o que representava aproximadamente 46 milhões de brasileiros, embora esse número tenha aumentado, em relação a 2017, de 69,8% para 74,9% da população.[511]

Pela mesma pesquisa, 79,1% dos domicílios brasileiros utilizaram internet em 2018, o que representou um aumento de 4,2%, se comparado a 2017. Do lado daqueles que não utilizaram a internet,

---

[510] Cisco/Webex é a plataforma disponibilizada pelo CNJ para a realização das audiências telepresenciais.
[511] Disponível em: https://agenciabrasil.ebc.com.br/economia/noticia/2020-04/um-em-cada-quatro-brasileiros-nao-tem-acesso-internet. Acesso em: 02 ago. 2020.

identificaram-se três principais razões: 34,7% alegou a falta de interesse em acessá-la; 25,4% indicou o alto custo do acesso; 24,3% disse que nenhum morador do domicílio sabia utilizá-la.[512]

Outro dado bastante relevante da pesquisa é que apenas 49,2% das residências situadas na zona rural dispõem de internet, e dentre "os domicílios localizados na área rural, um dos principais motivos da não utilização da internet continua sendo a indisponibilidade do serviço (20,8%)".[513]

Ainda de acordo com a pesquisa em 2018, em 99,2% dos domicílios o equipamento mais utilizado para acesso à internet era o celular, enquanto 48,1% das residências recorriam ao microcomputador para acessá-la.[514]

Nos domicílios em que havia utilização da internet, em 2018, 80,2% serviam-se de banda larga móvel (3G ou 4G), enquanto 75,9% valiam-se da banda larga fixa.[515]

Pois bem. Esses dados mostram que uma significativa parte dos jurisdicionados brasileiros sequer possui acesso à internet, e outros muitos não dispõem dos equipamentos e/ou acesso à banda larga adequados que propiciem a participação em audiência por videoconferência.[516]

Existem, ainda, outras razões que podem impedir ou dificultar a participação de partes e testemunhas em uma audiência por videoconferência, como, por exemplo, a impossibilidade de se compartilharem microcomputador, celular e internet de boa qualidade, ao vivo e no horário fixado pelo magistrado, com filhos, cônjuges e outras pessoas com quem se convive no período de confinamento,

---

[512] Disponível em: https://educa.ibge.gov.br/jovens/materias-especiais/20787-uso-de-internet-televisao-e-celular-no-brasil.html. Acesso em: 03 ago. 2020.

[513] Disponível em: https://educa.ibge.gov.br/jovens/materias-especiais/20787-uso-de-internet-televisao-e-celular-no-brasil.html. Acesso em: 03 ago. 2020.

[514] Disponível em: https://educa.ibge.gov.br/jovens/materias-especiais/20787-uso-de-internet-televisao-e-celular-no-brasil.html. Acesso em: 03 ago. 2020.

[515] Disponível em: https://biblioteca.ibge.gov.br/visualizacao/livros/liv101705_informativo.pdf. Acesso em: 03 ago. 2020.

[516] A plataforma Cisco/Webex exige alguns requisitos mínimos de acesso, como, por exemplo, qualidade de vídeo mínimo de 180p e banda larga ao menos de 1,2 Mbps, dentre outros. Assim, por exemplo, não seria possível utilizar um *smartphone* iPhone 4, para participar de audiência pelo Cisco/Webex, pois é capaz de receber em 90p (Disponível em: https://help.webex.com/pt-br/WBX84420/Low-Bandwidth-Errors-in-Cisco-Webex-Video-Platform-Meetings. Acesso em: 03 ago. 2020.

ou, também, o custo do acesso da internet 3G, 4G, ou, mesmo, 5G,[517] que muitos não podem pagar, como também a barreira geracional, que, para diversos trabalhadores e advogados, impede a realização de operações telemáticas e informáticas; dentre inúmeras outras dificuldades que podem surgir.[518]

A vedação de realização de audiências presenciais no período que perdurar a pandemia, como, ainda, o obstáculo para diversas pessoas de utilização da internet – e, por conseguinte, da própria videoconferência – levarão, em muitos casos, à denegação ao direito fundamental de acesso à Justiça.[519]

Essa dificuldade impõe que se lance um olhar para outros ordenamentos jurídicos, sobretudo porque, no caso do processo do trabalho, o art. 8º da CLT autoriza que, na falta de disposições legais, decidir-se-á, conforme o caso, de acordo com o direito comparado.

4.9.2.2 A declaração testemunhal escrita nos ordenamentos jurídicos de Portugal, Itália e França

Países como Portugal, Itália e França possuem em seus ordenamentos jurídicos previsão de que a prova testemunhal possa ser produzida mediante declaração escrita.

No caso de Portugal, por exemplo, o magistrado poderá atribuir valor probatório à declaração testemunhal escrita quando, constatando-se "impossibilidade ou grave dificuldade", da presença da testemunha em audiência, houver acordo entre as partes.[520]

---

[517] Estima-se que, em média, o custo da banda larga no Brasil, por um serviço de 60 Mbps seja, em janeiro/2020, de R$114,00, por mês (Disponível em: https://www.tecmundo.com.br/internet/149557-brasil-58-ranking-internet-cara-no-mundo.htm. Acesso em: 04 ago. 2020).

[518] BARACAT, 2020, p. 100.

[519] BARACAT, 2020, p. 100.

[520] Art. 518 da Lei nº 41, de 26.06.2013, que aprovou o Código de Processo Civil português assim dispõe: "Artigo 518.º. Depoimento apresentado por escrito. 1 – Quando se verificar impossibilidade ou grave dificuldade de comparência no tribunal, pode o juiz autorizar, havendo acordo das partes, que o depoimento da testemunha seja prestado através de documento escrito, datado e assinado pelo seu autor, do qual conste relação discriminada dos factos a que assistiu ou que verificou pessoalmente e das razões de ciência invocadas. 2 – Incorre nas penas cominadas para o crime de falsidade de testemunho quem, pela forma constante do número anterior, prestar depoimento falso. Disponível em: https://dre.pt/web/

A lei processual portuguesa estabelece requisitos para a validade da declaração escrita, tais como data, assinatura e elementos identificadores da testemunha, como, também, a descrição dos fatos "a que assistiu ou que verificou pessoalmente e das razões de ciência invocadas", além de elementos que permitam verificar "relação de parentesco, afinidade, amizade ou dependência com as partes ou qualquer interesse na ação". A norma, ainda, prevê que a testemunha deverá indicar que a finalidade da declaração é a de ser utilizada como prova judicial e que está ciente de que "incorre nas penas cominadas para o crime de falsidade de testemunho quem", mesmo em caso de declaração escrita, "prestar depoimento falso". Mesmo assim, se o magistrado entender necessário, ou, a requerimento das partes, pode determinar "a renovação do depoimento na sua presença", ou que preste esclarecimentos que se revelem necessários, por escrito.[521]

A lei processual italiana, igualmente, permite que o juiz confira valor probatório à declaração testemunhal escrita, com a finalidade de responder às perguntas que lhe forem endereçadas. Da mesma forma que o português, o preceito legal italiano também exige o acordo entre as partes, não prevendo expressamente "impossibilidade ou grave dificuldade do comparecimento da testemunha em juízo", mas, de maneira mais aberta, que se observe a natureza do caso e outras circunstâncias. A lei processual italiana autoriza o juiz que, após examinadas as respostas ou declarações, determine o comparecimento da testemunha para depoimento presencial.[522]

---

guest/legislacao-consolidada/-/lc/107055833/201706170100/73436739/diplomaPagination/diploma/25?did=34580575. Acesso em: 04 ago. 2020.

[521] "Artigo 519.º. Requisitos de forma. 1 – O escrito a que se refere o artigo anterior menciona todos os elementos de identificação do depoente, indica se existe alguma relação de parentesco, afinidade, amizade ou dependência com as partes, ou qualquer interesse na ação. 2 – Deve ainda o depoente declarar expressamente que o escrito se destina a ser apresentado em juízo e que está consciente de que a falsidade das declarações dele constantes o faz incorrer em responsabilidade criminal. 3 – A assinatura deve mostrar-se reconhecida notarialmente, quando não for possível a exibição do respetivo documento de identificação. 4 – Quando o entenda necessário, pode o juiz, oficiosamente ou a requerimento das partes, determinar, sendo ainda possível, a renovação do depoimento na sua presença, caso em que a testemunha é notificada pelo tribunal, ou a prestação de quaisquer esclarecimentos que se revelem necessários, por escrito o que se aplica o disposto nos números anteriores". Disponível em: https://dre.pt/web/guest/legislacao-consolidada/-/lc/107055833/2017061701 00/73436739/diplomaPagination/diploma/25?did=34580575. Acesso em: 10 maio 2020.

[522] O Código de Processo Civil italiano, prevê no art. 257-bis, inserido pela Lei 69 de 18.01.2009: "Art. 257-bis. (Testemonianza scritta). Il giudice, su accordo delle parti, tenuto

O Código de Processo Civil francês atribui ao magistrado amplos poderes para determinar a apresentação da declaração testemunhal escrita, aceitá-la ou recusá-la, independentemente de acordo entre as partes. Esclarecem, a propósito, Vincent e Guichard que na tradição processual francesa, *a declaração escrita de testemunha é amplamente aceita e utilizada*,[523] *podendo ser apresentada espontaneamente pelas partes ou por determinação do juiz, desde que sempre se observe o contraditório*. [524] [525] [526]

Ainda conforme a regra processual francesa, a declaração deverá consignar os fatos que a testemunha tenha pessoalmente presenciado, como, ainda, o nome completo, local de nascimento, endereço, profissão, e, se existir, relação de parentesco, subordinação, colaboração

---

conto della natura della causa e di ogni altra circostanza, può disporre di assumere la deposizione chiedendo al testimone, anche nelle ipotesi di cui all'articolo 203, di fornire, per iscritto e nel termine fissato, le risposte ai quesiti sui quali deve essere interrogato. Il giudice, con il provvedimento di cui al primo comma, dispone che la parte che ha richiesto l'assunzione predisponga il modello di testimonianza in conformità agli articoli ammessi e lo faccia notificare al testimone. Il testimone rende la deposizione compilando il modello di testimonianza in ogni sua parte, con risposta separata a ciascuno dei quesiti, e precisa quali sono quelli cui non è in grado di rispondere, indicandone la ragione. Il testimone sottoscrive la deposizione apponendo la propria firma autenticata su ciascuna delle facciate del foglio di testimonianza, che spedisce in busta chiusa. con plico raccomandato o consegna alla cancelleria del giudice. Quando il testimone si avvale della facoltà d'astensione di cui all'articolo 249, ha l'obbligo di compilare il modello di testimonianza, indicando le complete generalità e i motivi di astensione. Quando il testimone non spedisce o non consegna le risposte scritte nel termine stabilito, il giudice può condannarlo alla pena pecuniaria di cui all'articolo 255, primo comma. Quando la testimonianza ha ad oggetto documenti di spesa già depositati dalle parti, essa può essere resa mediante dichiarazione sottoscritta dal testimone e trasmessa al difensore della parte nel cui interesse la prova è stata ammessa, senza il ricorso al modello di cui al secondo comma. Il giudice, esaminate le risposte o le dichiarazioni, può sempre disporre che il testimone sia chiamato a deporre davanti a lui o davanti al giudice delegato". Disponível em: https://www.altalex.com/documents/news/2014/12/04/del-procedimento-davanti-al-tribunale-dell-istruzione-della-causa. Acesso em: 12 maio 2020.

[523] VINCENT; GUINCHARD, 1996, p. 673.

[524] Reza o artigo 200 do Código de Processo Civil francês: "Article 200. Les attestations sont produites par les parties ou à la demande du juge. Le juge communique aux parties celles qui lui sont directement adressées". Disponível em: https://www.legifrance.gouv.fr/affichCode.do;jsessionid=C2962EBAFB254163F652E4D57EAE89BE.tplgfr22s_1?idSectionTA=LEGISCTA000006165187&cidTexte=LEGITEXT000006070716&dateTexte=20200511. Acesso em: 11 maio 2020.

[525] VINCENT; GUINCHARD, 1996, p. 673.

[526] Dispõe o artigo 199 do Código de Processo Civil francês: "Article 199. Lorsque la preuve testimoniale est admissible, le juge peut recevoir des tiers les déclarations de nature à l'éclairer sur les faits litigieux dont ils ont personnellement connaissance. Ces déclarations sont faites par attestations ou recueillies par voie d'enquête selon qu'elles sont écrites ou orales". Disponível em: https://www.legifrance.gouv.fr/affichCode.do;jsessionid=C2962EBAFB254163F652E4D57EAE89BE.tplgfr22s_1?idSectionTA=LEGISCTA000006165187&cidTexte=LEGITEXT000006070716&dateTexte=20200511. Acesso em: 11 maio 2020.

ou interesses afins com as partes.⁵²⁷ A declaração deverá ser subscrita de próprio punho pela testemunha e, ainda, apresentar documento oficial que comprove sua identidade e permita, também, verificar a autenticidade da assinatura.⁵²⁸

Da mesma forma que as leis portuguesa e italiana, a francesa também autoriza ao magistrado que, caso entenda necessário – sobretudo se estimar que as informações são insuficientes, ou suscitam dúvidas sobre sua credibilidade –, determine a inquirição pessoal da testemunha e, caso constate contradição entre a declaração escrita e o depoimento presencial, recuse aquela prova testemunhal.⁵²⁹

A declaração testemunhal escrita revela-se "uma alterativa importante para o período em que for vedada a realização de atos presenciais por advogados, partes e testemunhas e para aqueles casos em que a videoconferência se mostrar ineficaz ou injusta".⁵³⁰

Tomadas as precauções necessárias, mostra-se bastante viável que as experiências de países como Portugal, Itália e França, forneçam subsídios para se conferir valor probante à declaração escrita de testemunha no Brasil.

A primeira precaução é de que a declaração testemunhal escrita resulte de negócio jurídico processual, conforme autorizado pelo art. 191 do CPC,⁵³¹ ou seja, mediante acordo entre as partes.

Nesse sentido, observando-se o direito comparado, conviria a observância de alguns requisitos, a fim de evitar arguição de invalidade da prova:⁵³²

---

⁵²⁷ "Article 202. L'attestation contient la relation des faits auxquels son auteur a assisté ou qu'il a personnellement constatés. Elle mentionne les nom, prénoms, date et lieu de naissance, demeure et profession de son auteur ainsi que, s'il y a lieu, son lien de parenté ou d'alliance avec les parties, de subordination à leur égard, de collaboration ou de communauté d'intérêts avec elles. Elle indique en outre qu'elle est établie en vue de sa production en justice et que son auteur a connaissance qu'une fausse attestation de sa part l'expose à des sanctions pénales. L'attestation est écrite, datée et signée de la main de son auteur. Celui-ci doit lui annexer, en original ou en photocopie, tout document officiel justifiant de son identité et comportant sa signature." Disponível em: https://www.legifrance.gouv.fr/affichCode.do;jsessionid=C2962EBAFB254163F652E4D57EAE89BE.tplgfr22s_1?idSectionTA=LEGISCTA000006165187&cidTexte=LEGITEXT000006070716&dateTexte=20200511. Acesso em: 12 maio 2020.
⁵²⁸ VINCENT; GUINCHARD, 1996, p. 674.
⁵²⁹ VINCENT; GUINCHARD, 1996, p. 674.
⁵³⁰ BARACAT, 2020, p. 112.
⁵³¹ Reza o art. 191 do CPC: "De comum acordo, o juiz e as partes podem fixar calendário para a prática dos atos processuais quando for o caso".
⁵³² BARACAT, 2020, p. 112.

"O primeiro, que a declaração se apresente de forma legível, seja manuscrita, datilografada ou digitalizada".

"O segundo, que a testemunha declare se possui alguma relação de parentesco, afinidade, amizade ou dependência com as partes, ou qualquer interesse no resultado do processo".

"O terceiro, que a testemunha anexe cópia de documento de identidade, a fim de que seja possível verificar a semelhança da assinatura; caso não o seja, a assinatura deverá ser reconhecida em cartório".

"O quarto, que a testemunha comprove documentalmente que possui vínculos profissionais com as partes, por meio da apresentação de CTPS ou outro documento idôneo".

"O quinto, a testemunha deve responder objetivamente aos quesitos apresentados pelas partes e juiz".

"O sexto, a testemunha declare que tem conhecimento dos fatos por tê-los presenciado, ou por ouvir dizer".

"O sétimo, a testemunha deverá, de próprio punho, escrever que leu a declaração, que atesta ser verdade, sob as penas da lei, inclusive multa, antes de apor o local, a data e assinar".

"Desaconselhável, evidentemente, que o advogado da parte interfira na redação da declaração; caso o faça, convém que esclareça ao juízo e à parte adversa, ante o dever de comportar-se de acordo com a boa-fé, previsto no art. 5º do CPC".[533]

A melhor alternativa, no âmbito do negócio jurídico processual, contudo, seria a de que os advogados das partes litigantes, em ambiente privado (sem aglomerações e em horário conveniente a todos), ouvissem as partes e testemunhas, de preferência com auxílio de escrivão, a quem incumbiria o registro dos depoimentos. Trata-se de hipótese espelhada no *Discovery stage* norte-americano, em que não se verifica "a participação e a ingerência direta do magistrado", visto que são "os advogados que realizam a maior parte dos procedimentos de produção de provas, acompanhados de um oficial de cartório que representa o juízo e confere oficialidade aos atos". É importante observar que essa regra é inspirada no princípio da boa-fé, tanto que a lei norte-americana

---

[533] BARACAT, 2020, p. 113.

que disciplina esse procedimento "atribui, de plano, um dever de absoluta boa-fé aos demandantes", impondo-lhes deveres "para que, ao revelarem os fatos previamente, não tenham a mínima chance de surpreender o adversário ou o juízo no momento do julgamento, o que privilegia a devida paridade de armas".[534]

No contexto do processo do trabalho brasileiro, nos termos do art. 765, da CLT, pode o magistrado, ante inconsistências ou dúvidas suscitadas pelas declarações apresentadas, determinar a inquirição da testemunha, por videoconferência, ou, de maneira presencial, quando as condições sanitárias permitirem.

Mesmo que a declaração testemunhal escrita decorra de negócio jurídico processual, é importante a observância do contraditório, de forma a permitir oportunidade para impugnação da parte adversa, inclusive para contraditar a testemunha.

Não existe, a bem da verdade, impedimento à apresentação de declarações testemunhais escritas, mesmo sem acordo entre os litigantes, ante o dever que o princípio da boa-fé objetiva impõe à "testemunha de falar a verdade e prestar informações exatas que se encontrarem no domínio de seu conhecimento, independentemente das advertências e admoestações judiciais",[535] conforme se pode inferir dos arts. 5º e 77, I do CPC.

A averiguação pelo magistrado do cumprimento dos deveres decorrentes da boa-fé, especificamente no âmbito da declaração testemunhal escrita, não exige que se dê, necessariamente, *a priori*, "já que, como reitor do processo pode, de ofício ou a requerimento de uma das partes, determinar, a qualquer momento, a inquirição da testemunha para esclarecer ponto que não tenha ficado inteiramente claro na declaração escrita".[536]

A segunda precaução, sobretudo em caso de não se obter consenso entre as partes, é de que a declaração seja prestada por meio de ata notarial.

Nesse sentido é de enorme importância o art. 384 do CPC, segundo o qual "A existência e o modo de existir de algum fato

---

[534] CAMBI; PITTA, 2015.
[535] BARACAT, 2020.
[536] BARACAT, 2020, p. 113.

podem ser atestados ou documentados, a requerimento do interessado, mediante ata lavrada por tabelião".

De fato, a ata notarial disciplinada pelo art. 7º, inciso III da Lei nº 8.935/94, cumpre inteiramente a finalidade de se preservar uma "certa incomunicabilidade" entre a testemunha e outras pessoas, durante o depoimento, sobretudo os advogados, mormente ante a fé pública da qual são dotados os tabeliães, além de serem "civilmente responsáveis por todos os prejuízos que causarem a terceiros, por culpa ou dolo, pessoalmente, pelos substitutos que designarem ou escreventes que autorizarem", conforme art. 22 da mesma lei.

De fato, o tabelião notarial deverá assentar, conforme a lei, "os fatos que lhe forem relatados pela testemunha, inclusive, se, durante a colheita da declaração, encontrava-se acompanhada ou desacompanhada, consultou anotações ou outras circunstâncias relevantes". Da ata notarial devem constar, ainda, os quesitos que tenham previamente sido apresentados pelas partes no processo, bem como as respectivas respostas da testemunha.[537]

Saliente-se, por fim, que a ata notarial é aceita pela jurisprudência majoritária do TST como meio de prova no processo do trabalho, notadamente, para comprovar as seguintes hipóteses:[538]

– "tempo despendido para troca de uniforme, batimento do ponto e deslocamento até o local de trabalho";[539]

– "manutenção de atividades essenciais mínimas para verificação de abusividade de greve";[540]

– "contrato de locação de imóvel com a finalidade de comprovar sucessão de empregadores";[541]

---

[537] BARACAT, 2020, p. 114.
[538] BARACAT, 2020, p. 114.
[539] BRASIL, TST-11085-44.2012.5.07.033, 5ª Turma, Rel. Min. Guilherme Augusto *Caputo* Bastos, julg. 15 abr. 2015, publ. 12 fev. 2016. Disponível em: www.tst.jus.br. Acesso em: 19 maio 2020; BRASIL, TST-RR-1237-42.2012.5.09.0594, 6ª Turma, Rel. Min. Katia Magalhães Arruda, julg. 16.09.2015, publ. 18.09.2015. Disponível em: www.tst.jus.br. Acesso em: 19 maio 2020.
[540] BRASIL, TST-RO-130-66.2017.5.11.0000, Seção Especializada em Dissídios Coletivos, Rel. Min. Guilherme Augusto *Caputo* Bastos, julg. 09.09.2019, publ. 19.09.2019. Disponível em: www.tst.jus.br. Acesso em: 20 maio 2020.
[541] BRASIL, TST-RR-1324-20.2012.5.04.04.0664, 6ª Turma, Rel. Katia Magalhães Arruda, julg. 11 abr. 2018, publ. 13 abr. 2018. Disponível em: www.tst.jus.br. Acesso em: 20 maio 2020.

– "transcrição de conversa havida por meio de Whatsapp".[542] Existe fundamento "para a evolução da jurisprudência do TST também para admitir a produção de prova testemunhal mediante ata notarial",[543] sobretudo durante períodos de pandemia e restrições de aglomerações, e nos casos em que a audiência por videoconferência mostrar-se inapta, a fim de concretizar os mandamentos previstos nos art. 5º, incisos XXXV e LXXVIII da Constituição brasileira.

Em qualquer hipótese, caberá a aplicação de multa à testemunha que intencionalmente alterar a verdade dos fatos ou omitir, deliberadamente, fatos essenciais ao julgamento da causa, conforme autoriza o art. 793-D, da CLT.

---

[542] BRASIL, TST-RO-224.34.2015.5.02.000, Subseção II Especializada em Dissídios Individuais, Rel. Min. Antonio José de Barros Levenhagen, julg. 07.06.2016, publ. 10.06.2016. Disponível em: www.tst.br. Acesso em: 20 maio 2020.
[543] BARACAT, 2020.

CAPÍTULO 5

ALTERNATIVAS À SOLUÇÃO JURISDICIONAL

5.1 Conciliação e justiça: necessário equilíbrio

5.1.1 Judicial

A conciliação possui função e sentido multifários. A conciliação objetiva a "pacificação dos espíritos, à condução das partes à concórdia, sem que, necessariamente, por isso, devessem transacionar", ao passo que a transação "constitui uma forma de solução consensual da lide, em contraposição à solução jurisdictional".[544]

Transigir, para alguns autores "implica bilateralidade, significa deixar de litigar, ou por ser *res dubia* a causa, ou por algum outro motivo, objetivo ou subjetivo, que sugeriu a cessação da lide".[545]

Para outros autores, a diferença entre conciliação e transação encontra-se no fato de que a primeira caracteriza-se "'por implicar na participação do magistrado', podendo-se compreender tanto a transação, quanto o reconhecimento ou a renúncia".[546]

A conciliação também se diferencia da mediação. Na primeira, busca-se "um acordo e com ele a extinção do processo (consubstanciado na lide), preferencialmente com resolução de mérito por meio da

---
[544] TEIXEIRA FILHO, 2009, p. 163.
[545] PONTES DE MIRANDA, 1973, p. 428.
[546] PASSOS, 2001, p. 451.

transação (concessões mútuas para prevenir ou evitar litígios)", enquanto a segunda objetiva "desvendar os verdadeiros interesses (lide sociológica) que se escondem por trás das posições (lide processual), o que quando ocorre faz com que naturalmente surja o acordo".[547]

Trata-se de negócio jurídico realizado no âmbito do processo, por meio do qual as partes previnem ou terminam o litígio mediante concessões mútuas.[548]

Identifica-se, ainda, como princípio peculiar do processo do trabalho, pois se caracteriza como finalidade principal do processo, informando tanto o processo individual quanto o coletivo, em diversas de suas fases.[549]

No plano ideológico, a conciliação é instrumento a serviço do poder econômico que procura amainar a luta de classes, por meio da resignação dos trabalhadores e, por conseguinte, "a manutenção das condições de apropriação da mais-valia e da reprodução acelerada do capital".[550]

A conciliação ainda é utilizada pelo CNJ como "ferramenta de gestão para a solução do acúmulo de processos nos tribunais".[551]

A conciliação, por fim, é meio alternativo de resolução de conflitos, em contrapartida à solução jurisdicional que se dá mediante a prolação da sentença.[552]

Em 2006, o CNJ criou o movimento pela conciliação, estabelecendo diversas medidas com a finalidade de instigar a conciliação. Dentre essas medidas, foram instituídas premiações, a Semana Nacional da Conciliação, e, ainda, valorização da atuação do juiz em prol da

---

[547] BACELLAR, 2013, p. 232-233.
[548] Art. 840 do Código Civil.
[549] LEITE, 2018, p. 121.
[550] A função conciliatória da Justiça do Trabalho, atribuída por lei, afirma Wilson Ramos Filho, decorre, historicamente, do predomínio do *corporativismo* e do *catolicismo social* – vitoriosos sobre o anarquismo, socialismo e comunismo – na institucionalização dos mecanismos de resolução de conflitos sociais no Brasil, no início do século XX. O *corporativismo*, de acordo com Ramos Filho, assegura "a concretização do ideal de uma 'sociedade sem conflitos' pregando a 'harmonia' entre as classes sociais que ocupam posições antagônicas nas relações de trabalho", enquanto o *catolicismo social* – cujos alicerces encontram-se, essencialmente, na Encíclica *Rerum Novarum* de 1891 e na Carta Encíclica *Quadragesimo Anno* de 1931 – defende o mesmo ideário de "harmonia entre as classes sociais, negação da luta de classes, pregação para a concórdia e para a resignação" (RAMOS FILHO, 2013, p. 73-85).
[551] OLIVEIRA, 2013, p. 150.
[552] TEIXEIRA FILHO, 2009, p. 163.

conciliação como parâmetro para aferição de produtividade para efeito de promoção por merecimento para Tribunais de 2º grau (Resolução nº 106).[553] Em 2010, o CNJ aprovou, por meio da Resolução nº 125, a Política Judiciária nacional de tratamento adequado dos conflitos de interesses no âmbito do Poder Judiciário, mediante o qual se pretende a concreção de direitos fundamentais como o da duração razoável do processo e do acesso à Justiça.

Os princípios basilares que norteiam essa política são: (i) consolidar a política pública permanente de incentivo e aperfeiçoamento dos mecanismos consensuais de solução de litígios; (ii) reconhecer a conciliação e a mediação como instrumentos efetivos de pacificação social, solução e prevenção de litígios, de modo a reduzir a excessiva judicialização dos conflitos de interesses, a quantidade de recursos e de execução de sentenças; (iii) estimular, apoiar e difundir a sistematização e o aprimoramento de práticas antigas e novas que permitam, em larga escala, a adoção de mecanismos consensuais de solução de litígios.[554]

Uma das causas do movimento pela conciliação surge, ainda, pela constatação da impossibilidade de o Poder Judiciário, por meio da solução jurisdicional, dar vazão ao monumental acervo de processos existentes e os outros tantos que estavam sendo e viriam a ser ajuizados em progressão geométrica. Acervo que, como analisado no Capítulo 3, possui multifatores, dentre os quais os excessos de recursos e de instâncias recursais previstos no ordenamento jurídico brasileiro.

No âmbito da Justiça do Trabalho é relevante analisar o impacto da Política promovida pelo CNJ nos resultados das conciliações, proporcionalmente ao número de ações ajuizadas.

Conforme a série histórica publicada pelo TST,[555] percebe-se que, a partir da vigência da Resolução nº 125, curiosamente, houve um decréscimo no percentual de conciliações, ao ponto de, em 2018, alcançar o seu segundo menor índice (43,7%), desde que iniciado o levantamento.

---

[553] RICHA, 2013, p. 255.
[554] Disponível em: https://www.cnj.jus.br/busca-atos-adm?documento=2579. Acesso em: 30 jul. 2019.
[555] Disponível em: http://www.tst.jus.br/web/estatistica/jt/conciliacoes. Acesso em: 31 jul. 2019.

Alguns dados merecem análise. No primeiro ano da série histórica (1980), registraram-se 49,71% de conciliações, que seguiu ritmo crescente até 1988, quando registrou índice conciliatório de 53,6%. Nos anos que se seguiram, exceto um ou outro ano de súbito aumento, houve uma constante queda. Em 1990, o índice foi de 48,3% e, em 2000, de R$45,1%. Em 2004, o índice de conciliações subiu quase 10%, saltando para 53%, mas, em seguida, iniciou-se novo decréscimo até atingir o seu menor percentual (40,8%) em 2019.

Podem-se supor diversas causas para o constante decréscimo das conciliações nos dissídios individuais do trabalho.

A primeira – e recorrente –, a crise econômica que se prolonga, pelo menos desde 2014, e impacta na capacidade de empresas, mormente as micro e pequenas, de quitar os seus débitos trabalhistas.[556] De outro lado, a mesma crise que elimina postos de trabalho, sobretudo ao trabalhador pobre que encontra ocupação apenas em trabalho precário, transforma o processo trabalhista como alternativa vital para o reclamante obter os meios necessários à subsistência.

A segunda, um sistema processual que estimula a recorribilidade das decisões judiciais, franqueando às partes uma enorme gama de recursos e instâncias, dando ao jurisdicionado, sobretudo o devedor com recursos, a certeza de que a melhor solução para o processo é não deixá-lo acabar.

Um questionamento, entretanto, se mostra fundamental diante dos dados acima expostos, sobretudo no âmbito do direito fundamental de acesso à Justiça: em que medida uma ostensiva política pública voltada à conciliação judicial pode se comprometer com o anseio de justiça que inspira os valores conformadores da Constituição brasileira?[557]

---

[556] Conforme publicação de 14.01.2019 da Serasa Experian: "De acordo com o Indicador Serasa Experian de Falências e Recuperações, o Brasil encerrou 2018 com 1.408 pedidos de recuperações judiciais. O acumulado de janeiro a dezembro do ano passado se manteve similar ao patamar consolidado de 2017 (1.420), com pequena queda de 0,8%. O recuo foi de 24,4% comparado ao recorde histórico de 2016 (1.863) – o maior volume registrado desde 2006 e posterior à Nova Lei de Falências (junho/2005), resultado influenciado pelo cenário recessivo que ganhou força a partir de 2014. Entre os pedidos de recuperação judicial contabilizados em 2018, as micro e pequenas empresas predominaram com 871 requerimentos. Na sequência, aparecem as médias (327) e as grandes empresas (210)". Disponível em: https://www.serasaexperian.com.br/sala-de-imprensa/recuperacoes-judiciais-caem-08-em-2018-ainda-influenciadas-pela-lenta-recuperacao-da-economia-revela-serasa. Acesso em: 31 jul. 2019.

[557] OLIVEIRA, 2013, p.149.

Francisco Cardozo de Oliveira observa, a propósito, que a conciliação "não pode abdicar de um compromisso com a efetivação da justiça", tanto por meio da "abertura ao diálogo", como pela "aderência aos princípios inscritos na Constituição". Francisco Cardozo de Oliveira salienta, ainda, que a "justiça de trocas assimilável ao ato da conciliação", pressupõe que se aceite a troca como reparação, de modo que

> o que é conciliado contempla a reparação pelo dano, pelo sofrimento ou pela perda; todavia, implica admitir também que a conciliação acarreta um potencial de produção de violência ou injustiça, uma vez considerado que a troca que ela pressupõe não se materializa mediante uma equivalência precisa: existem ganhos e perdas.[558]

Por isso, a assertiva de que "a conciliação é a melhor forma de resolução do conflito trabalhista, pois é solução oriunda das próprias partes que sabem a real dimensão do conflito",[559] pressuporia uma completa igualdade entre aqueles que se conciliaram. A desigualdade entre ambos, principalmente, no plano econômico, reduziria a obtenção da equivalência precisa ou da justa troca.

Nas relações entre empregador e empregados, onde a desigualdade econômica é regra geral, os atores envolvidos na conciliação devem se precaver para que ela "não se reduza a uma racionalidade de governamentalidade dos entraves burocráticos da administração judiciária", mas que represente "a promoção da cidadania e a redução de assimetrias na sociedade brasileira".

5.1.2 Extrajudicial

No âmbito do processo do trabalho duas formas de composição extrajudicial se mostram relevantes. Aquela representada pela Comissão de Conciliação Prévia, prevista nos arts. 625-A e seguintes da CLT, com redação dada pela Lei nº 9.958/2000, e o acordo extrajudicial, instituído pela Lei nº 13.467/2017, por meio da inclusão dos arts. 855-B, 855-C, 855-D e 855-E, na CLT.

---

[558] OLIVEIRA, 2013, p. 158.
[559] SCHIAVI, 2018, p. 181.

5.1.2.1 Comissões de Conciliação Prévia (CPPs)

A Lei nº 9.958/2000 autorizou, ao incluir o art. 625-A na CLT, empresas e sindicatos a instituirem "Comissões de Conciliação Prévia, de composição paritária, com representantes dos empregados e dos empregadores, com a atribuição de tentar conciliar os conflitos individuais do Trabalho". A Lei ainda estabeleceu que as Comissões poderiam ser instituídas por grupos de empresas ou ter caráter intersindical.

De acordo com o art. 625-C do mesmo diploma legal a "Comissão instituída no âmbito do sindicato terá sua constituição e normas de funcionamento definida em convenção o acordo coletivo".

A constituição das CCPs no Brasil devem ser analisadas sob duas perspectivas.

A primeira, no sentido de se obstar o acesso dos trabalhadores à Justiça do Trabalho, sobretudo quando, no art. 625-D impunha a obrigatoriedade de se submeter à CCP "qualquer demanda trabalhista". O caráter obrigatório da submissão da demanda previamente à CCP era reforçado pela exigência prevista no §2º do mesmo artigo de que não "prosperando a conciliação" deveria ser "fornecida ao empregado e ao empregador declaração da tentativa frustrada", para juntada em eventual reclamação trabalhista. Mais, ainda, estabelecia a Lei nº 9.958/2000, ao incluir o art. 625-E, parágrafo único, na CLT, ao reconhecer que realizada a conciliação, o termo de conciliação correspondente, "é título executivo extrajudicial e terá eficácia liberatória geral, exceto quanto às parcelas expressamente ressalvadas".

O STF, ao julgar a ADI nº 2.160/DF concluiu sobre a Lei nº 9.958/2000 que o "condicionamento do acesso à jurisdição ao cumprimento de requisitos alheios àqueles referentes ao direito sobre o qual se litiga, como a obrigatoriedade de tentativa de conciliação prévia por órgão administrativo analisada na espécie, contraria o inc. XXXV do art. 5º da Constituição da República".[560]

No acórdão da lavra da Ministra Cármen Lúcia, observa-se que a Lei nº 9.958/2000 também afronta a Recomendação nº 130 da OIT, segundo a qual em nenhuma hipótese deverá ser limitado "o

---

[560] BRASIL, STF ADI 2160 DF, Tribunal Pleno, Rel. Min. Cármen Lúcia, Julgamento: 01.08.2018, Tribunal Pleno. Publicação DJe-033 DIVULG 18.02.2019 PUBLIC 19.02.2019. Disponível em: www.stf.jus.br. Acesso em: 01 ago. 2019.

direito do trabalhador de ajuizar reclamações diretamente à autoridade trabalhista competente, à justiça trabalhista ou a quaisquer outras autoridades judiciais, quando esse direito lhe for reconhecido pela legislação nacional ou demais regulamentos".[561]

Salientou-se, ainda, na decisão que julgou a ADI nº 2.160/DF, que o STF "tem reconhecido, em obediência ao inc. XXXV do art. 5º da Constituição da República, a desnecessidade de prévio cumprimento de requisitos desproporcionais, procrastinatórios ou inviabilizadores, para a submissão do pleito ao órgão judiciário competente".[562]

Em conclusão, o Plenário do STF julgou parcialmente procedente os pedidos formulados na ADI nº 2.160/DF para "para dar interpretação conforme a Constituição ao art. 625-D, §1º a §4º, da Consolidação das Leis do Trabalho, assentando que a Comissão de Conciliação Prévia constitui meio legítimo, *mas não obrigatório*, de solução de conflitos, permanecendo o acesso à Justiça resguardado para todos os que venham a ajuizar demanda diretamente ao órgão judiciário competente".[563]

Sedimentou-se o entendimento conforme a Constituição de que nenhuma exigência, de natureza administrativa, mesmo criada por meio de negociação coletiva, pode restringir a submissão ao Poder Judiciário de demanda do trabalhador.

Durante o julgamento, entretanto, importante divergência foi levantada pelo Ministro Luiz Edson Fachin em relação aos efeitos do art. 625-E da CLT que aludem à "eficácia liberatória geral" do termo de conciliação decorrente das CCPs. Argumentou o Ministro Fachin que, em face da índole administrativa das CCPs, de não haver garantia do contraditório e ampla defesa neste tipo de procedimento, sendo as partes manifestamente desiguais e díspares, afrontaria a Constituição a previsão de "eficácia liberatória geral".[564]

---

[561] BRASIL, STF ADI 2160 DF, Tribunal Pleno, Rel. Min. Cármen Lúcia, Julgamento: 01.08.2018, Tribunal Pleno. Publicação DJe-033 DIVULG 18.02.2019 PUBLIC 19.02.2019. Disponível em: www.stf.jus.br. Acesso em: 01 ago. 2019.

[562] BRASIL, STF ADI 2160 DF, Tribunal Pleno, Rel. Min. Cármen Lúcia, Julgamento: 01.08.2018, Tribunal Pleno. Publicação DJe-033 DIVULG 18.02.2019 PUBLIC 19.02.2019. Disponível em: www.stf.jus.br. Acesso em: 01 ago. 2019.

[563] BRASIL, STF ADI 2160 DF, Tribunal Pleno, Rel. Min. Cármen Lúcia, Julgamento: 01.08.2018, Tribunal Pleno. Publicação DJe-033 DIVULG 18.02.2019 PUBLIC 19.02.2019. Disponível em: www.stf.jus.br. Acesso em: 01 ago. 2019.

[564] BRASIL, STF ADI 2160 DF, Tribunal Pleno, Rel. Min. Cármen Lúcia, Julgamento: 01.08.2018, Tribunal Pleno. Publicação DJe-033 DIVULG 18.02.2019 PUBLIC 19.02.2019. Disponível em: www.stf.jus.br. Acesso em: 01 ago. 2019.

Prevaleceu, no entanto, o entendimento da Ministra Cármen Lúcia, no sentido de que dita expressão é válida, desde que compreendida apenas no âmbito dos "valores discutidos". Assim, foi vencedora a tese de interpretação conforme a Constituição de que, em sendo facultativa a submissão da demanda à CCP, havendo acordo, os "valores ali discutidos", "não se transmutam em quitação indiscriminada de verbas trabalhistas".[565] No entanto, essa conclusão não constou da certidão de julgamento. O TST, por sua vez, firmou jurisprudência em sentido contrário, validando a "eficácia liberatória geral" do acordo, em caso de "comissão de conciliação prévia, regularmente constituída e sem evidência de vícios ou fraude".[566]

A segunda é que, mesmo facultativa, e, ainda, sem eficácia liberatória geral de verbas trabalhistas não previstas no acordo, seriam as CCPs uma extraordinária instância de resolução de conflitos trabalhistas, não fosse a viciada estrutura sindical brasileira.

De fato, a estrutura sindical brasileira, em linhas gerais, de há muito se encontra descompromissada com conquistas sociais que busquem a melhoria das condições de vida da população e também com o desenvolvimento econômico equilibrado do país.

Os modelos da unicidade sindical e da representação sindical por categoria, consagrados pela Constituição de 1988 (art. 8º), consolidaram o total distanciamento do trabalhador do sindicato que deveria representá-lo. As taxas de sindicalização entre os trabalhadores ocupados – historicamente baixas– decrescem a cada ano: em 2012 era de 16,2%, enquanto em 2017, de 14,4%.[567]

Em 2017, das 91,4 milhões de pessoas ocupadas (formais e informais), 14,4%, ou seja, 13,13 milhões estavam associadas a sindicato, o que representou queda de 3,2% em relação a 2016, e a menor taxa desde o início da série histórica, em 2012.[568]

---

[565] BRASIL, STF ADI 2160 DF, Tribunal Pleno, Rel. Min. Cármen Lúcia, Julgamento: 01.08.2018, Tribunal Pleno. Publicação DJe-033 DIVULG 18.02.2019 PUBLIC 19.02.2019. Disponível em: www.stf.jus.br. Acesso em: 01 ago. 2019.
[566] BRASIL, TST ARR – 1562-63.2010.5.06.0014, 4ª T, Rel. Min. Guilherme *Caputo* Bastos, julgamento: 26.06.2019, Public. 28.06.2019. Disponível em: www.tst.jus.br. Acesso em: 03 ago. 2019.
[567] Disponível em: https://g1.globo.com/economia/noticia/2018/11/08/sindicalizacao-no-brasil-tem-a-menor-taxa-em-seis-anos-aponta-ibge.ghtml. Acesso em: 01 ago. 2019.
[568] Disponível em: https://agenciadenoticias.ibge.gov.br/agencia-sala-de-imprensa/2013-agencia-de-noticias/releases/22952-taxa-de-sindicalizacao-dos-trabalhadores-brasileiros-cai-para-14-4-a-menor-desde-2012. Acesso em: 03 ago. 2019.

Uma instância administrativa, como as CCPs, mesmo que facultativa, só teria eficácia se respaldada pelos respectivos interessados, ou seja, trabalhadores e empregadores que poderiam, dela, se beneficiar. Como instância facultativa sua força vinculadora adviria exclusivamente da legitimidade dos atores que a constituíssem, ou seja, entidades sindicais e empresas.

Com uma taxa de sindicalização tão baixa, não surpreende que a figura das CCPs tenha se desidratado após o STF entender que se tratava de instância meramente facultativa, pois carecedora exatamente do respaldo da coletividade.

Corrobora-se a convicção de que a lei que a instituiu não objetivava, em verdade, criar uma instância que pudesse aglutinar os valores da negociação e da justiça, sem violar o direito fundamental de acesso à Justiça; buscava-se uma instância que almejava apenas criar um anteparo para frear a enxurrada de ações trabalhistas advindas das sucessivas crises econômicas geradoras de recessão e desemprego que o processo do trabalho e as inúmeras instâncias julgadoras da Justiça do Trabalho eram incapazes de dar conta.

Explicam-se, dessa maneira, as inúmeras fraudes detectadas em acordos celebrados no âmbito das CCPs, mormente visando à obtenção da "eficácia liberatória geral", mediante apenas o pagamento das verbas rescisórias, ou, às vezes, sequer isso.[569]

5.1.2.2 Acordo extrajudicial e *res dubia*: interpretação do art. 855-B da CLT

A Lei nº 13.467/2017 incluiu o art. 855-B na CLT, dispondo sobre o "processo de homologação de acordo extrajudicial".

O procedimento de homologação de acordo extrajudicial atende ao interesse de segurança jurídica dos empregadores, cujos empregados buscavam um acordo para a rescisão contratual. Não eram raros os acordos, simulados em lides, que buscavam a chancela do Poder Judiciário para obter o timbre da coisa julgada.[570]

---

[569] BRASIL, TST RR 58300-78.2008.5.01.047, 5ª T, Rel. Min. Breno Medeiros, julgamento: 19.06.2019, Public. 28.06.2019. Disponível em: www.tst.jus.br. Acesso em: 03 ago. 2019.
[570] EMENTA: FRAUDE EM ACORDO APRESENTADO À HOMOLOGAÇÃO. Diante de indícios de fraude na formulação de acordo apresentado ao Juízo de origem para

Em caso de transação íntegra e real entre empregado e empregador, legítimo o interesse de obtenção de segurança jurídica com o aval do Poder Judiciário,[571] tratando-se, inclusive de mecanismo que deve ser valorizado no intuito de redução de litigiosidade, resguardados determinados aspectos.

Alguns dos cuidados já estão previstos na própria lei, tais como a obrigatoriedade de as partes estarem representadas por advogado e a vedação de representação das partes pelo mesmo advogado (art. 855-B, §1º).

Há um problema, contudo, que decorre do desacordo entre a intenção do legislador, a letra da lei e o sistema jurídico.

Na Justificativa apresentada pelo Deputado Rogério Marinho ao PL nº 6.787/2016 que originou a Lei nº 13.467/2017, expuseram-se as razões para essa modificação legislativa:

> Assim, estamos, por intermédio da nova redação sugerida à alínea "f" do art. 652 da CLT, conferindo competência ao Juiz do Trabalho para decidir quanto à homologação de acordo extrajudicial em matéria de competência da Justiça do Trabalho. Em complemento, estamos incorporando um Título III-A ao Capítulo X da CLT para disciplinar *o processo de jurisdição voluntária para homologação de acordo extrajudicial.*
> Esse ato dependerá de iniciativa conjunta dos interessados, com assistência obrigatória de advogado. Ouvido o Juiz, se a transação não visar a objetivo proibido por lei, *o Juiz homologará a rescisão.* A petição suspende o prazo prescricional, que voltará a correr no dia útil seguinte ao trânsito em julgado da decisão denegatória do acordo.
> Esperamos que, ao trazer expressamente para a lei *a previsão de uma sistemática para homologar judicialmente as rescisões trabalhistas, conseguiremos a almejada segurança jurídica para esses instrumentos rescisórios, reduzindo, consequentemente, o número de ações trabalhistas e o custo judicial.*[572]

Embora a redação da justificativa não pareça lógica, pois se inicia tratando de "homologação de acordo" e, sem qualquer

---

homologação, deve ser confirmada a decisão de extinção do feito, por reconhecimento de lide simulada. Vencido o Relator (BRASIL, TRT-4, 7ª T, 0020117-50.2015.5.04.0551 (RO) Rel. Emilio Papaleo Zin, julgamento: 28 jan. 2016, Publicação: 01 fev. 2016). Disponível em: www.trt4.jus.br. Acesso em: 04 ago. 2019.

[571] Não se trata, portanto, de processo, compreendido no sentido de atuação estatal para solução de conflitos de interesses, "mas de administração pública de interesses privados" (TEIXEIRA FILHO, 2017, p. 186).

[572] Disponível em: https://www.camara.leg.br/proposicoesWeb/prop_mostrarintegra?codteor= 1544961. Acesso em: 16 jul. 2019. Grifos nossos.

esclarecimento, termina referindo-se a "homologação de rescisão", há outra razão para se entender que a finalidade do legislador foi a de atribuir ao Juiz do Trabalho a competência para homologar *rescisões contratuais*, e não apenas *acordos*.

É que a Lei nº 13.467/2017 também revogou a previsão existente no §1º do art. 477 da CLT, segundo a qual condicionava-se a validade da demissão do empregado ou da quitação dada por ele em rescisão de contrato de trabalho vigente por mais de um ano, à homologação do sindicato da respectiva categoria profissional.

A conclusão a que se chega é que era intenção do legislador, ao menos do Deputado Relator, transferir do sindicato para o juiz do trabalho, a atribuição de *homologar rescisões contratuais*.

Não foi, entretanto, esse o resultado do processo legislativo, seja em razão da simples interpretação gramatical da regra, seja por força da interpretação teleológica-sistemática.

A essa conclusão se chega também pela análise da letra "f" do art. 652, da CLT, incluída pela Lei nº 13.467/2017 que previu, ainda, a competência das Varas do Trabalho para "decidir quanto à homologação de acordo extrajudicial em matéria de competência da Justiça do Trabalho".

Com efeito, tanto o art. 855-B, quanto o art. 652, "f", da CLT, utilizam a expressão "acordo", que tanto no direito material, quanto no direito processual do trabalho, possui sentido de "transação".

Pressupõe-se, na transação, a "incerteza, sempre do ponto de vista subjetivo, sobre o direito ou a situação jurídica, que lhe diz respeito, no que concerne à existência, limites ou modalidades: é uma *res dubia*", conforme prevê o art. 840 do CC.[573]

Ora, existindo certeza da modalidade da rescisão contratual, não pode haver dúvida sobre os direitos que deverão ser satisfeitos, ou seja, precisamente as verbas rescisórias devidas e os respectivos valores, de modo que não se justifica a intervenção do Poder Judiciário, tampouco mediante o acordo extrajudicial previsto no art. 855-B, da CLT.

Trata-se de simples quitação da prestação devida em razão da rescisão contratual – como de qualquer outro contrato – e satisfação dos respectivos direitos do trabalhador, sem mais a necessidade de

---

[573] SÜSSEKIND et al. 2002, p. 208.

homologação sindical para a sua validade. A validade decorrerá da assinatura do recibo de quitação pelo empregado que poderá ser questionada em juízo, sob fundamento de erro, dolo ou coação (CC, arts. 138, 145 e 155), sobretudo porque o direito comum é fonte subsidiária do direito do trabalho (CLT, art. 8º).

O juiz do trabalho, portanto, não recebeu da Lei nº 13.467/2017, competência para homologar rescisão contratual.

Ademais, a homologação de rescisão contratual, sob as vestes de *acordo* ensejaria, ainda, renúncia implícita de direitos pelo trabalhador, passível de nulidade.[574]

Se o empregador, por exemplo, condiciona o pagamento das verbas rescisórias à observância do procedimento de "acordo extrajudicial" do art. 855-B da CLT, pode-se estar diante de *erro* – caso o empregado desconheça a desnecessidade deste procedimento para receber suas verbas rescisórias –, ou mesmo *coação* – caso o empregado saiba da desnecessidade, mas ceda ao propósito do empregador ante a imperiosa necessidade de receber as verbas rescisórias.

O efeito da nulidade será o afastamento da coisa julgada que se pretendeu com o procedimento (CPC, art. 966, incisos III e VIII).

A tentativa de homologação de rescisão perante a Justiça do Trabalho, mediante a modalidade de acordo extrajudicial de que

---

[574] EMENTA: PROCESSO DE JURISDIÇÃO VOLUNTÁRIA PARA HOMOLOGAÇÃO DE ACORDO EXTRAJUDICIAL. REQUISITOS. A existência de relação contenciosa não é essencial ao ajuizamento do procedimento de jurisdição voluntária destinado à homologação de acordo extrajudicial, não se tratando de pressuposto de constituição e desenvolvimento válido e regular do processo, de modo que sua ausência, por si só, não implica extinção do processo sem resolução do mérito. Com efeito, nos termos do art. 652, f, da CLT, compete às Varas do Trabalho "decidir quanto à homologação de acordo extrajudicial em matéria de competência da Justiça do Trabalho", sendo que a Constituição da República de 1988, ao dispor em seu art. 114, inciso I, que compete à Justiça do Trabalho processar e julgar "as ações oriundas da relação de trabalho", não fez qualquer menção à necessidade de que o procedimento proposto tenha caráter litigioso. Por outro lado, nos termos do art. 855-D da CLT e da Súmula 418 do c. TST, o Juiz não está obrigado a proceder à homologação dos acordos extrajudiciais entabulados entre empregados e empregadores e submetidos à sua apreciação, quando verificada a não observância de quaisquer dos requisitos previstos nos artigos 855-B e seguintes da CLT, entre eles a necessária delimitação dos direitos transacionados, não se admitindo composição no sentido de quitação irrestrita do extinto contrato de trabalho, sob pena de se admitir renúncia prévia a direitos não relacionados no ajuste entabulado e dos quais o empregado não se apercebeu até aquele momento. BRASIL, TRT da 3.ª Região; PJe: 0011242-98.2018.5.03.0168 (RO); Disponibilização: 25 jul. 2019, DEJT/TRT3/ Cad.Jud; Página 933; Órgão Julgador: Sexta Turma; Relator: Anemar Pereira Amaral. Disponível em: www.trt3.jus.br. Acesso em: 03 ago. 2019.

trata o art. 855-B, da CLT, também caracteriza ato contrário ao direito fundamental de acesso à Justiça, porquanto, em última análise, visa, com a obtenção da coisa julgada, impedir que o trabalhador postule a totalidade de seus direitos.

O desenho jurisprudencial que vem sendo traçado pelos Tribunais do Trabalho é no sentido de não admitir a homologação de rescisão contratual pela Justiça do Trabalho.[575]

5.2 Arbitragem no âmbito do Direito Individual do Trabalho: (in)constitucionalidade e alcance do art. 507-A da CLT

5.2.1 Conceito e alcance da arbitragem

Resquícios da arbitragem encontram-se nos períodos iniciais do direito romano. A solução dos conflitos não era atribuição do *pretor* – órgão estatal –, mas do *judex*, "cidadão privado chamado a

---

[575] EMENTA 1: PROCESSO DE JURISDIÇÃO VOLUNTÁRIA PARA HOMOLOGAÇÃO DE ACORDO EXTRAJUDICIAL. LEI Nº 13.467/17. ARTIGOS 855-B A 855-E DA CLT. Da leitura dos dispositivos supra, se extrai que o processo de homologação de acordo extrajudicial terá início por petição conjunta (reclamante e reclamada), sendo obrigatória a representação das partes por advogado, que não pode ser comum, e que o processo de homologação não afasta a multa do artigo 477, §8º da CLT. Assim, o pagamento das verbas rescisórias deve ser efetuado dentro do prazo estabelecido por lei, o que demonstra que o empregador não pode deixar de pagar verbas trabalhistas a que está obrigado para depois com a oferta de valor irrisório buscar no "acordo extrajudicial" quitação de tudo que não adimpliu. Nesse sentido, consoante bem observou o MM. Juízo originário, *o acordo firmado transaciona verbas rescisórias, não havendo relação jurídica controvertida a ser transacionada*. Assim, o acordo não se amolda à hipótese descrita no artigo 855-C da CLT, o que inviabiliza a sua homologação. Saliente-se, ainda, que, o Juiz tem a faculdade de não homologar o acordo extrajudicial, conforme entendimento da Súmula 418 do TST, sendo que dessa decisão não cabe recurso ou Mandado de Segurança. Recurso a que se nega provimento. BRASIL, TRT/SP 1000561-44.2018.5.02.0018, 11ª T, Rel. Odette Silveira Moraes, Julgamento: 30/10/2018. DEJT/2: 18/10/2018. Disponível em: www.trtsp.jus.br. Acesso em: 03 ago. 2019. EMENTA 2: EMENTA: RECURSO ORDINÁRIO. HOMOLOGAÇÃO DE ACORDO EXTRAJUDICIAL. FRAUDE À LEGISLAÇÃO TRABALHISTA. NÃO CONFIGURAÇÃO. Restou evidenciado que os valores rescisórios (TRCT) foram devidamente quitados no momento oportuno e que o objeto dessa avença, que pretende ver homologada, com aqueles não se confundem. Em outras palavras, o acordo buscado pelos interessados visa quitar o labor extraordinário, exclusivamente, razão pela qual não vislumbro qualquer ofensa à legislação trabalhista. Recursos providos. BRASIL – TRT6 0000947-87.2018.5.06.0145, 1ª T, Rel. Milton Gouveia da Silva Filho. Julgamento: 28 mar. 2019. Publicação: 29 mar. 2019.

conduzir a instrução da causa e a decidir", que, nada mais era do que se denomina atualmente de árbitro.[576]

Tratava-se, é bem verdade, de arbitragem obrigatória. As partes, contudo, poderiam se opor a escolha do *judex* – ou árbitro romano – hipótese em que seria escolhido por meio de sorteio ou indicado pelo pretor.[577]

No período da *extraordinária cognitio* (de 200 a 565), a figura do árbitro foi sendo eliminada, passando o pretor a exercer todas as funções processuais, inclusive a decisão da causa.

A primeira Constituição brasileira, de 1824, no seu art. 164, facultava às partes a nomeação de árbitros "Nas causas cíveis e nas penais civilmente intentadas".[578]

A legislação brasileira sempre favoreceu a resolução de conflitos mercantis por meio da arbitragem, inclusive obrigatória, conforme previam os arts. 245 e 294 do Código Comercial de 1850. A obrigatoriedade da arbitragem comercial foi revogada pela Lei nº 1.350/1866, mas a previsão da arbitragem facultativa foi mantida pelo Decreto nº 3.900/1867.[579]

O Código Civil de 1916 também previa, no art. 1.037, a arbitragem facultativa para a resolução de "pendências judiciais e extrajudiciais", como também equiparava o árbitro ao juiz de direito (art. 1.041).[580]

A Constituição brasileira de 1934 dispunha apenas sobre a arbitragem comercial (art. 5º, XIX, c), enquanto as Constituições de 1946, 1967, 1969 e 1988 não lhe fizeram referência.[581]

O CPC de 1973 consagrava um Capítulo inteiro sobre o Juízo Arbitral (Capítulo XIV do Título I do Livro IV), posteriormente revogado pela LArb (Lei nº 9.307/1996 que vige atualmente).

Por fim, o CPC de 2015 expressamente ratifica a arbitragem (art. 3º, §1º).

---

[576] "Por imposição das realidades políticas do tempo, nem o judex nem o próprio pretor tinham o poder de impor ao obrigado uma execução forçada sobre seus bens, a qual era realizada por atos do próprio credor" (DINAMARCO, 2013, p. 35-36).
[577] DINAMARCO, 2013, p. 36.
[578] CRETELLA NETO, 2004, p. 10.
[579] CRETELLA NETO, 2004, p. 11.
[580] CRETELLA NETO, 2004, p. 11.
[581] CRETELLA NETO, 2004, p. 12.

A LArb, publicada sob o número 9.307/1996, reconhece a arbitragem como meio privado de solução de controvérsias para dirimir litígios relativos a direitos patrimoniais disponíveis.[582]

A doutrina elenca algumas vantagens da arbitragem. A primeira, e talvez mais marcante, o menor grau de agressividade ou beligerância das partes, demonstrada, notadamente, pela eleição da via arbitral quando da celebração do contrato.[583] A segunda, a celeridade e definitividade das decisões, decorrente, sobretudo, da irrecorribilidade da sentença arbitral. A terceira, o conhecimento específico do árbitro sobre as questões que envolvem a controvérsia. A quarta, a privacidade ou possibilidade de confidencialidade, na medida em que não incide o princípio da publicidade, o que preservaria interesse das partes em relação a informações sigilosas. A quinta, maior flexibilidade do procedimento, que autoriza o árbitro "a adaptação às exigências e conveniências de cada caso, em aplicação do princípio da adaptabilidade – o qual visa a evitar decisões estereotipadas e insensíveis, e com isso autoriza o julgador a procurar a solução apropriada a cada caso com fidelidade à *mens legis* e sem se prender aos modos formais como a lei é expressa".[584]

Em que pese a ampla referência legal à arbitragem na legislação, podem ser indicadas algumas razões para a grande disparidade em relação à sua pouca utilização no Brasil.[585]

A primeira, a grande desconfiança de que o árbitro possa se sujeitar ao poder da parte economicamente mais forte e decida a favor desta.

A segunda, a maneira como a arbitragem foi prevista no CPC de 1973: resolver pendências judiciais e extrajudiciais. Ademais, o laudo arbitral ainda deveria ser homologado pelo juiz estatal para produzir efeitos da sentença judiciária, sendo que da sentença

---

[582] A doutrina refuta, portanto, a classificação da arbitragem como meio alternativo de resolução de conflitos, colocando-a ao lado do meio estatal (DINAMARCO, 2013, p. 34).

[583] Até a primeira metade do século XX, sob a influência de Chiovenda, para quem a finalidade do processo e da jurisdição consiste na "atuação da vontade da lei", e de Carnelutti, que defendia a "justa composição da lide como escopo do processo e da jurisdição", o direito processual era subserviente ao direito material. O direito processual, nessa senda, não tinha compromisso "com a pacificação social ou com a eliminação de conflitos entre dois ou mais sujeitos" (DINAMARCO, 2013, p. 33).

[584] DINAMARCO, 2013, p. 33 e 56.

[585] CRETELLA NETO, 2004, p. 14.

homologatória ainda caberia recurso. A relutância de utilizar a arbitragem sob a égide do CPC de 1973 dava-se exatamente para "escapar da morosidade e ineficiência do Poder Judiciário, ou ainda, não revelar determinadas informações ou segredos (como dados de desempenho empresariais, lucros, *know-how* e outros)", o que, ante ao princípio da publicidade que informa o processo tornar-se-iam públicos. Também tornava pouca atrativa a arbitragem, porque, nos termos da legislação processual de 1973, "a cláusula compromissária, inserida em contratos, era considerada meramente fonte de obrigação de fazer, ou seja, um *pactum de compromittendo*, pelo qual as partes somente se comprometiam a celebrar um compromisso arbitral".[586]

A terceira, o custo da arbitragem, normalmente muito maior que o das custas ou taxas judiciárias pagas ao Estado, "acrescentando-se – na opinião de José Carlos Barbosa Moreira –, que, pela própria natureza da arbitragem e pela relação contratual que tem em uma das pontas um cidadão privado, não há lugar para a gratuidade da justiça no processo arbitral".[587]

A LArb transpôs as duas primeiras barreiras ao estabelecer providências importantes.

A primeira, se as partes firmarem cláusula compromissória, ou seja, comprometerem-se a submeter à arbitragem os litígios que possam vir a surgir relativamente a tal contrato (art. 4º), e uma delas resistir ou voltar atrás, "poderá a parte interessada requerer a citação da outra parte para comparecer em juízo a fim de lavrar-se o compromisso" (art. 7º). Caso persista a divergência, "caberá ao juiz, ouvidas as partes, estatuir a respeito, podendo nomear árbitro único para a solução do litígio" (art. 7º, §4º). Em outras palavras, tornou-se obrigatória a cláusula compromissória.

A segunda, a previsão de que a sentença arbitral não fica sujeita a recurso ou a homologação pelo Poder Judiciário (art. 18).

---

[586] CRETELLA NETO, 2004, p. 15.
[587] *Apud* DINAMARCO, 2013, p. 33. Dinamarco, contudo, diverge de Barbosa Moreira, ao asseverar: "Bem pensado, a exclusão da gratuidade da justiça não significa uma completa e radical exclusão da assistência judiciária no processo arbitral. Barbosa Moreira nega a possibilidade de patrocínio dos necessitados, neste processo, por defensores públicos (o que é um modo de oferecer assistência judiciária), mas não há por quê. De modo muito particular nas arbitragens envolvendo relações de consumo é facilmente previsível a presença de hipossuficientes carecedores de patrocínio gratuito" (DINAMARCO, 2013, p. 33).

Saliente-se que o art. 3º da Lei nº 9.307/1996 estabelece que a convenção de arbitragem compreende a cláusula compromissória e o compromisso arbitral.

A cláusula compromissória, como visto, cria apenas a obrigação de realizar o compromisso arbitral no futuro. O compromisso arbitral, por seu turno, é "negócio jurídico celebrado entre partes capazes, que se obrigam a aceitar a sentença do juiz não togado por elas escolhido, para dirimir o conflito de direito disponível que se formou entre elas".[588]

Outra regra importante estabelecida pela Lei nº 9307/1996 é a de que a arbitragem pode ser constituída apenas para dirimir litígios relativos a direitos patrimoniais disponíveis. Caberá ao árbitro, por força do disposto no art. 8º, p. único, da mesma lei, "decidir de ofício, ou por provocação das partes, as questões acerca da existência, validade e eficácia da convenção de arbitragem e do contrato que contenha a cláusula compromissória". Eventual nulidade da sentença arbitral, entretanto, só poderá ser arguida mediante ação própria, ajuizável depois do trânsito em julgado da sentença arbitral,[589] no prazo de noventa dias "após o recebimento da notificação da respectiva sentença parcial ou final ou da decisão do pedido de esclarecimentos".[590]

A atividade do árbitro possui inequívoco caráter jurisdicional,[591] de modo que o juiz não togado escolhido pelas partes põe fim à controvérsia existente entre elas por meio de decisão com força de coisa julgada material, e com plena executividade, pois não depende de homologação por juiz estatal. A instituição do Juízo arbitral, desse modo, representa uma espécie de justiça privada.[592]

Outro aspecto importante é o de que, em virtude da disponibilidade dos direitos passíveis de análise por meio da arbitragem e de sua natureza convencional, onde a autonomia da vontade sobressai-se como princípio informador, resulta a liberdade de as

---

[588] NERY JÚNIOR, 2017, p. 192.

[589] Dispõe o art. 33 da Lei nº 9.307/1996: "Art. 33. A parte interessada poderá pleitear ao órgão do Poder Judiciário competente a declaração de nulidade da sentença arbitral, nos casos previstos nesta Lei".

[590] Art. 33, §1º, da Lei nº 9.307/1996.

[591] O art. 515, inciso VII, do CPC/2015 prevê que a sentença arbitral é título executivo judicial.

[592] NERY JÚNIOR, 2017, p. 194.

partes elegerem as normas de direito material a serem observadas. É o que reza o art. 2º da Lei nº 9.307/1996, segundo o qual a "arbitragem poderá ser de direito ou de equidade, a critério das partes".

Assim, se as partes podem autorizar o árbitro a julgar por equidade, de modo que ao invés de aplicar a lei, deverá recompor "ao valor do justo e à realidade econômica, social ou familiar em que se insere o conflito – à *aequitas* enfim – para retirar daí os critérios com os quais julgará".[593] Admite-se, inclusive, por força da aplicação da equidade, que o árbitro possa decidir *contra legem*,[594] "desde que não haja violação aos bons costumes e à ordem pública".

Em qualquer circunstância, portanto, deverá ser observado o direito processual constitucional, caracterizado pelos princípios que se aplicam a todas as ordens de jurisdição, principalmente, o princípio dispositivo, o princípio do contraditório, o princípio da ampla defesa e o direito de ser ouvido.[595]

5.2.2 Arbitragem, acesso à Justiça e juiz natural: jurisprudência do STF

A discussão sobre constitucionalidade do juízo arbitral surgiu com o advento da Constituição de 1946 – bem como as seguintes, inclusive a de 1988 – que estabeleceu como garantia constitucional que "nenhuma lesão de direito pode ser subtraída pela lei à apreciação do Poder Judiciário".[596]

Na doutrina, havia uma única e isolada voz dissonante de peso, que era a de Alcides Mendonça Lima, para quem o Poder Judiciário

---

[593] DINAMARCO, 2013, p. 43.
[594] NERY JÚNIOR, 2017, p. 198.
[595] DINAMARCO, 2013, p. 25.
[596] Lembrou o Min. Ilmar Galvão no julgado do AGRSE 5.206-7 pelo STF que "a norma – surgida, entre nós, na Carta de 1946 (art. 141, §3º) –, constituiu verdadeiro escudo contra eventual reiteração de práticas do Governo Vargas, quando inquéritos policiais e de outra natureza eram instaurados contra pessoas a quem, de ordinário, não se propiciava garantias comezinhas como a do contraditório e a da ampla defesa, pronunciando-se, a final, contra elas, decisões sumárias, finais e impositivas, insuscetíveis de reexame pelo Judiciário. A intenção do constituinte de 1946, portanto, teria sido a de proibir que a lei, e não as partes contratantes, pudesse determinar que alguma questão ficasse excluída da apreciação pelo Poder Judiciário" (BRASIL, STF-AGRSE 5.206-7, Tribunal Pleno, Rel. Min. Sepúlveda Pertence, julgamento: 12.12.2001, DJ 30 abr. 2004 (Disponível em: www.stf.jus. br. Acesso em: 01 ago. 2019).

tinha "a prerrogativa de interferir desde o início, em nome de sua soberania, para maior garantia da aplicação das normas de direito objetivo pertinentes ao caso e para maior proteção aos direitos subjetivos das partes", sustentando, com isso, a insuperável inconstitucionalidade de todo e qualquer juízo arbitral no direito brasileiro.[597]

A questão, contudo, chegou ao STF, em 11.09.1995, por força de pedido de homologação de sentença estrangeira, e foi dirimida, por julgamento histórico, cujo veredicto final ocorreu apenas em 12.12.2001.[598]

O relator, Ministro Sepúlveda Pertence, sustentava – no que foi seguido pela unanimidade de seus pares – que

> a constitucionalidade da arbitragem repousa essencialmente na voluntariedade do acordo bilateral mediante o qual as partes de determinada controvérsia, embora podendo submetê-la à decisão judicial, optam por entregar a um terceiro, particular, a solução da lide, desde que esta, girando em torno de direitos privados disponíveis, pudesse igualmente ser composta por transação.

Entendia o Ministro Pertence, entretanto, que eram inconstitucionais os arts. 6º[599] e 7º[600] da Lei de Arbitragem – no que se

---

[597] LIMA, 1969. (BRASIL, STF-AGRSE 5.206-7, Tribunal Pleno, Rel. Min. Sepúlveda Pertence, julgamento: 12/12/2001, DJ 30 abr. 2004. Disponível em: www.stf.jus.br. Acesso em: 01 ago. 2019).

[598] BRASIL, STF-AGRSE 5.206-7, Tribunal Pleno, Rel. Min. Sepúlveda Pertence, julgamento: 12/12/2001, DJ 30 abr. 2004. Disponível em: www.stf.jus.br. Acesso em: 01 ago. 2019.

[599] Rezam o art. 6º, *caput* e parágrafo único da Lei de Arbitragem:
"Art. 6º Não havendo acordo prévio sobre a forma de instituir a arbitragem, a parte interessada manifestará à outra parte sua intenção de dar início à arbitragem, por via postal ou por outro meio qualquer de comunicação, mediante comprovação de recebimento, convocando-a para, em dia, hora e local certos, firmar o compromisso arbitral".
"Parágrafo único. Não comparecendo a parte convocada ou, comparecendo, recusar-se a firmar o compromisso arbitral, poderá a outra parte propor a demanda de que trata o art. 7º desta Lei, perante o órgão do Poder Judiciário a que, originariamente, tocaria o julgamento da causa".

[600] Dispõe o art. 7º e seus parágrafos:
"Art. 7º Existindo cláusula compromissória e havendo resistência quanto à instituição da arbitragem, poderá a parte interessada requerer a citação da outra parte para comparecer em juízo a fim de lavrar-se o compromisso, designando o juiz audiência especial para tal fim.
§1º O autor indicará, com precisão, o objeto da arbitragem, instruindo o pedido com o documento que contiver a cláusula compromissória.
§2º Comparecendo as partes à audiência, o juiz tentará, previamente, a conciliação acerca do litígio. Não obtendo sucesso, tentará o juiz conduzir as partes à celebração, de comum acordo, do compromisso arbitral.
§3º Não concordando as partes sobre os termos do compromisso, decidirá o juiz, após ouvir o réu, sobre seu conteúdo, na própria audiência ou no prazo de dez dias,

estabeleceu a controvérsia entre os ministros da Corte –, por contrariarem o art. 5º, inciso XXXV, da Constituição de 1988 que prevê a inafastabilidade da jurisdição estatal. Afirmava o Ministro Pertence que os mencionados preceitos quando autorizam a prolação de sentença judicial substitutiva da vontade de uma das partes para a instauração da arbitragem, era incompatível com a autonomia da vontade, assegurada pela Constituição. Sustentava o Ministro Pertence que "a renunciabilidade da ação – porque de caráter instrumental – não existe *in abstracto*: só se pode aferi-la em concreto, pois tem por pressuposto e é coextensiva, em cada caso, da disponibilidade do direito questionado, ou melhor, das pretensões materiais contrapostas, que substantivam a lide confiada pelas partes à decisão judicial". Assim, continuava o Ministro Relator, a renúncia do direito de ação "não pode anteceder à efetiva atualidade da controvérsia a cujo deslinde pelo Poder Judiciário o acordo implica renunciar". Asseverava o Ministro Pertence que a *cláusula compromissória* "consubstanciaria renúncia genérica, de objeto indefinido, à garantia constitucional de acesso à jurisdição, cuja validade os princípios repelem": a vontade da parte, declarada na *cláusula compromissória* seria insuficiente, em razão da indeterminação de seu objeto.

Por outro lado, seguia o Ministro Pertence, não haveria inconstitucionalidade na instituição do juízo arbitral, por meio do *compromisso arbitral*, pois, neste caso, estava presente a vontade bilateral dos litigantes, o que lhe conferia a legitimidade constitucional.

A inconstitucionalidade dos arts. 6º e 7º, da Lei nº 9.307/1996, sob a ótica do Ministro Pertence, desse modo, residia na possibilidade de o juiz estatal instituir a arbitragem, por sentença, sem a concordância de uma das partes.

---

respeitadas as disposições da cláusula compromissória e atendendo ao disposto nos arts. 10 e 21, §2º, desta Lei.
§4º Se a cláusula compromissória nada dispuser sobre a nomeação de árbitros, caberá ao juiz, ouvidas as partes, estatuir a respeito, podendo nomear árbitro único para a solução do litígio.
§5º A ausência do autor, sem justo motivo, à audiência designada para a lavratura do compromisso arbitral, importará a extinção do processo sem julgamento de mérito.
§6º Não comparecendo o réu à audiência, caberá ao juiz, ouvido o autor, estatuir a respeito do conteúdo do compromisso, nomeando árbitro único.
§7º A sentença que julgar procedente o pedido valerá como compromisso arbitral".

O fundamento teórico do entendimento do Ministro Pertence encontrava-se, em última análise, ancorado na ideia inferida por Clóvis Bevilácqua do art. 1.037 do Código Civil de 1916 e traduzida pelo brocardo *nemo potest precise cogi ad factum*, ou seja, a cláusula compromissória "não obriga as partes à celebração do compromisso, embora ao não celebrá-lo constitua infração do contrato, que dará lugar à responsabilidade civil".

A divergência ao voto do Ministro Pertence foi apresentada, originariamente, pelo Ministro Nelson Jobim.

O Ministro Jobim advogava que os referidos artigos da Lei de Arbitragem não contrariavam o art. 5º, inciso XXXV, da Constituição, consagrador da garantia fundamental da inafastabilidade da jurisdição.

O Ministro Jobim iniciou sua divergência, observando que o destinatário da norma constitucional que se afirmava violada é o legislador – e não o cidadão –, de forma que se preservara "o direito de opção e não obrigatoriedade do cidadão de compor os seus conflitos pela via judicial", garantindo-lhe, portanto, "a liberdade de tentar compor os seus conflitos fora da área do Poder Judiciário".

Observou o Ministro Jobim que a "instituição da arbitragem" só ocorre após a ocorrência do conflito e, nunca, antes, como pressupunha o entendimento do relator. Salientava a divergência que na cláusula compromissária já se encontra a consensualidade necessária, visto que "seu objeto será, sempre, um litígio decorrente de relação contratual específica", ou seja, a "cláusula compromissária só pode ter por objeto 'os litígios que possam vir a surgir, relativamente' à relação jurídica instituída pelo contrato". Segundo a posição discordante, a lei não admite que na cláusula compromissória se estabeleça "um pacto autônomo em que as partes se comprometam a submeter à arbitragem todos e quaisquer conflitos futuros, decorrentes de qualquer situação jurídica futura", tampouco a "renúncia absoluta da ação judicial". Sustentava o Ministro Jobim, destarte, não haver na celebração da cláusula compromissória "renúncia abstrata da jurisdição", mas "convenção de arbitragem sobre litígios futuros e eventuais, circunscritos a específica relação contratual, rigorosamente determináveis".

Por outro lado, o Ministro Jobim aduzia que "se o objeto do contrato se insere no campo das obrigações, os litígios serão, em princípio, regidos pelo princípio da disponibilidade", de maneira que a "disponibilidade dos interesses, objeto do contrato, é condição de validade do contrato, como um todo, inclusive da cláusula compromissória", conforme, inclusive, dispõe o art. 1º da Lei de Arbitragem. O voto discordante frisava, por conseguinte, que as "condições para execução da cláusula compromissória são aferíveis no momento da instituição da arbitragem – que ocorre com o compromisso arbitral –, que é posterior ao litígio". Asseverava a divergência, no sentido de que "a instituição da arbitragem se viabilizará se, e somente se, a controvérsia disser com interesses disponíveis", sendo, assim, se se verificar "conflito com pretensões materiais indisponíveis, ineficaz, para essa lide específica, a cláusula compromissária".

Nesse diapasão, concluiu o Ministro Jobim, os arts. 6º e 7º da Lei de Arbitragem ao autorizarem juiz estatal a proferir sentença instituindo a arbitragem, com base em cláusula compromissória prevista no contrato celebrado entre as partes – antes do surgimento do conflito, portanto –, mas não confirmada posteriormente por uma das partes, ao se recusar a firmar o compromisso arbitral, não viola o art. 5º, inciso XXXV, da Constituição.

Ao manifestar sua concordância à divergência, o Ministro Ilmar Galvão fez três ponderações que merecem registro.

A primeira, de que a Lei de Arbitragem "prestigia a autonomia da vontade, ao prever a possibilidade de fazer-se valer judicialmente cláusula que, muitas vezes, foi decisiva para a celebração do contrato".

A segunda, de que inexiste, a bem da verdade, "supressão do controle judicial", mas, apenas, "a deslocação do momento em que o Poder Judiciário é chamado a intervir", o que se pode observar da previsão do art. 33 da mesma Lei ao dispor que "A parte interessada poderá pleitear ao órgão do Poder Judiciário competente a declaração de nulidade da sentença arbitral, nos casos previstos em Lei".

A terceira representou, de certa forma, uma quebra de paradigma da possibilidade de "arrependimento" da parte que celebra contrato com cláusula compromissória, no sentido de que diante "desses novos ventos que vieram a arejar o Processo Civil brasileiro nos últimos anos, conquanto insuflados por Chiovenda desde princípios do século passado, parece já não haver espaço para aplicação, ao caso, de aforismas como o de que *nemo potest precise cogi ad factum*,[601] preconizado por Clóvis, que tem influenciado até agora a nossa jurisprudência sobre o Juízo arbitral".

Prevaleceu no STF, por maioria, o entendimento de que quando as partes celebram o compromisso arbitral, "não estão renunciando ao direito de ação", tampouco, ao juiz natural, mas "deslocando a jurisdição, que, de ordinário, é exercida por órgão estatal, para um destinatário privado", o que não contraria a Constituição, em especial porque o compromisso apenas pode "versar sobre matéria de direito disponível",[602] no caso, especificamente apenas aquele decorrente do contrato celebrado entre as partes.

5.2.3 (In)constitucionalidade do art. 507-A da CLT

A Lei nº 13.467/2017 incluiu na CLT o art. 507-A, com a seguinte redação:

> Art. 507-A. Nos contratos individuais de trabalho cuja remuneração seja superior a duas vezes o limite máximo estabelecido para os benefícios do Regime Geral de Previdência Social, poderá ser pactuada cláusula compromissória de arbitragem, desde que por iniciativa do empregado ou mediante a sua concordância expressa, nos termos previstos na Lei nº 9.307, de 23 de setembro de 1996.

Existem quatro pressupostos para a constituição da arbitragem de acordo com o preceito transcrito:
– a remuneração do empregado deverá ser superior a duas vezes o limite máximo estabelecido pelo RGPS;
– a iniciativa da pactuação da cláusula compromissória deverá ser do empregado;
– a pactuação da cláusula compromissória poderá ser por iniciativa do empregador, se houver concordância expressa do empregado;
– a arbitragem entre empregado e empregador deve seguir as regras da Lei nº 9.307/1996.

---

[601] *Ninguém pode ser diretamente coagido a praticar ato a que se obrigara.*
[602] NERY JÚNIOR, 2017, p. 204.

O art. 507-A da CLT afronta manifestamente duas normas constitucionais.

A primeira, o art. 5º, *caput*, da Constituição que trata do princípio da isonomia.

A segunda, o art. 5º, inciso LXXIV, que garante a concessão pelo Estado de assistência jurídica gratuita àqueles que dela necessitarem.

A discriminação tendo como referencial a remuneração do trabalhador – qualquer que seja – é arbitrária e injustificável, seja para o bem, seja para o mal.

Com efeito, não há argumento plausível para explicar a razão pela qual a situação jurídica de um empregado que aufere remuneração inferior a duas vezes o maior benefício do RGPS,[603] é diferente daquela de um empregado cuja remuneração é superior a esse parâmetro.

Ora, admitindo-se, apenas para argumentar, que a arbitragem possui diversas vantagens em relação ao Poder Judiciário – conforme acima já salientado, notadamente a celeridade decorrente, sobretudo, da irrecorribilidade da sentença arbitral –, a previsão em lei ordinária, de forma absoluta e taxativa, de que é vedado ao trabalhador, cuja remuneração seja inferior ao referido parâmetro, mesmo em concordância com seu empregador, submeter eventual e determinado conflito trabalhista a arbitragem, afronta, injustificadamente, o art. 5º, *caput*, da Constituição, que garante que "Todos são iguais perante a lei, sem distinção de qualquer natureza".

Por outro lado, suponha-se – ainda em prol do debate –, que a arbitragem seja suscetível de criar situações de desproteção ao trabalhador em face do poder econômico do empregador que poderia, por exemplo, impor a previsão na cláusula compromissória da escolha "de algum órgão arbitral institucional ou entidade especializada" (art. 5º da Lei de Arbitragem) e, ainda, que a

---

[603] A partir de 01.01.2018, duas vezes o maior valor do RGPS passou a ser R$11.291,60, considerando-se o teto previdenciário de R$5.645,80 (Disponível em: http://www.previdencia.gov.br/2018/01/beneficios-indice-de-reajuste-para-segurados-que-recebem-acima-do-minimo-e-de-207-em-2018/, Acesso em: 19 ago. 2019). Em 01.01.2018, o valor de um dólar americano, pela cotação oficial, equivalia R$3,32. Assim, duas vezes o maior benefício do RGPS representava em 01.01.2018 a US$3.402,08.

arbitragem poderia ser de "equidade" (art. 2º da Lei de Arbitragem), o que permitiria julgamento *contra legem*.

Inexiste argumento plausível para justificar a diferença entre empregados que auferem mais ou menos do que duas vezes o maior benefício do RGPS: a possibilidade de desproteção é igual ou até mesmo maior. Inegável que o trabalhador, em um cenário de desemprego endêmico que persiste historicamente no Brasil, submete-se a qualquer condição prévia imposta pela empresa para ser contratado, inclusive a concordância com qualquer cláusula compromissória. O desequilíbrio entre as posições jurídicas das partes no momento da contratação é proporcional à oferta de mão de obra para o posto de trabalho vago: quanto maior a oferta, maior o desequilíbrio; e não o valor do salário.

A empresa que contrata empregado por remuneração superior a duas vezes o maior benefício do RGPS terá, inegavelmente, grande poderio econômico, inclusive para impor seus interesses e condições em uma cláusula compromissória, independentemente do valor da remuneração ajustada. Nesse aspecto, o tratamento discriminatório que o art. 507-A da CLT confere ao empregado com remuneração superior ao teto em foco contraria igualmente o referido art. 5º, *caput* da Constituição, pois inexiste diferença entre aquele que aufere um centavo a mais daquele que recebe um centavo a menos do que duas vezes o maior benefício do RGPS.

Ademais, o critério de remuneração equivalente a duas vezes a maior remuneração é impreciso e equívoco. Com efeito, o empregado que aufere remuneração variável – por força de comissão ou salário por produção – poderá na contratação possuir uma estimativa superior a duas vezes o maior benefício do RGPS e, ao longo do contrato, decrescer para baixo do referido parâmetro no momento da rescisão. Se assinada cláusula compromissória, nesse caso, ter-se-ia hipótese de convenção de arbitragem para contratos cuja remuneração seria inferior ao próprio módulo fixado pelo art. 507-A da CLT, tendo-se forçosamente se reconhecer a ilicitude da cláusula arbitral, o que seria contrário a Lei nº 9.307/1996.

É inconstitucional, ainda, o art. 507-A da CLT porque obsta a aplicação do art. 5º, LXXIV, da Constituição que garante a concessão de assistência jurídica total e gratuita pelo Estado àqueles que não dispõem de recursos, mesmo que aufiram remuneração superior a duas vezes o maior benefício concedido pelo RGPS.

Conforme se observa do art. 791-A da CLT aqueles que comprovarem não disporem de recursos, fazem jus à assistência jurídica fornecida pelo Estado. O trabalhador, dessa maneira, mesmo que aufira remuneração superior a duas vezes o maior benefício do RGPS tem o direito constitucional de se beneficiar da assistência jurídica que deverá ser fornecida pelo Estado, desde que efetue essa comprovação. A assistência jurídica gratuita, conforme salientado no Capítulo IV desta obra, compreende tanto a assistência judiciária gratuita, quanto a justiça gratuita, especificamente, isenção de custas e despesas do processo.

Pois bem. O art. 27 da Lei nº 9.307/1996 prevê que a "sentença arbitral decidirá sobre a responsabilidade das partes acerca das custas e despesas com a arbitragem", nada dispondo sobre a isenção de custas e despesas processuais àqueles que não dispõem de recursos para custear a arbitragem.

O art. 507-A da CLT, ao estabelecer que o empregado que aufere remuneração superior a duas vezes o maior benefício do RGPS pode celebrar cláusula compromissória para dirimir conflitos de seu contrato de trabalho, nos termos da Lei nº 9.307/1996, nega o benefício da assistência jurídica gratuita a esse empregado, já que a sentença arbitral poderá atribuir-lhe, em tese, a responsabilidade por custas e despesas com a arbitragem.

Pela argumentação exposta, pode-se obstar que não é a integralidade do art. 507-A da CLT que está maculado pela inconstitucionalidade, mas apenas a expressão *cuja remuneração seja superior a duas vezes o limite máximo estabelecido para os benefícios do Regime Geral de Previdência Social*.

Nessa hipótese, uma vez declarada a inconstitucionalidade apenas da expressão discriminatória, permaneceria hígido o restante do art. 507-A da CLT com a seguinte redação: "Art. 507-A. Nos contratos individuais de trabalho poderá ser pactuada cláusula compromissória de arbitragem, desde que por iniciativa do empregado ou mediante a sua concordância expressa, nos termos previstos na Lei nº 9.307, de 23 de setembro de 1996".

Sob essa perspectiva, pode-se analisar, em tese, a arbitragem no âmbito dos dissídios individuais trabalhistas.

5.2.4 Arbitragem de direitos patrimoniais disponíveis decorrentes de contrato individual de trabalho

Durante o julgamento da SE nº 5.206-7 pelo STF, interessa, particularmente, apontar o debate entre os Ministros Moreira Alves e Nelson Jobim sobre a aplicação da Lei nº 9.307/1996 no âmbito do contrato de trabalho:

> O SENHOR MINISTRO MOREIRA ALVES – E o contrato de trabalho?
> O SENHOR MINISTRO NELSON JOBIM – Mas contrato de trabalho é contrato patrimonial disponível? É direito patrimonial disponível?
> O SENHOR MINISTRO MOREIRA ALVES – Sim.
> O SENHOR MINISTRO NELSON JOBIM – Ministro, e esta Lei não se destina a contrato de trabalho. Ela trata de relações patrimoniais decorrentes de contratos patrimoniais disponíveis: patrimônio, negócio jurídico, patrimônio, e não contrato de trabalho, salvo se V. Exa. Achar que o trabalho é um patrimônio. No sentido legal da expressão não é tratado como tal.
> O SENHOR MINISTRO MOREIRA ALVES – São patrimoniais. E por que não posso estabelecer arbitragem com relação aos direitos patrimoniais?

No âmbito da Justiça do Trabalho prevalece o entendimento de que a arbitragem é incompatível com qualquer conflito individual trabalhista.[604] Admitem-se as seguintes exceções: contrato de trabalho portuário, ante a expressa autorização dada pelo art. 37, §1º, da Lei nº 12.815/2013;[605] o contrato do atleta profissional,

---

[604] EMENTA: [...] RECURSO DE REVISTA. ACÓRDÃO PUBLICADO NA VIGÊNCIA DA LEI 13.015/2014. EXISTÊNCIA DECLÁUSULA COMPROMISSÓRIA NO CONTRATO DE TRABALHO SUBMISSÃO PRÉVIA AO JUÍZO ARBITRAL DE QUESTÕES RELACIONADAS AO "ACORDO DE NÃO COMPETIÇÃO – CLÁUSULA DE NÃO CONCORRÊNCIA". Esta Corte Superior firmou o entendimento no sentido de que o instituto da arbitragem é aplicável somente aos conflitos coletivos, consoante se observa do art. 114, §§1.º e 2.º, da Constituição Federal, sendo, portanto, incompatível com o direito individual do trabalho. Precedentes. Nesse contexto, por se tratar a demanda de dissídio individual, não há como se validar cláusula compromissória firmada no contrato de trabalho que submete ao prévio exame do juízo arbitral todas as questões relacionadas ao "acordo de não competição – cláusula de não concorrência". *Recurso de revista conhecido e provido.* BRASIL, TST-RR-11289-92.2013.5.01.0042, 5ª t. Rel. Breno Medeiros, julgamento: 06 fev. 2019, publicação: 08 fev. 2019 (Disponível em: www.trt9.jus.br. Acesso em: 21 ago. 2019).

[605] Dispõe o art. 37, *caput* e §1º da Lei Art. 37. Deve ser constituída, no âmbito do órgão de gestão de mão de obra, comissão paritária para solucionar litígios decorrentes da aplicação do disposto nos arts. 32, 33 e 35.
§1º Em caso de impasse, as partes deverão recorrer à arbitragem de ofertas finais.

conforme disposto no art. 90-C da Lei nº 9.615/1998;[606] e quando as partes constituírem membro do Ministério Público do Trabalho para atuar como árbitro, "nos dissídios de competência da Justiça do Trabalho", conforme prevê o art. 83, inciso XI, da LC nº 75/1993.

A doutrina elenca importantes fundamentos contrários à utilização da arbitragem para dirimir conflitos individuais trabalhistas, dentre os quais, citem-se:

– tanto a Lei nº 9.307/1996, art. 1º, quanto a Lei nº 9.615/1998, art. 90-C, autorizam a utilização da arbitragem apenas para solucionar conflitos envolvendo direitos patrimoniais disponíveis, o que excluiria todos os direitos trabalhistas;[607]

– a arbitragem é incompatível com os princípios nucleares do Direito do Trabalho, sobretudo aqueles que conferem prevalência "à pessoa humana, à sua segurança, seu bem-estar e sua dignidade no plano social – plano em que se insere o trabalho";[608]

– sendo a arbitragem procedimento extrajudicial, "na realidade das relações do trabalho, acabará sendo imposta pelo empregador como condição para contratar o empregado; ou, se este já estiver contratado, como condição para que o contrato continue a vigorar";[609]

– a arbitragem pode ser estipulada por equidade, a critério das partes (Lei nº 9.307/1996, art. 2º, *caput*), de modo que o árbitro poderá decidir "de acordo com sua consciência e sua experiência" de forma, inclusive, contrária à lei;[610]

– o procedimento arbitral é muito mais custoso do que o processo que tem curso na Justiça do Trabalho, havendo, ainda, na arbitragem, a possibilidade de o beneficiário da justiça gratuita ser condenado a pagar as custas, conforme a sentença arbitral (Lei nº 9.307/1996, arts. 11, incisos V e VI e 31);[611]

– por força de seu poder econômico e social, tanto o procedimento, quanto a escolha do árbitro seriam estabelecidos unilateralmente pelo

---

[606] Com redação dada pela Lei nº 12.395/2011 ("Art. 90-C. As partes interessadas poderão valer-se da arbitragem para dirimir litígios relativos a direitos patrimoniais disponíveis, vedada a apreciação de matéria referente à disciplina e à competição desportiva").
[607] DELGADO, 2019, p. 1740.
[608] DELGADO, 2019, p. 1740.
[609] TEIXEIRA FILHO, 2017, p. 46.
[610] TEIXEIRA FILHO, 2017, p. 46.
[611] TEIXEIRA FILHO, 2017, p. 46.

empregador, sem participação ou livre manifestação da vontade do empregado;[612]

– "a arbitragem não está vinculada à imposição constitucional da publicidade dos atos (CF, art. 93, IX), dificultando, assim, o controle da regularidade dos atos praticados pelo árbitro";[613]

– "nem sempre a sentença arbitral será proferida em menor tempo do que a judicial, porquanto, embora o art. 11, III, da Lei nº 9.307/96, afirme que as partes podem fixar prazo para a apresentação da sentença arbitral, o art. 23 da mesma norma legal estabelece o prazo máximo de seis meses, para isso";[614]

– os arts. 7º, 18 e 31 da Lei nº 9.307/1996 contrariam o art. 5º, inciso XXXV da Constituição de 1988 que consagra o direito fundamental de inderrogabilidade da jurisdição.[615]

– o uso generalizado de arbitragem retira dos tribunais o poder de criação e desenvolvimento da jurisprudência de acordo com as transformações sociais, pois as sentenças arbitrais não geram precedentes;[616]

Ante o referido julgamento proferido pelo plenário do STF, encontra-se superado o argumento da inconstitucionalidade de qualquer preceito da Lei nº 9.307/1996.

Não obstante os ponderosos argumentos contrários à arbitragem para solucionar conflitos individuais trabalhistas, existe um que não é enfrentado: *a teratológica morosidade do processo trabalhista com seus incontáveis recursos e instâncias.*

Quantos anos levará um processo trabalhista até que sejam julgados os embargos de divergência pela Seção de Dissídios Individuais do TST?

Qual direito trabalhista, por mais indisponível que seja, resiste a um procedimento com, pelo menos, três instâncias, e uma dezena de recursos?

Conforme já salientado no Capítulo III desta obra, o processo do trabalho instiga a recorribilidade e a perpetuação da lide em

---

[612] TEIXEIRA FILHO, 2017, p. 46.
[613] TEIXEIRA FILHO, 2017, p. 46.
[614] TEIXEIRA FILHO, 2017, p. 46.
[615] DELGADO, 2019, p. 1740.
[616] ALDERMAN, 2016, p. 315-351.

detrimento do direito fundamental vindicado, que, em regra, é essencial, imediatamente, à subsistência daquele que se procura proteger da arbitragem.

Ora, se, em última análise, a finalidade precípua da justiça é a afirmação dos direitos sociais, nada melhor que sejam tutelados adequadamente, mediante uma "análise cuidadosa, caso a caso, a respeito da validade e da legitimidade da manifestação volitiva dos seus titulares, ainda que contraposta a interesses considerados coletivos ou públicos", inclusive porque "negociar direitos", "pode se revelar a melhor ou a única opção para sua efetiva proteção".[617]

Por isso, oportuna a observação de que "não se pode afastar aprioristicamente a possibilidade de, por via de um juízo de ponderação a respeito da proporcionalidade e de razoabilidade, admitir processos de negociação" nos dissídios trabalhistas, "na medida em que isto se revele, concretamente, mais vantajoso à sua própria proteção ou concretização".[618]

Existe, por essa razão, espaço para a arbitragem nos dissídios individuais do trabalho – com as precauções alertadas pela doutrina e jurisprudência –, mormente ante a expressa previsão legal de sua aplicabilidade, ressalvada a inconstitucionalidade parcial do art. 507-A da CLT.

São três, na essência, os principais aspectos que devem ser analisados em relação à arbitragem dos dissídios individuais trabalhistas.

5.2.4.1 Direitos patrimoniais disponíveis: arbitrabilidade objetiva

O art. 1º da LArb prevê que "As pessoas capazes de contratar poderão valer-se da arbitragem para dirimir litígios relativos a *direitos patrimoniais disponíveis*".

Entende-se que os *direitos patrimoniais disponíveis* são aqueles passíveis de transação por seu titular.[619]

---

[617] VENTURI, 2016, p. 391-426.
[618] VENTURI, 2016, p. 391-426.
[619] "No direito italiano o art. 806 de seu *códice di procedura civile* exclui da arbitragem causas envolvendo direito do trabalho ou previdenciário, questões de estado ou separação de

De acordo com Antônio José de Mattos Neto, o direito disponível "é o alienável, transmissível, renunciável, transacionável", sendo que a "disponibilidade significa que o titular do direito pode aliená-lo; transmiti-lo *inter vivos* ou *causa mortis*; pode, também, renunciar ao direito; bem como pode, ainda, o titular transigir seu direito".[620]

Ainda, conforme Mattos Neto, a pertinência da "classificação dos direitos quanto à apreciação econômica reside na condição de transmissibilidade dos direitos patrimoniais e intransmissibilidade dos extrapatrimoniais". A extrapatrimonialidade de um direito, contudo, não afasta de seu titular a possibilidade de obtenção de vantagem econômica, se, de uma injusta lesão, decorrer dano. Nessa hipótese, "o dano produz um direito patrimonial ao ofendido consubstanciado na indenização".[621]

Exemplifique-se com um direito extrapatrimonial como a honra da pessoa, que não possui valoração econômica, mas, se violado, gera um direito subjetivo a indenização.[622] O direito à indenização, por sua vez, é transmissível, renunciável e transacionável.

Conforme já clássica lição doutrinária, o Direito do Trabalho é formado, em grande parte, por normas de ordem pública, cuja finalidade é a tutela do trabalhador enquanto ser humano, por meio da limitação de sua autonomia da vontade, com vistas à primazia da justiça social.[623]

As normas de caráter público consistem no mínimo de proteção do trabalho, garantido constitucionalmente, e pressuposto da dignidade humana. Por essa razão, nas relações de emprego, existe, de um lado, um conteúdo institucional, disciplinado pelas normas de ordem pública, e, de outro lado, um espaço que pode ser contratualmente preenchido pelas partes, por meio do exercício da autonomia da vontade.[624]

---

cônjuges e 'outras que não possam ser objeto de transação' – dispondo também o art. 1.966 do códice civile que 'a transação é nula se tais direitos, por sua natureza ou por expressa disposição de lei, forem subtraídos à disposição pela parte'" (DINAMARCO, 2013, p. 78).

[620] MATTOS NETO, 2002, p. 221-236.

[621] "A indenizabilidade do dano moral é matéria pacífica hodiernamente no direito brasileiro, cuja cristalização se deu mormente a partir da Constituição Federal de 1988" (MATTOS NETO, 2002, p. 221-236).

[622] MATTOS NETO, 2002, p. 221-236.

[623] SUSSEKIND *et al.*, 2002, p. 199.

[624] SUSSEKIND *et al.*, 2002, p. 200.

Embora a Lei nº 13.467/2017 tenha permitido, em grande medida, a flexibilização de diversas normas trabalhistas, sobretudo por meio da negociação coletiva – ao inserir o art. 611-A na CLT que autoriza que a norma coletiva prevalece sobre a lei em relação a determinados direitos do trabalhador –, não retirou, como não poderia, o conteúdo mínimo contratual, constitucionalmente garantido.

Compreendem normas de ordem pública e, portanto, de índole imperativa, exemplificativamente, as normas relativas à anotação da CTPS e filiação do trabalhador à Previdência Social (Constituição, arts. 7º, inciso I e 201, §11); inviolabilidade da intimidade, da vida privada, da honra, e da imagem das pessoas, assegurado o direito a indenização pelo dano material ou moral decorrentes de as violação (art. 5º, inciso X); seguro desemprego (art. 7º, inciso II); fundo de garantia do tempo de serviço (art. 7º, III); salário mínimo (art. 7º, inciso IV); irredutibilidade salarial, salvo o disposto em convenção ou acordo coletivo (art. 7º, inciso VI); décimo terceiro salário (art. 7º, inciso VIII); duração do trabalho normal não superior a oito horas diárias e quarenta e quatro semanais, facultada a compensação de horários e a redução da jornada, mediante acordo ou convenção coletiva de trabalho (art. 7º, inciso XIII); licença à gestante, sem prejuízo do emprego e do salário, com a duração de cento e vinte dias (art. 7º, inciso XVIII); redução dos riscos inerentes ao trabalho, por meio de normas de saúde, higiene e segurança (art. 7º, inciso XXII); dentre outros, igualmente importantes.

Além desse conteúdo mínimo, e de outros que venham a ser estipulados por negociação coletiva, é lícito às partes, no plano individual, estipular condições de trabalho complementares e diferenciadas.

Os direitos que formam esse conteúdo mínimo constitucional não são, por conseguinte, passíveis de transação, tampouco, de renúncia pelo trabalhador.

A transação trabalhista possui os seguintes pressupostos: "a) duas pessoas, pelo menos, estejam vinculadas entre si, por força da relação jurídica da qual decorrem direitos e obrigações; b) haja incerteza no pertinente a determinado ou determinados direitos ou obrigações; c) a dúvida referida a direitos patrimoniais, isto é, direitos incorporados ao patrimônio de uma das partes do contrato; d) a controvérsia seja extinta mediante concessões recíprocas".[625]

---

[625] SUSSEKIND et al., 2002, p. 216.

De fato, diante da *res dúbia*, inúmeras transações são realizadas em processos trabalhistas, inclusive envolvendo controvertidas indenizações decorrentes de violação de direitos extrapatrimoniais. Nesses casos, não se transacionam direitos extrapatrimoniais – honra, integridade física, vida, saúde –, mas a indenização por uma pretensa violação do respectivo direito.

A validade dessas transações, todavia, encontra subsistência principalmente porque realizadas "sob a vigilância e a tutela da própria Magistratura especializada".[626]

Argumenta-se que somente o juiz do trabalho possui legitimidade constitucional para dimensionar as hipóteses em que as transações envolvendo direitos trabalhistas ultrapassariam o limite entre o disponível e o indisponível.[627]

Esse argumento teria mais peso antes da EC nº 45/2004 que, alterando o *caput* do art. 114 da Constituição, que trata da competência da Justiça do Trabalho, substituiu a expressão "conciliar e julgar", por "processar e julgar" os dissídios individuais e coletivos – suprimindo conciliar – de onde se pode inferir que não é exclusividade do juiz do trabalho a tarefa de conciliar as controvérsias trabalhistas.

Haveria, entretanto, outra razão para se afastar a possibilidade de transação extrajudicial – e, por conseguinte, da própria arbitragem – no tocante a indenizações resultantes de controvérsia sobre violação de direito extrapatrimonial: o interesse público de controle sobre as correspondentes hipóteses, mormente em casos de acidente do trabalho e assédio moral.

A LArb, em verdade, exclui de seu âmbito "as relações que não se submetem à regulação dos interesses privados".

A pretensa indenização por violação de direito extrapatrimonial trabalhista, embora se caracterize como *res dubia*, não se encontra na esfera exclusivamente do interesse privado.

Há um interesse público de coibir práticas patronais que violam esses direitos, por meio do arbitramento de indenizações com intuito compensatório, pedagógico e punitivo.[628]

---

[626] SUSSEKIND *et al.*, 2002, p. 216.
[627] MATTOS NETO, 2002, p. 221-236.
[628] EMENTA: INDENIZAÇÃO POR DANO MORAL. VALOR. CRITÉRIOS. Ante a lacuna da lei, razoável, no âmbito laboral, a fixação da indenização por dano moral segundo o

De fato, havendo a possibilidade de arbitragem sobre indenização decorrente, sobretudo, de acidente do trabalho e assédio moral, retirar-se-ia, em tese, um importante instrumento do Poder Público, de averiguar e controlar eventos que, não obstante ocorrem no espaço privado, envolvem interesses tutelados constitucionalmente.

A averiguação e controle desses eventos também ocorre por meio da construção de uma lenta e vigorosa jurisprudência tuitiva que impacta em toda a atividade econômica. Citem-se, como exemplos, a Súmula nº 289 que trata dos efeitos do fornecimento de EPI pelo empregador ao empregado,[629] e a Súmula nº 364, relativa ao direito ao adicional de periculosidade do empregado exposto de forma intermitente a condições de risco.[630]

Existe, mesmo assim, um catálogo de direitos patrimoniais disponíveis que podem ser objeto de arbitragem.

Interessante exemplo é o da controvérsia envolvendo o *stock options*, por meio do qual a empregadora constituída em forma de

---

prudente arbítrio do julgador, o que pressupõe conferir maior fidelidade ao caso concreto, adotando dosimetria mais equitativa com a realidade de cada litígio, em comparação com um sistema normativo padronizado, tabelado, que ignora as particularidades de cada contrato de trabalho, dele se distanciando. Além de que, ao julgador é possível a adoção do princípio da razoabilidade, que tem como corolário o princípio da proporcionalidade, viabilizando relação de equivalência entre a gravidade da lesão e o valor monetário da indenização devida, de forma a assegurar a efetiva punição do ato lesivo, bem como garantir a inibição de práticas ilegais semelhantes pelo empregador. Nesse diapasão, a indenização por danos morais deve corresponder ao grau de incapacidade, à gravidade e extensão do dano, ao tempo de serviço para a ré, à situação econômica do empregado, à culpa da empregadora e ao seu porte empresarial, considerando-se, ainda, o intuito compensatório, pedagógico e punitivo da medida, sopesando-se todos os pressupostos à luz do princípio da razoabilidade e proporcionalidade, evitando-se, a partir da ponderação de todos estes fatores, o arbitramento de "valores excessivamente módicos ou estratosféricos", conforme jurisprudência das Cortes Superiores. BRASIL, TRT-PR-03290-2015-021-09-00-0-ACO-33408-2017 – 4A. T., Rel.: ROSEMARIE DIEDRICHS PIMPÃO, Publicado no DEJT em 21.11.2017 (Disponível em: www.trt9.jus.br. Acesso em: 31 ago. 2019).

[629] Súmula nº 289 do TST: "INSALUBRIDADE. ADICIONAL. FORNECIMENTO DO APARELHO DE PROTEÇÃO. EFEITO. O simples fornecimento do aparelho de proteção pelo empregador não o exime do pagamento do adicional de insalubridade. Cabe-lhe tomar as medidas que conduzam à diminuição ou eliminação da nocividade, entre as quais as relativas ao uso efetivo do equipamento pelo empregado" (Disponível em; www.tst.jus.br. Acesso em: 31 ago. 2019).

[630] Súmula nº 364, I, do TST: "ADICIONAL DE PERICULOSIDADE. EXPOSIÇÃO EVENTUAL, PERMANENTE E INTERMITENTE. I – Tem direito ao adicional de periculosidade o empregado exposto permanentemente ou que, de forma intermitente, sujeita-se a condições de risco. Indevido, apenas, quando o contato dá-se de forma eventual, assim considerado o fortuito, ou o que, sendo habitual, dá-se por tempo extremamente reduzido (Disponível em: www.tst.jus.br. Acesso em: 31 ago. 2019).

sociedade anônima, oferta, com deságio, aos empregados, ações próprias, estipulando prazo para realização futura, conforme dispõe o art. 168, §3º, da Lei nº 6.404/1976.

Outra hipótese é a questão envolvendo o direito de arena do atleta profissional previsto no art. 42 da Lei nº 9.615/1998, ou, ainda, a indenização de que trata o art. 28-A, §5º, da mesma lei. Aliás, reitere-se que a arbitragem está expressamente prevista no art. 90-C da Lei Pelé como mecanismo que as partes podem eleger para "dirimir litígios relativos a direitos patrimoniais disponíveis, vedada a apreciação de matéria referente à disciplina e à competição desportiva".

No âmbito do trabalho portuário, o art. 37, §1º da Lei nº 12.815/2013 dispõe que, em caso de impasse relativo à solução de litígios não resolvidos pelo OGMO, "as partes devem recorrer à arbitragem de ofertas finais". O rol de direitos que podem ser resolvidos pela arbitragem portuária é extenso, pois compreende, exemplificativamente, administração do fornecimento de mão de obra do trabalhador portuário e do trabalhador portuário avulso (art. 32, inciso I); remuneração do trabalhador portuário avulso (art. 32, inciso VII); aplicação de normas disciplinares previstas em lei, contrato, convenção ou acordo coletivo de trabalho, no caso de transgressão disciplinar (art. 33, inciso I); dentre outras. [631]

---

[631] O TST admite a arbitragem no âmbito do trabalho portuário, conforme se infere da seguinte ementa: *AGRAVO EM AGRAVO DE INSTRUMENTO. ARBITRAGEM. CONFLITO INDIVIDUAL. PORTUÁRIO. ESCOLHA DO MINISTÉRIO PÚBLICO DO TRABALHO COMO ÁRBITRO, PELOS SINDICATOS*. A sentença arbitral decidiu pela suspensão do autor por trinta dias, em razão de sua ausência injustificada do trabalho por 60 dias. A jurisprudência desta c. Corte se inclina para a impossibilidade da utilização da arbitragem para solução de conflitos individuais, em razão da hipossuficiência econômica do empregado. Entretanto, o caso dos autos possui peculiaridades que afastam a aplicação desse entendimento. Primeiramente, a própria Lei dos Portos (Lei 12.815/2013, art. 37) permite a utilização da arbitragem quando há impasse no âmbito da comissão paritária. Ora, se a própria legislação prevê a possibilidade da utilização da arbitragem em dissídio individual específico, no caso, do trabalhador portuário e para as hipóteses delimitadas na própria lei, não há falar em impossibilidade de utilização da arbitragem para a controvérsia dos autos. Ressalte-se que não há controvérsia quanto ao árbitro escolhido, mas sim quanto a quem o escolheu. Por certo que o Ministério Público do Trabalho poderia atuar como árbitro, pois além de ter por atribuição institucional "atuar como árbitro, se assim for solicitado pelas partes, nos dissídios de competência da Justiça do Trabalho" (art. 83, XI, da LOMPU), tem por missão principal a defesa da ordem jurídica, do regime democrático e dos interesses sociais e individuais indisponíveis, especialmente no âmbito das relações de trabalho. Ora, teria razão o autor quanto a escolha do árbitro, que não foi realizada diretamente pela parte hipossuficiente, mas foi acordada pelos sindicatos da categoria,

5.2.4.2 Arbitrabilidade subjetiva e hipossuficiência do trabalhador

A arbitrabilidade subjetiva encontra-se, a princípio, disposta no art. 1º da LArb, pelo qual "só podem ser objeto de disposição e, portanto só são suscetíveis de arbitragem os bens ou direitos que tenha por titular um sujeito capaz de contratar".[632]

A Lei nº 9.607/1996, no entanto, não se limitou apenas a restringir às pessoas capazes a possibilidade da arbitragem. Por se tratar "a convenção da arbitragem um negócio jurídico bilateral e, como tal, ser composto de declarações convergentes de vontade externadas pelas partes contratantes", cuidou a lei de "impor cautelas destinadas a assegurar que essas declarações correspondam efetivamente à vontade livre e consciente de cada uma delas".[633]

Assim, para garantir que "a vontade dos signatários da cláusula compromissória seja *consciente*", especificamente nos contratos em que se verifica desequilíbrio econômico entre as partes, como o de adesão, o art. 4º, §2º da LArb subordina a eficácia da cláusula compromissória, a observância de um de dois requisitos que buscam demonstrar que a parte mais fraca – no caso o aderente – tem total conhecimento da cláusula compromissória e consciência de seu significado: a) "se o aderente tomar a iniciativa de instituir a arbitragem"; ou b) o aderente "concordar expressamente com a sua instituição, desde que por escrito em documento anexo ou em

---

pois o §3º do art. 37 da Lei 12.815/2013 expressamente prevê que os árbitros devem ser escolhidos de comum acordo entre as partes. No caso, o sindicato não poderia atuar como substituto processual da vontade da parte quando se elege árbitro. No entanto, apesar de os sindicatos não poderem escolher o árbitro em substituição à vontade das partes, o agravo não alcança provimento, diante do óbice estritamente processual. Isso porque a indicação de afronta ao art. 114, §§1º e 2º da CF é impertinente com o caso dos autos, pois o referido dispositivo trata de negociação e dissídio coletivo e não de dissídio individual, que na hipótese vertente é regido especificamente pela legislação infraconstitucional. Com relação à divergência jurisprudencial, os arestos indicados tratam genericamente acerca da utilização da arbitragem para resolução de conflitos individuais no âmbito da Justiça do Trabalho, mas não trazem as peculiaridades dos autos, sendo inespecíficos, a teor da Súmula 296 do c. TST. *Agravo conhecido e desprovido.* BRASIL TST-Ag-AIRR-964-77.2013.5.02.04447, 3ª T, Rel. Min. Alexandre de Souza Agra Belmonte, julgamento: 18.12.2018, publicação: 29 mar. 2019 (Disponível em: www.trt9.jus.br. Acesso em: 21 ago. 2019).

[632] DINAMARCO, 2013, p. 79.
[633] DINAMARCO, 2013, p. 80.

negrito, com a assinatura ou visto especialmente para essa cláusula". Pretende-se com essas cláusulas alertar o aderente sobre a obrigação que está contraindo e lhe dar plena consciência de que está renunciando ao Poder Judiciário para dirimir eventual conflito com a outra parte em prol de um árbitro privado. Mesmo assim, admite-se que essas exigências são insuficientes, por serem os aderentes, em geral, pessoas leigas, que desconhecem as consequências da cláusula compromissória, o que não impede a adesão.[634]

O cuidado em garantir a livre manifestação da vontade da parte que anui com a cláusula compromissória está prevista no art. 51, inciso VII, do CDC, o qual comina de nulidade das cláusulas de contratos de consumo que "determinem a utilização compulsória da arbitragem". Esse preceito presume de forma total a inferioridade do consumidor perante o fornecedor de bens ou serviços, resultante da chamada *"hipossuficiência organizacional* – o fornecedor impõe a cláusula, e o consumidor, que não dispõe de forças para rejeitá-la, deve aceitá-la ainda quando não esteja intimamente de acordo, ou mesmo que dela não tome sequer consciência". Interpreta-se, todavia, o preceito em foco no sentido de que "limita a vedar a adoção prévia e compulsória da arbitragem no momento da celebração do contrato, mas não impede que posteriormente, diante de eventual litígio, havendo consenso entre as partes (em especial a aquiescência do consumidor), seja instaurado o procedimento arbitral".[635]

---

[634] DINAMARCO, 2013, p. 81.
[635] EMENTA: RECURSO ESPECIAL. PROCESSUAL CIVIL E CONSUMIDOR. CONTRATO DE ADESÃO.
AQUISIÇÃO DE UNIDADE IMOBILIÁRIA. CONVENÇÃO DE ARBITRAGEM. LIMITES E EXCEÇÕES. CONTRATOS DE CONSUMO. POSSIBILIDADE DE USO. AUSÊNCIA DE IMPOSIÇÃO. PARTICIPAÇÃO DOS CONSUMIDORES. TERMO DE COMPROMISSO. ASSINATURA POSTERIOR. 1. Ação ajuizada em 29.07.2015. Recurso especial interposto em 24 de janeiro de 2018 e atribuído a este gabinete em 01.06.2018. 2. O propósito recursal consiste em determinar a legalidade de procedimento arbitral instaurado para dirimir controvérsia originada de contrato de promessa de compra e venda de unidade de empreendimento imobiliário – um contrato de adesão – em que os consumidores, em momento posterior, assinaram termo de arbitragem para a solução de controvérsia extrajudicial. 3. O art. 51, VII, do CDC se limita a vedar a adoção prévia e compulsória da arbitragem, no momento da celebração do contrato, mas não impede que, posteriormente, diante do litígio, havendo consenso entre as partes – em especial a aquiescência do consumidor -, seja instaurado o procedimento arbitral. Precedentes. 4. É possível a utilização de arbitragem para resolução de litígios originados de relação de consumo quando não houver imposição pelo fornecedor, bem como quando a iniciativa da instauração ocorrer pelo consumidor ou, no caso de iniciativa do fornecedor, venha a concordar ou ratificar expressamente com a instituição.

A hipossuficiência do trabalhador em face do empregador é similar à do consumidor diante do fornecedor, o que autoriza a aplicação por analogia no âmbito da arbitragem trabalhista do disposto no art. 51, inciso VII do CDC.

Assim, a cláusula compromissória trabalhista só teria eficácia se, após a ruptura do contrato de trabalho – qualquer que seja a remuneração do empregado – tiver o empregado a oportunidade de ratificá-la, por escrito e com assistência jurídica, num prazo razoável. A ausência de ratificação da cláusula implicaria, automaticamente, sua revogação.[636]

Reitere-se, entretanto, a incompatibilidade entre a arbitragem e a justiça gratuita, sobretudo diante do árbitro privado que incumbirá a parte vencida o ônus acerca das custas e das despesas com a arbitragem, nos termos do art. 27 da Lei nº 9.307/1996.

Imprescindível, por isso, que na ratificação da cláusula compromissória, também esclareça o trabalhador não ser beneficiário da justiça gratuita, sob pena de ineficácia da própria ratificação, em caso de arbitragem privada.

5.2.4.3 Arbitragem extrajudicial e judicial e a atuação institucional do MPT

O art. 9º da Lei nº 9.307/1996 reza que a arbitragem pode ser realizada por uma ou mais pessoas, podendo ser extrajudicial ou judicial.

No âmbito da arbitragem extrajudicial pode-se ainda classificá-la em privada e pública, já que o art. 83, inciso XI, da LC nº 75/1993 prevê dentre as atribuições do Ministério Público do Trabalho "atuar como árbitro, se assim for solicitado pelas partes, nos dissídios de competência da Justiça do Trabalho".

---

5. Na hipótese, os consumidores celebraram, de forma autônoma em relação ao contrato de aquisição de imóvel, um termo de compromisso e participaram ativamente no procedimento arbitral. 6. Os supostos fatos novos deduzidos pela recorrente no curso da arbitragem não permitem que se afaste a jurisdição arbitral sobre a resolução do litígio instaurado entre as partes. 7. Recurso especial não provido. BRASIL, STJ-REsp 1742547 /MG Rel. Min. Nancy Andrighi, Terceira Turma, julg: 18.06.2019, DJe 21.06.2019 (Disponível em: www.stj.jus.br. Acesso em: 01 set. 2019).

[636] TEIXEIRA FILHO, 2017, p. 46.

O art. 13 da LArb estabelece que "Pode ser árbitro qualquer pessoa capaz e que tenha a confiança das partes", enquanto seu §3º que "As partes poderão, de comum acordo, estabelecer o processo de escolha dos árbitros, ou adotar as regras de um órgão arbitral institucional ou entidade especializada".

O *árbitro* difere da *instituição arbitral*.

A função primordial do árbitro é jurisdicional: prolatar a sentença arbitral no prazo estabelecido pelas partes; a instituição arbitral, por sua vez, é pessoa jurídica cuja atribuição é criar, coordenar e observar as regras do procedimento arbitral, quando as partes estipularem a respectiva aplicação em cláusula compromissória ou compromisso arbitral.[637]

As expressões "câmara arbitral", "centro de arbitragem", "associação de arbitragem", dentre outras, significam uma instituição privada "cujo objeto, por meio de seu regulamento, é tão somente administrar o procedimento arbitral, de forma absolutamente imparcial", com caráter administrativo, o que exclui, por conseguinte, "qualquer elemento de jurisdicionalidade da instituição arbitral".[638]

O órgão arbitral institucional, desse modo, define as regras que devem buscar a "eficácia do procedimento" e da própria sentença arbitral, devendo resguardar "um mínimo de segurança e higidez", como também a observância dos princípios constitucionais do contraditório e da ampla defesa. Dentre as hipóteses previstas no procedimento arbitral, encontram-se: "nomeação e confirmação dos árbitros", "procedimentos de impugnação", "substituição dos julgadores", "escrutínio da sentença arbitral", dentre outros.

O §4º do art. 13 da Lei de Arbitragem – com alteração dada pela Lei nº 13.129/2015 – estabelece que as partes, de comum acordo, poderão afastar a indicação de árbitros que constem em listas fechadas de órgãos arbitrais institucionais.[639]

---

[637] MEDICI JÚNIOR; NUNES, 2018, p. 149.
[638] LIMA, 1969, p. 149.
[639] Esclarecem Médici Júnior e Thiago Nunes: "Uma das grandes máximas da arbitragem é aquela que valora a figura do árbitro: 'an arbitration in worth what the arbitrator is worth' (uma arbitragem vale o que vale o árbitro). Pensando nessa máxima e até mesmo no limitado conhecimento do instituto arbitral pelos profissionais brasileiros ao tempo da promulgação da LArb, as instituições arbitrais brasileiras passaram a destacar listas de árbitros em seus regulamentos – algumas como mera sugestão/recomendação de nomes de renomados juristas e especialistas, outras de natureza vinculativa, seja no tocante à

A ideia da lista fechada é a de evitar que se estabeleça uma disputa entre as partes para indicar o árbitro que será decisivo na resolução da controvérsia.

Um dos fundamentos mais importantes da arbitragem é o da liberdade de as partes indicarem o árbitro que irá julgar a questão. Existem diversas vantagens nessa regra: a possibilidade de escolha de profissional com conhecimentos e habilidades para apresentar uma solução mais adequada ao caso; a maior confiança que as partes teriam no procedimento ao saber das qualidades do árbitro por elas mesmas indicado; a escolha pelas partes do julgador conferiria ao procedimento maior legitimidade e, consequentemente, maior respeitabilidade à decisão.[640]

Ocorre, no entanto, que quando existe desequilíbrio econômico e/ou social entre as partes, a disputa sobre a nomeação de árbitro pode se transformar em imposição e a vontade de uma das partes se sobrepor à da outra, o que "dá lugar à formação de um tribunal mecânico ou decorativo, formado por pessoas que, normalmente, sustentariam as teses defendidas pelas partes que os indicaram".[641]

Essa é uma das principais fragilidades da arbitragem privada no âmbito de dissídios individuais trabalhistas: a inequívoca possibilidade de a parte mais forte econômica e socialmente impor à parte mais fraca, a sua escolha e os seus interesses. E nesse particular, irrelevante se se trata de lista fechada de árbitros, já que a lista fechada poderá conter rol de profissionais que, sabidamente, possuem entendimentos ou compreensões sobre o Direito do Trabalho que, em tese, favoreceriam os interesses de quem, de fato, os nomeou.

Por isso, a importância da autorização legal de que a arbitragem possa ser judicial (art. 9º da LArb), e, ainda, e talvez mais relevante, da arbitragem extrajudicial realizada pelo MPT (LC nº 75/1993, art. 83, inciso XI).

---

nomeação de todos os árbitros, seja apenas do árbitro único e/ou presidente do Tribunal Arbitral" (MEDICI JÚNIOR; NUNES, 2018, p. 153).
[640] MEDICI JÚNIOR; NUNES, 2018, p. 155.
[641] MEDICI JÚNIOR; NUNES, 2018, p. 148-159.

Tanto em uma, quanto em outra, a competência material é ampla, seja por força do art. 114 da Constituição que trata da competência material da Justiça do Trabalho, seja, em razão do art. 83, inciso VI, da LC nº 75/1993, que faz expressa referência a "dissídios de competência da Justiça do Trabalho", observando-se, evidentemente, os limites já salientados.

A arbitragem realizada pelo MPT possui algumas vantagens em relação à arbitragem privada que merecem ser destacadas.

Uma das características da arbitragem, em geral, é a de que as partes podem escolher um árbitro que detenha conhecimentos próprios para resolver o conflito existente, o que nem sempre ocorre com a justiça estatal, mormente quando a competência do órgão jurisdicional é bastante ampla.

No caso das lides trabalhistas, contudo, a especialidade da justiça estatal já é determinada pela Constituição (art. 114) que atribui a Justiça do Trabalho a competência para processar e julgar as controvérsias entre empregado e empregador.

O MPT, por força da LC nº 75/1993, art. 83 já dispõe da natural especialidade relativa às questões trabalhistas e, por conseguinte, sua imparcialidade ante os conflitos entre empregados e empregadores.

Note-se, entretanto, que, um dos aspectos da arbitragem incompatível com os princípios de Direito do Trabalho é a possibilidade da arbitragem por equidade que significaria, em última análise, um julgamento contrário a lei. Não é apenas o fato de poder contrariar a lei que inviabiliza a aplicação da arbitragem de equidade, mas, principalmente, de que a essência da arbitragem é a da aplicação da "lógica das leis do mercado no campo da pacificação de conflitos, aproximando, portanto, ao método de solução de controvérsias, a realidade empresarial da disputa de jogo".[642] A arbitragem é tida, inclusive, como forma de se evitar a visão solidarista que, de acordo com uma visão empresarial, interferiria "excessiva e indevidamente, nas relações empresariais, de forma a prejudicar a vontade das partes consubstanciada contratualmente".[643]

---

[642] TIMM, 2018, p. 300-314.
[643] RIBEIRO; STRUECKER, 2018, p. 315-333.

A contrariedade da lei, por meio da arbitragem de equidade, não significa, necessariamente, o reforço à concreção dos direitos fundamentais e dos valores da Constituição, mas de interesses empresariais que, muitas vezes, discordam das bases constitucionais.

A aplicação das leis do mercado em detrimento das leis do ordenamento jurídico afrontaria um princípio essencial de qualquer sistema de justiça que é o da imparcialidade, em especial quando as questões apreciadas relacionam-se, em sua maioria, a direitos existenciais da pessoa.

O MPT, por força de sua especialidade e de sua função institucional, no sentido da observância do interesse público e da defesa dos direitos sociais constitucionalmente garantidos (LC nº 75/1993, art. 83, inciso III), é o órgão apto a atuar, como imparcialidade, no âmbito da arbitragem individual trabalhista.

Por fim, outra grande vantagem da arbitragem promovida pelo MPT refere-se a sua gratuidade.

De fato, a arbitragem privada possui o grande inconveniente do seu elevado custo, já que, enquanto justiça privada, "tem seu procedimento financiado, exclusivamente, pelas partes", inexistindo "a possibilidade de subsídio estatal e não há assistência judiciária gratuita, afinal, os envolvidos – árbitros, peritos, câmaras de arbitragem e advogados – prestam serviço privado e devem ser remunerados pelos seus trabalhos", de onde se conclui que "uma parte incapaz de sustentar os custos do processo de arbitragem pode ser privada de dar cumprimento à convenção de arbitragem, o que restringe seu direito de acesso à justiça".[644]

A jurisdição estatal e também o regular exercício da função ministerial trabalhista são integralmente subsidiados pelo orçamento da União.

Sob essa perspectiva, é possível vislumbrar uma alternativa arbitral, em termos de justiça gratuita, no âmbito da função institucional do MPT.

A arbitragem do MPT, contudo, carece de atuação efetiva das Procuradorias Regionais do Trabalho, seja criando câmaras arbitrais, seja divulgando junto à comunidade essa função.

---

[644] MUNIZ; PICCHI NETO, 2018, p. 334-348.

Em conclusão a esse tópico:

– não se deve afastar, aprioristicamente, a arbitragem como meio alternativo de solução dos conflitos individuais trabalhistas;

– a arbitragem na esfera dos dissídios individuais trabalhistas deve ser exceção, e não regra;

– a arbitragem em conflitos individuais trabalhistas é autorizada, especificamente, em relação aos direitos do atleta profissional pelo art. 90-C Lei nº 9.615/1998 e a direitos envolvendo trabalho portuário, conforme art. 37, §1º da Lei nº 12.815/2013;

– o MPT possui vocação para atuar na arbitragem, conforme prevê a LC nº 75/1993, pois dispõe de atributos exigidos normalmente para a arbitragem, notadamente a especialidade e a imparcialidade;

– a arbitragem do MPT permite a gratuidade, em razão do subsídio estatal.

Necessário, para isso, a constituição de câmaras de arbitramento no âmbito dos Procuradores Regionais do Trabalho e a divulgação, junto à comunidade, dessa importante atribuição legal.

COMPÊNDIO DAS CONCLUSÕES

Embora algumas conclusões tenham sido registradas ao longo do trabalho, convém catalogá-las de maneira articulada, a fim de permitir facilmente sua análise:

1. O acesso à Justiça é um princípio universal, pois construído ao longo da história da humanidade e reconhecido pela maioria dos povos, além de plasmado em diversos diplomas internacionais, como a *Declaração Universal dos Direitos Humanos*. É, ainda, princípio constitucional por que pode ser inferido, por abstração ou generalização, a partir do sistema de normas positivadas da Constituição – art. 5º, incisos XXXIV, XXXV, LIII –, representando, por isso, também um vetor axiológico que deve nortear o trabalho hermenêutico.

2. O acesso à Justiça é um direito fundamental formal, seja porque previsto expressamente no art. 5º, inciso XXXVI, seja, ainda, porque pode ser deduzido do princípio fundamental da dignidade da pessoa humana expresso no art. 1º, inciso III, da Constituição.

3. O acesso à Justiça possui função instrumental de altíssima relevância, pois é o principal mecanismo de defesa dos direitos fundamentais, em especial o da dignidade da pessoa humana.

4. O acesso à Justiça é, ainda, um direito subjetivo fundamental, pois provido de pretensão dirigida ao Estado de garantir a eficácia de direitos, sobretudo os fundamentais, ou a reparação desses, na hipótese legal.

5. O acesso ao direito é condição primordial para o acesso à Justiça, pois sem a compreensão dos seus direitos, e, ainda,

discernimento sobre os benefícios e prejuízos decorrentes do seu cumprimento e, além disso, de sua violação ou restrição, a pessoa não estará apta a usufruir dos respectivos atributos que caracterizam o acesso à Justiça.

6. Do direito fundamental de acesso à Justiça decorrem o direito de ação e o direito a um processo justo, de difícil efetividade, em razão da complexa e dispendiosa estrutura da organização judiciária e processual brasileiras.

7. No Brasil, existe um sistema processual que instiga e favorece a recorribilidade e a perpetuação dos processos, pois admite interposição de diversos recursos, inclusive da mesma natureza, repetidamente, no mesmo processo. Além do sistema recursal prolixo e injusto, criaram-se inúmeras instâncias, algumas, dentro de um mesmo tribunal, sob o pretexto de uniformização jurisprudencial em um país cultural, social e economicamente tão diverso, mas que, a bem da verdade, permite que se prolongue, mais e mais, a solução definitiva do processo.

8. Esse sistema é altamente desfavorável à pessoa pobre, porque não possui recursos para fazer frente aos custos do longo processo, além de não dispor de tempo para ficar sem o bem jurídico vindicado: em especial, o trabalhador que reclama salário necessário a subsistência própria e de seus dependentes, como também o consumidor que se bate por bem ou serviço indispensável à preservação da sua dignidade.

9. A lei que estatui um processo tão moroso visa à preservação dos interesses da elite brasileira, seja porque dispõe de recursos financeiros para pagar caros e bem preparados advogados, perícias complexas e as custas processuais. Ainda mais: dispõe de tempo, valioso tempo, às vezes uma geração, ou, até uma vida, de quem pode esperar sem que a falta da decisão lhe acarrete prejuízo existencial. Ao contrário, a decisão tardia favorece o infrator. Basta ver os grandes e contumazes litigantes: bancos, empresas de telefonia, construtoras – que possuem recursos financeiros e tempo para perpetuar os processos até os tribunais, sobretudo os superiores.

10. Houve, no âmbito do processo do trabalho, uma iniciativa que, embora tímida, foi positiva: procedimento sumaríssimo, instituído pela Lei nº 9.957/2000. Poderia ter sido melhor se tivesse limitado as hipóteses de recurso ordinário apenas às questões

de direito, ou tornado irrecorríveis as sentenças proferidas em processos de alçada inferior a dez ou vinte salários mínimos, por exemplo.

11. A Lei nº 13.467/2017 ataca o alto custo do processo do trabalho violando o direito fundamental de acesso à Justiça do trabalhador pobre. A Lei nº 13.467/2017 não enfrentou a principal causa do custo da Justiça do Trabalho – e do Poder Judicial em geral – que é o de um direito processual que instiga e prestigia a recorribilidade das decisões, necessitando, por isso, de uma enorme estrutura, com várias instâncias e servidores.

12. A Lei nº 13.467/2017 não tem o condão de modificar o conteúdo do art. 5º, inciso LXXIV, da Constituição, que estabelece que a assistência jurídica integral e gratuita corresponde tanto à isenção de custas, despesas processuais e honorários de sucumbência, quanto ao patrocínio da causa e assessoria jurídica.

13. A *assistência jurídica gratuita* é o gênero e significa patrocínio das causas, acompanhamento em procedimentos administrativos, consultas, pareceres, dentre outras orientações relativa a defesa de direitos, de forma gratuita, compreendendo também a *assistência judiciária gratuita*, espécie do referido gênero, corresponde ao patrocínio gratuito das causas judiciais. *A justiça gratuita*, também espécie do gênero, compreende, especificamente, a isenção de custas, emolumentos, honorários periciais, honorários advocatícios e outras despesas processuais.

14. O art. 790, §§3º e 4º da CLT, com redação dada pela Lei nº 13.467/2017, estabelece dois critérios para a concessão da justiça gratuita. O primeiro, o da *presunção da necessidade da gratuidade* para os trabalhadores que auferiram salário até 40% do limite máximo dos benefícios do RGPS, bastando a declaração de hipossuficiência, ou sequer esta, pois o juiz poderá conceder a gratuidade de ofício. O segundo, o de *comprovação da necessidade da gratuidade*, aos trabalhadores que recebem salário superior a 40% do limite máximo dos benefícios do RGPS, quando deverá necessariamente haver requerimento, e, também, comprovação da insuficiência de recursos para o pagamento das despesas do processo, se impugnada a declaração. A exigência de comprovação da hipossuficiência prevista no §4º do art. 790 da CLT alinha-se ao critério estabelecido no art. 5º, inciso LXXIV, da Constituição.

15. O requerimento e a comprovação da necessidade da gratuidade podem ocorrer em qualquer momento do processo, pois, como já se pontuou, a insuficiência de recursos da parte pode ser superveniente ao ajuizamento da ação, de forma que não pode obstá-la de estar em juízo, sob pena de ofensa ao seu direito fundamental de acesso à Justiça.

16. O art. 99, §3º do CPC não se aplica, subsidiariamente, ao processo do trabalho por existir norma expressa na CLT disciplinando a concessão do benefício da justiça gratuita, ante o disposto nos arts. 15 do CPC e 769 da CLT.

17. É inconstitucional a expressão "ainda que beneficiário da justiça gratuita" do §2º do art. 844 da CLT, por que afronta os direitos fundamentais da dignidade da pessoa humana (art. 1º, inciso III, da Constituição), como também da igualdade (art. 5º, *caput*) e do acesso à Justiça (art. 5º, inciso LXXIV).

18. O §3º do art. 844 da CLT – uma vez declarada a inconstitucionalidade da expressão "ainda que beneficiário da justiça gratuita" do §2º – não é inconstitucional, porque, de acordo com o art. 5º, inciso LXXIV, da Constituição, a assistência jurídica deverá ser prestada pelo Estado, gratuitamente, apenas àqueles que comprovarem insuficiência de recursos, existindo jurisprudência pacífica no STJ no sentido da constitucionalidade de regra semelhante do CPC (art. 486, §2º). Ademais, isentar do pagamento de custas processuais o reclamante que possui recursos para fazê-lo afrontaria o princípio da igualdade previsto no art. 5º, *caput*, da Constituição, pois trataria da mesma forma pessoas diferentes financeiramente.

19. O §4º do art. 791-A da CLT deve ser interpretado conforme os direitos fundamentais de isonomia (art. 5º, *caput*), do acesso à Justiça (art. 5º, incisos XXXV e LXXIV), e assistência jurídica integral e gratuita àqueles que comprovem insuficiência de recursos (art. 5º, LXXIV), no sentido de que o trabalhador beneficiário da justiça gratuita, caso vencido, só será obrigado a pagar os honorários de sucumbência a que foi condenado, caso seja demonstrado pelo credor, nos dois anos subsequentes ao trânsito em julgado da decisão que as certificou, que deixou de existir situação de insuficiência de recursos que justificou a concessão da gratuidade.

20. Admitindo-se que a dicção do art. 791-A, §4º da CLT, "créditos capazes de suportar a despesa" significa "*capacidade* do sucumbente

de fazer frente a despesas sem prejuízo de sustento próprio e dos dependentes", e, não sendo o crédito trabalhista reconhecimento judicialmente suficiente para afastar a hipossuficiência do trabalhador, a utilização deste crédito para quitação de honorários de sucumbência devidos pelo trabalhador, afronta o direito fundamental relativo à assistência jurídica integral e gratuita aos que comprovarem insuficiência de recursos, sobretudo daqueles que recebem salário igual ou inferior a 40% do limite máximo dos benefícios do RGPS (Constituição, art. 5º, LXXIV; CLT, art. 790, § 3º).

21. O art. 791-A, §3º, da CLT estabeleceu como critério para o arbitramento dos honorários advocatícios, *a sucumbência recíproca*, que corresponde, no mesmo processo, à procedência, mesmo em parte, de alguns pedidos, e à improcedência de outros. Assim, os honorários de sucumbência devidos ao patrono do reclamante devem ser calculados sobre o ganho econômico dos pedidos julgados procedentes, mesmo em parte, enquanto os honorários de sucumbência devidos ao advogado do reclamado, incidem apenas sobre o valor dos pedidos integralmente rejeitados.

22. O art. 790-B, *caput* e §4º da CLT, ao exigir que o reclamante beneficiário da justiça gratuita pague os honorários periciais, em caso de sucumbência, com créditos obtidos no próprio ou em outro processo, afronta o direito fundamental de acesso à Justiça (art. 5º, incisos XXXV e LXXIX, da Constituição).

23. O MPT possui legitimidade ativa para atuar na defesa de direitos difusos, coletivos e individuais homogêneos dos trabalhadores.

24. É lícita a interrupção da prescrição trabalhista por meio de ajuizamento de ação com pedido de tutela antecipada para apresentação de documentos, a fim de que possa o trabalhador dimensionar as pretensões que intenta deduzir, por meio de aditamento, ou a extinção do processo sem julgamento do mérito, sem o ônus da sucumbência (arts. 300, 303, §§1º, 2º e 3º e art. 381, III, do CPC; art. 11, §3º da CLT).

25. Mesmo no âmbito da magistratura, deve ser vista com cuidado a política de resolução de conflitos por meio da conciliação. A conciliação é importante desde que se conserve o equilíbrio com a justiça, e não se atropelem os direitos fundamentais para solução de problemas burocráticos criados, exatamente, pela lei processual e pelas crises do capitalismo neoliberal.

26. Durante a pandemia do Covid-19, a jurisprudência do CNJ consolidou-se no sentido de que, em razão do direito fundamental de acesso à Justiça, não será lícito ao juiz suspender a audiência por videoconferência, se houver discordância de apenas uma das partes, que não comprovar impossibilidade técnica para a sua realização.

27. Deve-se atribuir valor probatório à declaração testemunhal escrita, sobretudo mediante ata notarial, quando, por alguma razão, como por exemplo a pandemia do Covid-19, não for possível à testemunha comparecer em Juízo, e, ainda, for inviável a realização da audiência por videoconferência.

28. Não se insere dentre as competências do Juiz do Trabalho homologar rescisões contratuais, sobretudo por meio do processo de homologação de acordo extrajudicial, previsto no art. 855-B, da CLT.

29. É inconstitucional o art. 507-A da CLT ao autorizar a pactuação de cláusula compromissória de arbitragem nos contratos individuais de trabalho com remuneração superior a duas vezes o RGPS por ofensa aos direitos fundamentais da isonomia (art. 5º, *caput*) e da assistência jurídica gratuita pelo Estado àqueles que dela necessitem (art. 5º, inciso LXXIV).

30. A arbitragem não deve ser afastada, aprioristicamente, como meio alternativo de solução dos conflitos individuais do trabalho, embora deva ser tratada como exceção.

31. Arbitragem em conflitos individuais trabalhistas é autorizada, especificamente, em relação aos direitos do atleta profissional pelo art. 90-C Lei nº 9.615/1998 e a direitos envolvendo trabalho portuário, conforme art. 37, §1º da Lei nº 12.815/2013.

32. O MPT possui vocação para atuar na arbitragem, conforme prevê a LC nº 75/1993, pois dispõe de atributos exigidos normalmente para esse meio alternativo de resolução de controvérsias, notadamente a especialidade e a imparcialidade, além da gratuidade.

REFERÊNCIAS

ALDERMAN, Richard M. Acesso à justiça e reparação de danos aos consumidores nos Estados Unidos: o efeito da arbitragem compulsória aos consumidores. Tradução de Laís Bergstein. *Revista de Direito do Consumidor*, v. 108, p. 315-351, nov./dez. 2016.

ALEXY, Roberto. *Teoria de los Derechos Fundamentales*. Madrid: Centro de Estudios Constitucionales, 1997.

AMARAL, Francisco. *Direito Civil*. Introdução. 4. ed. Rio de Janeiro: Renovar, 2002.

ARAGÃO, Egas Moniz. *Exegese do Código de Processo Civil*. v. IV-1, arts. 329-399. Rio de Janeiro: Aide, 1994.

BACELLAR, Roberto P. Métodos consensuais na forma autocompositiva, sua aplicação no Judiciário e as diferenças básicas entre mediação e conciliação. *In*: GUNTHER, Luiz E.; PIMPÃO, Rosemarie D. *Conciliação um caminho para a paz social*. Curitiba: Juruá, 2013.

BALTAR, Paulo. Crescimento da economia e mercado de trabalho no Brasil. *In*: CARNEIRO, Ricardo M.; MATIJASCIC, Milko. *Desafios do desenvolvimento brasileiro*. Brasília: IPEA, 2011.

BARACAT, Eduardo Milléo. *A boa-fé no direito individual do trabalho*. São Paulo: LTr, 2003.

BARACAT, Eduardo Milléo. Tutela antecipada antecedente e exibição de documentos ante a Reforma Trabalhista: acesso à justiça e interrupção da prescrição. *Revista de Direito Trabalho e Processo*, v. 12, p. 137-154, 2018.

BARACAT, Eduardo Milléo. O valor probatório da declaração testemunhal escrita durante a pandemia da Covid-19: mito da testemunha cordial e boa-fé objetiva. *Revista Direito das Relações Sociais e Trabalhistas*, Brasília, v. VI, n. 1, p. 92-117, jan./abr. 2020. Disponível em: http://publicacoes.udf.edu.br/index.php/mestradodireito. Acesso em: 02 ago. 2020.

BARCELLOS, Ana Paula de. *Direitos fundamentais e direito à justificativa*: devido procedimento na elaboração normativa. 2. ed. Belo Horizonte: Fórum, 2017.

BARROS, Suzana de Toledo. *O princípio da proporcionalidade e o controle de constitucionalidade das leis restritivas de direitos fundamentais*. 3. ed. Brasília: Brasília Jurídica, 2003.

BARROSO, Luís Roberto. *Interpretação e aplicação da Constituição*: fundamentos de uma dogmática constitucional transformadora. 6. ed. São Paulo: Saraiva, 2006.

BASTOS, Celso R.; MARTINS, Ives G. S. *Comentários à Constituição do Brasil:* promulgada em 5 de outubro de 1988. 2. ed. São Paulo: Saraiva, 2000. 8º v.: arts. 193 a 232

BOBBIO, Norberto. *O positivismo jurídico. Lições de Filosofia do Direito*. Tradução de Márcio Pugliesi, Edson Bini, Carlos E. Rodrigues. São Paulo: Ícone, 1995.

BOLDT, G.; HORION, P.; CAMERLYNCK, G.; MENGONI, L.; KAYSER, A.; DE GAAY FORTMAN, W.F. *La juridiction du travail et la juridiction de la sécurité sociale dans les pays de la communauté européenne*. Collection du Droit du Travail. Comission des Communautés Européennes. 1968. Disponível em: http://aei.pitt.edu/36289/1/A2424.pdf. Acesso em: 31 jan. 2019.

BONAVIDES, Paulo. *Curso de Direito Constitucional*. 13. ed. São Paulo: Malheiros, 2003.

BOUBLI, Bernard. *Les prud'hommes*. Que sais-je? 2. ed. Paris: Presses Universitaire de France, 1997.

BRITO FILHO, José Cláudio Monteiro de. Limites da Legitimidade Ativa do MPT em Ação Coletiva. In: RIBERITO JÚNIOR, José Hortência *et al.* (Org.). *Ação coletiva na visão de juízes e procuradores do trabalho*. São Paulo: LTr, 2006.

CÂMARA LEAL, Antônio Luís. *Da prescrição e da decadência*. 2. ed. Rio de Janeiro: Forense, 1959.

CAMBI, Eduardo. *A prova civil*: admissibilidade e relevância. São Paulo: Revista dos Tribunais, 2006.

CAMBI, Eduardo; PITTA, Rafael G. *Discovery* no processo civil norte-americano e efetividade da justiça brasileira. *Revista de Processo*, v. 245, jul. 2015. Disponível em: http://www.mpsp.mp.br/portal/page/portal/documentacao_e_divulgacao/doc_biblioteca/bibli_servicos_produtos/bibli_boletim/bibli_bol_2006/RPro_n.245.16.PDF. Acesso em: 02 ago. 2020.

CAMPOS, Francisco. Exposição de Motivos do CPC/1939. Disponível em:www.planalto.gov.br. Aceso em: 25 jan. 2019.

CANARIS, Claus-Wilhelm. *Pensamento sistemático e conceito de sistema na ciência do direito*. Tradução de A. Menezes Cordeiro. 2. ed. Lisboa: Fundação Calouste Gulbenkian, 1996.

CANOTILHO, J. J. Gomes. *Direito constitucional e teoria da constituição*. 7. ed. 11 reimpr. Coimbra: Almedina, 2011.

CAPPELLETTI, Mauro; GARTH, Bryant. *Acesso à justiça*. Tradução de Ellen Gracie Northfleet. Porto Alegre: Sergio Antonio Fabris, 2002.

CASTEL, Robert. *As metamorfoses da questão social*: uma crônica do salário. 7. ed. Rio de Janeiro: Vozes, 2008.

CASTELO, Jorge Pinheiro. Da aplicação subsidiária e supletiva do novo CPC ao processo do trabalho (art. 15) – exemplos de institutos, estruturas, conceitos, esquemas lógicos, técnicas e procedimentos incidentes sobre o processo do trabalho decorrentes da aplicação subsidiária e supletiva de procedimentos do novo CPC. *Revista LTr*, v. 79, p. 981-1002, 8 ago. 2015.

CASTILHO, Ataliba T. de. *Nova gramática do português brasileiro*. 1. ed. 3ª reimpr. São Paulo: Contexto, 2014.

CASTRO, Carlos Roberto Siqueira. *A constituição aberta e os direitos fundamentais*: ensaios sobre o constitucionalismo pós-moderno comunitário. Rio de Janeiro: Forense, 2003.

CASTRO, José Roberto de. *Manual de assistência judiciária*: teoria, prática e jurisprudência. Rio de Janeiro: Aide, 1987.

CATHARINO, José Martins. *Tratado jurídico do salário*. Edição fac-similada. São Paulo: LTr, 1994.

COMPARATO, Fábio Konder. *A afirmação histórica dos direitos humanos*. 3. ed. São Paulo: Saraiva, 2003.

CORDEIRO, António Menezes. *Da boa-fé no Direito Civil*. 2ª reimpr. Coimbra: Almedina, 2001.

CORDEIRO, António Menezes. Introdução. *In*: CANARIS, Claus-Wilhelm. *Pensamento sistemático e concerito de sistema na ciência do direito*. 2. ed. Tradução de A. Menezes Cordeiro. Lisboa: Fundação Calouste Gulbenkian, 1983.

CRETELLA NETO, José. *Comentários à lei de arbitragem*. Rio de Janeiro: Forense, 2004.

DELGADO, Maurício. *Curso de Direito do Trabalho*. 18. ed. São Paulo: LTr, 2019.

DELGADO, Maurício G.; DELGADO, Gabriela N. *A reforma trabalhista no Brasil*: com os comentários à Lei n. 13.467/2017. São Paulo: LTr, 2017.

DINAMARCO, Cândido R. *A arbitragem na teoria geral do processo*. São Paulo: Malheiros, 2013.

DINIZ, Maria Helena. *As lacunas no direito*. 6. ed. São Paulo: Saraiva, 2000.

DINIZ, Maria Helena. *Norma constitucional e seus efeitos*. 6. ed. São Paulo: Saraiva, 2003.

FAUSTO, Boris. A Igreja entre a Revolução de 1930, o Estado Novo e a redemocratização. *In*: FAUSTO, Boris (Org.). *História Geral da Civilização Brasileira*. 2. ed. Rio de Janeiro: Bertrand Brasil, 1986. t. III. O Brasil Republicano. 4º v. Economia e Cultura (1930-1964).

FAUSTO, Boris. *A Revolução de 1930*: Historiografia e História. 13. ed. São Paulo: Brasiliense, 1999.

FERREIRA, Aurélio Buarque de Holanda. *Dicionário Aurélio da língua portuguesa*. Coordenação Marina Baird Ferreira, Margarida dos Anjos. 5. ed. Curitiba: Positivo, 2010.

FRANCO, Raquel V.; MOREIRA, Leonardo N. História da Justiça do Trabalho no Brasil: o olhar do TST. *In*: *A história da justiça do trabalho no Brasil*: multiplicidade de olhares. Brasília: TST, 2011.

FUSTEL DE COULANGES, Numa Denis. *A cidade antiga: estudos sobre o culto, o direito, as instituições da Grécia e de Roma*. Tradução de Jonas Camargo Leite e Eduardo Fonseca. São Paulo: HEMUS,1975.

GARCIA, Gustavo F.B. *Curso de direito processual do trabalho*. 7. ed. Rio de Janeiro: Forense, 2018.

GOMES, Laurentino. *1822*: como um homem sábio, uma princesa triste e um escocês louco por dinheiro ajudaram D. Pedro, a criar o Brasil, um país que tinha tudo para dar errado. Rio de Janeiro: Nova Fronteira, 2010.

GOMES, Laurentino. *1889*: como um imperador cansado, um marechal vaidoso e um professor injustiçado contribuíram para o fim da Monarquia e a Proclamação da República no Brasil. São Paulo: Globo, 2013.

HESSE, Konrad. *Escritos de Derecho Constituicional. La interpretacion constitucional*. 2. ed. Tradução de Pedro Cruz Villalon. Madrid: Centro de Estudios Constitucionales, 1992.

HOBSBAWM, Eric. *Era dos extremos*. O breve século XX: 1914-1991. 2. ed. São Paulo: Companhia das Letras, 1995.

JHERING, Rudolf von. *A finalidade do direito*. 1. ed. Tradução de Heder K. Hoffmann. Campinas: Bookseller, 2002. t. I

INGLÊS DE SOUZA. Herculano Marcos. *Contos Amazônicos*. São Paulo: Martin Claret, 2006.

IRTI, Natalino. *La edad de la descodificación*. Tradução de Luiz Rojo Ajuria. Barcelona: Jose Maria Bosch Editor, 1992.

JALUZOT, Béatrice. *La bonne foi dans les contrats*: Étude comparative de droit français, allemand et japonais. Paris: Dalloz, 2001.

KELSEN, Hans. *Teoria Pura do Direito*. São Paulo: Martins Fontes, 2000.

LARENZ, Karl. *Metodologia da ciência do direito*. 3. ed. Tradução de José Lamego. Lisboa: Fundação Calouste Gulbenkian, 1997.

LEITE, Carlos Henrique B. *Curso de Direito Processsual do Trabalho*. 16. ed. São Paulo: Saraiva, 2018.

LIMA, Alcides M. O Juízo arbitral e o art. 150, §4º, da Constituição de 1967. *Revista dos Tribunais*, 402/9, 1969.

LORENZETTI, Ricardo Luis. *Fundamentos do Direito Privado*. São Paulo: Revista dos Tribunais, 1998.

MARCACINI, Augusto. *Assistência jurídica, assistência judiciária e justiça gratuita*. Rio de Janeiro: Forense, 2003.

MARINONI, Luiz G.; ARENHART, Sérgio C.; MITIDIERO, Daniel. *Novo curso de processo civil*. São Paulo: Revista dos Tribunais, 2015. v. 1

MARINONI, Luiz Guilherme. Segurança dos Atos Jurisdicionais (Princípio da Segurança Jurídica). Disponível em: www.marinoni.adv.br/home/artigos. Acesso em: 22 nov. 2017.

MARINONI, Luiz Guilherme. *Tutela de urgência e tutela de evidência*. 2. ed. São Paulo: Revista dos Tribunais, 2018.

MARTINS-COSTA, Judith. *A boa-fé no Direito Privado*. São Paulo: Revista dos Tribunais, 1999.

MATTOS NETO, Antônio J. Direitos patrimoniais disponíveis e indisponíveis à luz da Lei da Arbitragem. *Revista de Processo*. v. 106, p. 221-236, abr./jun. 2002.

MAXIMILIANO, Carlos. *Hermenêutica e aplicação do Direito*. 11. ed. Rio de Janeiro: Forense, 1991.

MEDICI JÚNIOR, Fernando; NUNES, Thiago M. As listas de árbitros e a reforma da Lei de Arbitragem. *In*: TEIXEIRA, T.; LIGMANOVSKI, P. A. (Coord.). *Arbitragem em evolução*. São Paulo: Manole, 2018, p. 148-159.

MEIRELES, Edilton. O novo CPC e as regras supletiva e subsidiária ao processo do trabalho. *Revista de Direito do Trabalho*. São Paulo, v. 40, n. 157, p. 129-137, maio/jun. 2014.

MENDES, Gilmar F.; COELHO, Inocêncio M.; BRANCO, Paulo G. G. *Curso de Direito Constitucional*. 2. ed. São Paulo: Saraiva, 2008.

MESSITTE, Peter. *Assistência judiciária no Brasil: uma pequena história*. Disponível em: https://www.direito.ufmg.br/revista/index.php/revista/article/download/707/663. Acesso em: 04 dez. 2019.

MIRANDA, Jorge. *Manual de Direito Constitucional*. 3. ed. Coimbra: Coimbra Editora, 2000. t. IV: Direitos Fundamentais

MONTOYA MELGAR, Alfredo. *Derecho del Trabajo*. 24. ed. Madrid: Tecnos, 2003.

MORALLES, Luciana Camponez P. *Acesso à justiça e princípio da igualdade*. Porto Alegre: Sergio Antonio Fabris, 2006.

MOREIRA, José Carlos Barbosa. O direito à assistência jurídica: evolução no ordenamento brasileiro de nosso tempo. *Revista de Processo*, São Paulo, n. 67, p. 125-134, jul./set. 1992.

MOREIRA, Teresa A. Coelho. *Da esfera privada do trabalhador e o controlo do empregador.* Coimbra: Coimbra Editora, 2004.

MUNIZ, Tânia L.; PICCHI NETO, Carlos. O financiamento da arbitragem: uma medida para viabilizar os custos. *In:* TEIXEIRA, T.; LIGMANOVSKI, P. A. (Coord.). *Arbitragem em evolução.* São Paulo: Manole, 2018, p. 334-348.

NALINI, José Renato. *O juiz e o acesso à justiça.* São Paulo: Revista dos Tribunais, 1994.

NERY JÚNIOR, Nelson. *Princípios do processo na Constituição Federal.* 13. ed. São Paulo: Revista dos Tribunais, 2017.

OLIVEIRA, Francisco C. Conciliação e promoção da cidadania: o fim da jurisdição e da justiça? *In:* GUNTHER, Luiz E.; PIMPÃO, Rosemarie D. *Conciliação um caminho para a paz social.* Curitiba: Juruá, 2013.

PASSOS, José Joaquim Calmom de. *Comentários ao Código de Processo Civil.* 8. ed. Rio de Janeiro: Forense, 2001.

PÉREZ LUÑO, Antonio Enrique. *Derechos humanos, estado de derecho y constitución.* 8. ed. Madrid: Tecnos, 2003.

PÉREZ LUÑO, Antonio Enrique. *Dimensiones de la igualdad.* 2. ed. Madrid: Dykinson, 2007.

PERLINGIERI, Pietro. *Perfis do Direito Civil. Introdução ao Direito Civil Constitucional.* Tradução de Maria Cristina De Cicco. Rio de Janeiro: Renovar, 1999.

PIMENTA, Joaquim. *Sociologia econômica e jurídica do trabalho.* 4. ed. Rio de Janeiro: Livraria Freitas Bastos, 1954.

PONTES DE MIRANDA. *Tratado de Direito Privado.* Parte Geral. 2. ed. Rio de Janeiro: Editor Borsoi, 1954. t. IV

PONTES DE MIRANDA, *Comentários ao Código de processo civil.* Rio de Janeiro: Forense, 1973. t. I, arts. 1º-45

RADBRUCH, Gustav. *Filosofia do Direito.* 6. ed. Tradução de Prof. L. Cabral de Moncada. Coimbra: Arménio Amado – Editor, Sucessor, 1979.

RAMOS FILHO, Wilson. A conciliação como obsessão no capitalismmo descomplexado. *In:* GUNTHER, Luiz E.; PIMPÃO, Rosemarie D. *Conciliação um caminho para a paz social.* Curitiba: Juruá, 2013

REALE, Miguel. Abuso do poder de legislar. *Revista de Direito Público,* São Paulo, 1975.

REALE, Miguel. *O direito como experiência.* 2. ed. Fac-similada. 3ª tiragem. São Paulo: Saraiva, 2002.

RIBEIRO, Marcia Carla P.; STRUECKER, Fernando A. Arbitragem e custos de transação. *In:* TEIXEIRA, T.; LIGMANOVSKI, P. A. (Coord.). *Arbitragem em evolução.* São Paulo: Manole, 2018, p. 315-333.

RICHA, Morgana de A. O CNJ e a estrutura da política judiciária nacional: solução consensual dos conflitos de interesse. *In:* GUNTHER, Luiz E.; PIMPÃO, Rosemarie D. *Conciliação um caminho para a paz social.* Curitiba: Juruá, 2013.

ROS, Luciano Da. O custo da Justiça no Brasil: uma análise comparativa exploratória. *The Observatory of Social and Political Elites of Brazil.* Newsletter. v. 2, n. 9, jul. 2015. Disponível em: http://observatory-elites.org/wp-content/uploads/2012/06/newsletter-Observatorio-v.-2-n.-9.pdf. Acesso em: 28 jul. 2019.

SANTOS, Boaventura de Sousa. *Pela mão de Alice*: o social e o político na pós-modernidade. 13. ed. São Paulo: Cortez, 2010.

SANTOS, Gustavo F. Excesso de poder no exercício da função legislativa. *Revista de Informação Legislativa*. Brasília, a. 35 n. 140 out./dez. 1998, p. 289. Disponível em: https://www2.senado.leg.br/bdsf/handle/id/443. Acesso em: 21 jul. 2019.

SANTOS, Moacyr Amaral. *Da reconvenção no direito brasileiro*. São Paulo: Max Limonad, 1958.

SANTOS, Moacyr Amaral. *Primeiras linhas de direito processual civil*. 13. ed. São Paulo: Saraiva, 1990. 2º vol.

SARLET, Ingo W. *A eficácia dos direitos fundamentais*. 6. ed. Porto Alegre: Livraria dos Advogados, 2006.

SARLET, Ingo W. *A eficácia do Direito Fundamental à segurança jurídica: dignidade da pessoa humana, direitos fundamentais e proibição de retrocesso social no Direito Constitucional brasileiro*. Disponível em: http://www.mundojurídico.Adv.br/sis_artigos/artigos.asp?condigo=54. Acesso em: 23 nov. 2017.

SCHIAVI, Mauro. *Manual de Direito Processual do Trabalho*. 12. ed. São Paulo: LTr, 2017.

SCHIAVI, Mauro. *Manual de direito processual do trabalho*: de acordo com o novo CPC, reforma trabalhista – Lei n. 13.467/2017 e a IN n. 41/2018 do TST. 14. ed. São Paulo: LTr, 2018.

SILVA, Ovídio A. Baptista. *Do processo cautelar*. 4. ed. Rio de Janeiro: Forense, 2009.

STRECK, Lenio Luiz. *Hermenêutica Jurídica e(m) Crise*: uma exploração hermenêutica da construção do Direito. 2. ed. Porto Alegre: Livraria do Advogado, 2000.

SUSSEKIND, Arnaldo; MARANHÃO, Délio; VIANNA, Segadas. *Instituições de Direito do Trabalho*. 20. ed. São Paulo: LTr, 2002. v. 1

TAUILLE, José Ricardo. *Para (re)construir o Brasil contemporâneo*: trabalho, tecnologia e acumulação. Rio de Janeiro: Contraponto, 2001.

TEIXEIRA FILHO, Manoel Antonio. *Cadernos de processo do trabalho, n. 7*: custas, gratuidade da justiça, honorários periciais, horários advocatícios-litigância de má-fé. São Paulo: LTr, 2018.

TEIXEIRA FILHO, Manoel Antonio. *Curso de Direito Processual do Trabalho*. São Paulo: LTr, 2009. v. I e II.

TEIXEIRA FILHO, Manoel Antonio. *Mandado de segurança na justiça do trabalho*: individual e coletivo. São Paulo: LTr, 1992.

TEIXEIRA FILHO, Manoel Antonio. *O processo do trabalho e a reforma trabalhista*: as alterações introduzidas no processo do trabalho pela Lei n. 13.467/2017. São Paulo: LTr, 2017.

THEODORO JÚNIOR, Humberto. *Código de Processo Civil anotado*. 22. ed. Rio de Janeiro: Forense, 2019.

THÉRY, Philippe et al. Le juge dans de Code Civil. *In: 1804-2004*: le Code Civil. Un passé, un présent, un avenir. Dalloz: Paris, 2004.

TIMM, Luciano B. Análise econômica da arbitragem. *In:* TEIXEIRA, T.; LIGMANOVSKI, P. A. (Coord.). *Arbitragem em evolução*. São Paulo: Manole, 2018, p. 300-314.

VENTURI, Elton. Transação de direitos indisponíveis. *Revista de Processo*. v. 251, p. 391-426, jan. 2016.

VINCENT, Jean; GUINCHARD, Serge. *Procédure Civile*. 24. ed. Paris: Dalloz, 1996.

WAMBIER, Luiz Rodrigues; TALAMINI, Eduardo. *Curso Avançado de Processo Civil*: Teoria Geral do Processo e Processo de Conhecimento. 13. ed. São Paulo: Revista dos Tribunais, 2013.

WIEACKER, Franz. *História do Direito Privado Moderno*. 2. ed. Tradução de A. M. Botelho Hespanha, Lisboa: Fundação Calouste Gulbenkian, 1980.

ZAGREBELSKY, Gustavo. *Principios y votos*. El Tribunal Constitucional y la politica. Tradução de Manuel Martínez Neira. Madrid: Minima Trotta, 2008.

ZANON, Artemio. *Da assistência jurídica integral e gratuita*. Comentários à Lei da Assistência Judiciária (Lei n. 1.060, de 5-2-1950, à luz da CF de 05.10.1988). São Paulo: Saraiva, 1990.

Esta obra foi composta em fonte Palatino Linotype, corpo 10
e impressa em papel Offset 75g (miolo) e Supremo 250g (capa)
pela Paulinelli Serviços Gráficos, em Belo Horizonte/MG.